EUSTACE MULLINS

DIE GEHEIMNISSE DER FEDERAL RESERVE
DIE LONDONER VERBINDUNG

Der Umschlag zeigt den Umriss des Adlers aus dem roten Schild, dem Wappen der Stadt Frankfurt am Main, das von Mayer Amschel Bauer (1744-1812), der seinen Namen von Bauer in Rothschild („Roter Schild") änderte, übernommen wurde. Rothschild fügte fünf goldene Pfeile hinzu, die in den Krallen des Adlers gehalten werden und seine fünf Söhne symbolisieren, die die fünf Bankhäuser des internationalen Hauses Rothschild betreiben: Frankfurt, London, Paris, Wien und Neapel.

EUSTACE CLARENCE MULLINS
(1923-2010)

DIE GEHEIMNISSE DER FEDERAL RESERVE
DIE LONDONER VERBINDUNG

1991

The secret of the Federal Reserve
The London Connection

Aus dem Amerikanischen übersetzt
von Omnia Veritas Ltd.

© - Omnia Veritas Limited - 2022

Herausgegeben von
OMNIA VERITAS LTD

www.omnia-veritas.com

Alle Rechte vorbehalten. Kein Teil dieser Veröffentlichung darf ohne vorherige Genehmigung des Herausgebers in irgendeiner Form vervielfältigt werden. Das Gesetz zum Schutz des geistigen Eigentums verbietet Kopien oder Reproduktionen, die für den gemeinsamen Gebrauch bestimmt sind. Jede vollständige oder teilweise Wiedergabe oder Reproduktion durch irgendein Verfahren ohne die Zustimmung des Herausgebers, des Autors oder ihrer Rechtsnachfolger ist illegal und stellt eine Fälschung dar, die nach den Artikeln des Gesetzes über geistiges Eigentum strafbar ist.

Danksagung	12
ÜBER DEN AUTOR	13
VORWORT	15
EINFÜHRUNG	22
Jeffersons Meinung über die Verfassungsmäßigkeit der Bank	23
KAPITEL 1	**25**
JEKYLL INSEL	25
KAPITEL 2	**39**
DER ALDRICH-PLAN	39
KAPITEL 3	**48**
DER FEDERAL RESERVE ACT	48
KAPITEL 4	**84**
DER BUNDESBEIRAT	84
KAPITEL 5	**93**
DAS HAUS ROTHSCHILD	93
KAPITEL 6	**117**
DIE LONDONER VERBINDUNG	117
KAPITEL 7	**126**
DIE HITLER-VERBINDUNG	126
KAPITEL 8	**145**
DER ERSTE WELTKRIEG	145
KAPITEL 9	**183**
DIE LANDWIRTSCHAFTLICHE DEPRESSION	183
KAPITEL 10	**191**
DIE GELDSCHÖPFER	191
KAPITEL 11	**208**
LORD MONTAGU NORMAN	208
KAPITEL 12	**227**
DIE GROSSE DEPRESSION	227
KAPITEL 13	**239**
DIE 1930ER JAHRE	239

KAPITEL 14 .... **268**
    KONGRESS-EXPOSÉ 268
ADDENDUM **280**
ANHANG I **283**
    12% Ausschüttungen *284*
    „In der Praxis haben die Gouverneure der Bank of England nicht gezögert, die Regierung öffentlich zu kritisieren und unter Druck zu setzen."
    Bankrate *284*
    Eurodollar-Imperium *285*
    Psychologische Kriegsführung *287*
BIOGRAPHIEN **291**
BIBLIOGRAPHIE **302**
FRAGEN UND ANTWORTEN **309**
    Andere Titel *317*

GEORGE STIMPSON *und* ***EZRA POUND,*** *zwei der besten Gelehrten des 20. Jahrhunderts, die einem jungen Schriftsteller großzügig ihr umfangreiches Wissen zur Verfügung stellten, um ihn in einem Bereich zu führen, den er allein nicht hätte bewältigen können.*

DANKSAGUNG

Ich möchte mich bei meinen ehemaligen Kollegen der Library of Congress bedanken, deren freundliche Unterstützung, Kooperation und Vorschläge die ersten Versionen dieses Buches erst möglich gemacht haben. Ich möchte auch den Mitarbeitern der Newberry Library, Chicago, der New York City Public Library, der Alderman Library der University of Virginia und der McCormick Library der Washington and Lee University, Lexington, Virginia, für ihre unschätzbare Unterstützung bei der Fertigstellung dieses endgültigen Werks über das Federal Reserve System nach dreißig Jahren weiterer Forschung danken.

ÜBER DEN AUTOR

Eustace Mullins ist ein Veteran der United States Air Force, der im Zweiten Weltkrieg achtunddreißig Monate im aktiven Dienst war. Der gebürtige Virginier studierte an der Washington and Lee University, der New York University, der Ohio University, der University of North Dakota, den Escuelas des Bellas Artes in San Miguel de Allende, Mexiko, und dem Institute of Contemporary Arts in Washington, D.C.

Das Originalbuch, das unter dem Titel *Mullins On The Federal Reserve* veröffentlicht wurde, wurde 1948 von dem Dichter Ezra Pound in Auftrag gegeben. Ezra Pound war dreizehneinhalb Jahre lang ein politischer Gefangener im St. Elizabeth's Hospital in Washington, D.C. (einer Bundesanstalt für Geisteskranke). Seine Freilassung wurde weitgehend durch die Bemühungen von Mr. Mullins erreicht.

Die Recherchen in der Library of Congress wurden täglich von George Stimpson, dem Gründer des National Press Club in Washington, geleitet und überprüft, den *die New York Times* am 28. September 1952 als „eine hoch angesehene Referenzquelle im Kapitol" bezeichnete. Regierungsbeamte, Kongressabgeordnete und Reporter suchten bei ihm Informationen zu jedem Thema.

Das 1952 von Kasper und Horton, New York, veröffentlichte Originalbuch war die erste landesweit verbreitete Enthüllung über die geheimen Treffen der internationalen Bankiers auf Jekyll Island, Georgia, 1907-1910, bei denen der Entwurf des Federal Reserve Act von 1913 verfasst wurde.

In den dazwischen liegenden Jahren sammelte der Autor immer wieder neue und immer verblüffendere Informationen über die Hintergründe der Personen, die die Politik der Federal Reserve lenken. Neue Informationen, die im Laufe der Jahre aus Hunderten von Zeitungen, Zeitschriften und Büchern zusammengetragen wurden, geben einen bestätigenden Einblick in die Verbindungen der internationalen Bankhäuser.[1]

Während er dieses Material recherchierte, war Eustace Mullins Mitarbeiter der Library of Congress. Später war Mullins Berater für Autobahnfinanzierung für das American Petroleum Institute, Berater für Hotelentwicklung für das Institutions Magazine und Redaktionsleiter für die vier Publikationen des Chicago Motor Club.

---

[1] Der London Acceptance Council ist auf siebzehn internationale Bankhäuser beschränkt, die von der Bank of England zum Devisenhandel zugelassen sind.

VORWORT

1949, als ich Ezra Pound besuchte, der als politischer Gefangener im St. Elizabeth's Hospital in Washington, D.C. (einer Bundesanstalt für Geisteskranke), inhaftiert war, fragte mich Dr. Pound, ob ich jemals vom Federal Reserve System gehört hätte. Ich antwortete, dass ich im Alter von 25 Jahren noch nichts davon gehört hatte. Dann zeigte er mir einen Zehn-Dollar-Schein mit der Aufschrift „Federal Reserve Note" und fragte mich, ob ich in der Library of Congress Nachforschungen über das Federal Reserve System anstellen würde, das diesen Schein ausgegeben hatte. Pound konnte die Bibliothek nicht selbst aufsuchen, da er als politischer Gefangener ohne Gerichtsverfahren von der Regierung der Vereinigten Staaten festgehalten wurde. Nachdem ihm die Ausstrahlung in den USA verweigert worden war, sendete Dr. Pound von Italien aus, um die Menschen in den Vereinigten Staaten davon zu überzeugen, nicht in den Zweiten Weltkrieg einzutreten. Franklin D. Roosevelt hatte Pounds Anklage persönlich angeordnet, angestachelt durch die Forderungen seiner drei persönlichen Assistenten Harry Dexter White, Lauchlin Currie und Alger Hiss, die alle in der Folge mit kommunistischer Spionage in Verbindung gebracht wurden.

Ich hatte kein Interesse an Geld oder dem Bankwesen als Thema, da ich an einem Roman arbeitete. Pound bot mir an, mein Einkommen für ein paar Wochen um zehn Dollar pro Woche aufzustocken. Meine ersten Nachforschungen ergaben Hinweise auf eine internationale Bankengruppe, die die Ausarbeitung des Federal Reserve Act und die Verabschiedung des Gesetzes durch den Kongress im Geheimen geplant hatte. Diese Erkenntnisse bestätigten, was Pound schon lange vermutet hatte. Er sagte: „Sie müssen daran wie an einer Detektivgeschichte arbeiten. „Ich hatte das Glück, dass meine Nachforschungen in der Library of Congress von einem prominenten Gelehrten, George Stimpson, dem Gründer des National Press Club, geleitet wurden, der in der

New York Times vom 28. September 1952 beschrieben wurde: „Von den Washingtoner Zeitungsleuten als ‚unsere wandelnde Kongressbibliothek' geliebt, war Herr Stimpson eine hoch angesehene Referenzquelle im Kapitol. Regierungsbeamte, Kongressabgeordnete und Reporter suchten bei ihm nach Informationen zu jedem Thema." Ich recherchierte jeden Tag vier Stunden in der Library of Congress und ging am Nachmittag ins St. Elizabeth's Hospital. Pound und ich gingen die Notizen vom Vortag durch. Anschließend aß ich mit George Stimpson in der Scholl's Cafeteria zu Abend, während er mein Material durchging, und ging dann zurück in mein Zimmer, um die korrigierten Notizen abzutippen. Sowohl Stimpson als auch Pound machten viele Vorschläge, um mich in einem Bereich zu führen, in dem ich noch keine Erfahrung hatte. Als Pounds Ressourcen zur Neige gingen, bewarb ich mich bei der Guggenheim Foundation, der Huntington Hartford Foundation und anderen Stiftungen, um meine Forschungen über die Federal Reserve abzuschließen. Obwohl meine Stiftungsanträge von den drei führenden Dichtern Amerikas, Ezra Pound, E.E. Cummings und Elizabeth Bishop, unterstützt wurden, weigerten sich alle Stiftungen, diese Forschung zu unterstützen. Daraufhin schrieb ich meine bisherigen Erkenntnisse auf und begann 1950 mit den Bemühungen, dieses Manuskript in New York zu vermarkten. Achtzehn Verleger lehnten es kommentarlos ab, aber der neunzehnte, Devin Garrity, Präsident der Devin Adair Publishing Company, gab mir in seinem Büro einen freundlichen Rat. „Ihr Buch gefällt mir, aber wir können es nicht drucken", sagte er mir. „Das kann auch kein anderer Verlag in New York. Bringen Sie doch einfach einen Prospekt für Ihren Roman mit, und ich denke, wir können Ihnen einen Vorschuss geben. Die Veröffentlichung des Buches über die Zentralbank können Sie genauso gut vergessen. Ich bezweifle, dass es jemals gedruckt werden kann." Das war eine niederschmetternde Nachricht, die nach zwei Jahren intensiver Arbeit kam. Ich meldete mich bei Pound, und wir versuchten, in anderen Teilen des Landes einen Verleger zu finden. Nach zwei Jahren erfolgloser Einreichungen wurde das Buch 1952 in einer kleinen Auflage von zwei von Pounds Schülern, John Kasper und David Horton, mit deren privaten Mitteln unter dem Titel Mullins on the Federal Reserve veröffentlicht. Im Jahr 1954 wurde in New Jersey eine zweite Auflage mit nicht autorisierten Änderungen unter dem Titel The Federal Reserve Conspiracy veröffentlicht. 1955 brachte Guido Roeder in Oberammergau, Deutschland, eine deutsche Ausgabe heraus. Das Buch wurde beschlagnahmt und die gesamte Auflage von 10.000 Exemplaren von Regierungsagenten unter der Leitung von Dr. Otto John verbrannt.

Die Verbrennung des Buches wurde am 21. April 1961 von Richter Israel Katz vom Bayerischen Obersten Landesgericht bestätigt. Die US-Regierung weigerte sich zu intervenieren, da der US-Hochkommissar in Deutschland, James B. Conant (Präsident der Harvard-Universität 1933 bis 1953), die ursprüngliche Anordnung zur Bücherverbrennung genehmigt hatte. Dies ist das einzige Buch, das seit dem Zweiten Weltkrieg in Deutschland verbrannt wurde. 1968 erschien in Kalifornien eine raubkopierte Ausgabe dieses Buches. Sowohl das FBI als auch die US-Postinspektoren weigerten sich, etwas zu unternehmen, obwohl ich im Laufe des nächsten Jahrzehnts zahlreiche Beschwerden eingereicht hatte. Im Jahr 1980 erschien eine neue deutsche Ausgabe. Da die US-Regierung offenbar nicht mehr die inneren Angelegenheiten Deutschlands diktiert, zirkuliert das identische Buch, das 1955 verbrannt worden war, jetzt in Deutschland ohne Einmischung.

Ich hatte mit Herrn H.L. Hunt an mehreren Büchern zusammengearbeitet, und er schlug vor, dass ich meine lange aufgeschobenen Forschungen über die Federal Reserve fortsetzen und eine endgültigere Version dieses Buches herausbringen sollte. Ich hatte gerade einen Vertrag über die autorisierte Biographie von Ezra Pound unterzeichnet, und das Buch über die Federal Reserve musste verschoben werden. Herr Hunt verstarb, bevor ich meine Forschungen fortsetzen konnte, und wieder einmal stand ich vor dem Problem, die Forschung für das Buch zu finanzieren.

In meinem ursprünglichen Buch hatte ich die Schattenfiguren in den Vereinigten Staaten aufgespürt und benannt, die den Federal Reserve Act geplant hatten. Nun entdeckte ich, dass die Männer, die ich 1952 als die Schattenfiguren hinter dem Federal

Reserve System entlarvt hatte, selbst Schatten waren, die amerikanische Fassade für die unbekannten Figuren, die als die „London Connection" bekannt wurden. „Ich fand heraus, dass wir trotz unserer Erfolge in den Unabhängigkeitskriegen von 1812 gegen England eine wirtschaftliche und finanzielle Kolonie Großbritanniens blieben. Zum ersten Mal konnten wir die ursprünglichen Aktionäre der Federal Reserve Banks ausfindig machen und ihre Muttergesellschaften auf die London Connection zurückführen.

Diese Nachforschungen werden durch Zitate und Unterlagen aus Hunderten von Zeitungen, Zeitschriften und Büchern sowie durch Diagramme, die Bluts-, Heirats- und Geschäftsbeziehungen aufzeigen, untermauert. Mehr als tausend Ausgaben der *New York Times* auf Mikrofilm wurden nicht nur auf Originalinformationen, sondern auch auf Verifizierung von Aussagen aus anderen Quellen überprüft.

Es ist eine Binsenweisheit des Schriftstellerberufs, dass ein Schriftsteller nur ein Buch in sich hat. Dies scheint in meinem Fall zuzutreffen, denn ich schreibe jetzt im fünften Jahrzehnt ununterbrochen über ein einziges Thema, nämlich die Geschichte des Federal Reserve Systems. Dieses Buch wurde von Anfang an von Ezra Pound in Auftrag gegeben und geleitet. Vier seiner Schützlinge wurden bereits mit dem Nobelpreis für Literatur ausgezeichnet: William Butler Yeats für seine späteren Gedichte, James Joyce für „Ulysses", Ernest Hemingway für „The Sun Also Rises" und T.S. Elliot für „The Waste Land". Pound spielte eine wichtige Rolle bei der Inspiration und der Herausgabe dieser Werke - was uns zu der Annahme führt, dass das vorliegende Werk, das ebenfalls von Pound inspiriert wurde, eine fortlaufende literarische Tradition darstellt.

Obwohl dieses Buch anfangs als quälendes Werk über Wirtschafts- und Währungstechniken gedacht war, entwickelte es sich bald zu einer Geschichte von so universeller und dramatischer Anziehungskraft, dass Ezra Pound mich von Anfang an drängte, es als Kriminalgeschichte zu schreiben, ein Genre, das von meinem Landsmann aus Virginia, Edgar Allan Poe, erfunden wurde. Ich glaube, dass die kontinuierliche

Verbreitung dieses Buches in den letzten vierzig Jahren Ezra Pound nicht nur von seinen viel verurteilten politischen und geldpolitischen Äußerungen entlastet hat, sondern dass es auch die ultimative Waffe gegen die mächtigen Verschwörer war und weiterhin sein wird, die ihn zwangen, dreizehneinhalb Jahre ohne Prozess als politischer Gefangener in einer Irrenanstalt à la KGB zu verbringen. Seine erste Rechtfertigung erfolgte, als die Regierungsbeamten, die die Verschwörer vertraten, sich weigerten, ihn zu seiner eigenen Verteidigung aussagen zu lassen; die zweite Rechtfertigung erfolgte 1958, als dieselben Beamten alle Anklagen gegen ihn fallen ließen und er das St. Elizabeth's Hospital wieder als freier Mann verließ. Seine dritte und letzte Rechtfertigung ist dieses Werk, das jeden Aspekt seiner Entlarvung der skrupellosen internationalen Finanziers dokumentiert, denen Ezra Pound nur ein weiteres Opfer wurde, das dazu verdammt war, jahrelang als der Mann mit der eisernen Maske zu dienen, weil er es gewagt hatte, seine amerikanischen Mitbürger auf ihre heimlichen Verratshandlungen gegen alle Menschen in den Vereinigten Staaten aufmerksam zu machen.

In meinen Vorträgen in der ganzen Nation und in meinen Auftritten in vielen Radio- und Fernsehsendungen habe ich immer wieder darauf hingewiesen, dass das Federal Reserve System nicht föderal ist; es hat keine Reserven; und es ist überhaupt kein System, sondern ein kriminelles Syndikat. Seit November 1910, als sich die Verschwörer auf Jekyll Island, Georgia, trafen, sind die Machenschaften der Federal-Reserve-Banker bis zum heutigen Tag geheim gehalten worden. Heute hat diese Geheimhaltung das amerikanische Volk eine Verschuldung von drei Billionen Dollar gekostet, wobei sich die jährlichen Zinszahlungen an diese Bankiers auf etwa dreihundert Milliarden Dollar pro Jahr belaufen, Summen, die die Vorstellungskraft übersteigen und die an sich letztlich unbezahlbar sind. Beamte des Federal Reserve System wenden sich routinemäßig mit Mahnungen an die Öffentlichkeit, ähnlich wie der Hindu-Fakir der benommenen Kobra, die mit dem Kopf vor ihm schwankt, eine eindringliche Melodie vorspielt, nicht um die Situation zu lösen, sondern um zu verhindern, dass sie ihn schlägt. So lautete der beruhigende Brief, den Donald J. Winn, Assistent des Board of Governors, am 10. März 1983 als Antwort auf eine Anfrage des Kongressabgeordneten Norman D. Shumway schrieb. Herr Winn stellt fest, dass „das Federal Reserve System durch ein Gesetz des Kongresses im Jahre 1913 gegründet wurde und keine 'private Gesellschaft' ist. „Auf der nächsten Seite fährt Herr Winn fort: „Die Aktien der Federal Reserve Banks werden vollständig von Geschäftsbanken gehalten, die Mitglieder des Federal Reserve Systems sind. „Er bietet keine Erklärung dafür, warum die Regierung nie auch nur eine einzige Aktie einer Federal Reserve Bank besessen hat oder warum das Federal Reserve System keine „private Gesellschaft" ist, wenn alle seine Aktien im Besitz von „privaten Unternehmen" sind.

Die amerikanische Geschichte des zwanzigsten Jahrhunderts hat die erstaunlichen Leistungen der Federal Reserve Banker aufgezeichnet. Erstens der Ausbruch des Ersten Weltkriegs, der durch die von der neuen Zentralbank der Vereinigten Staaten zur Verfügung gestellten Mittel ermöglicht wurde. Zweitens, die Agrarkrise von 1920. Drittens, der Crash am Schwarzen Freitag an der Wall Street im Oktober 1929 und die darauf folgende Große Depression. Viertens, der Zweite Weltkrieg. Fünftens, die Umwandlung des Vermögens der Vereinigten Staaten und ihrer Bürger von Realbesitz in Papiervermögen von 1945 bis heute, wodurch das siegreiche Amerika und die führende Weltmacht von 1945 zur größten Schuldnernation der Welt im Jahr 1990 wurde. Heute liegt diese Nation in wirtschaftlichen Trümmern, verwüstet und mittellos, in einer ähnlichen Notlage wie Deutschland und Japan 1945. Werden die Amerikaner handeln, um unsere Nation wieder aufzubauen, so wie es Deutschland und Japan getan haben, als sie mit den gleichen Bedingungen konfrontiert waren, mit denen wir jetzt konfrontiert sind - oder werden wir uns weiterhin von dem babylonischen Schuldgeldsystem versklaven lassen, das 1913 durch den Federal Reserve Act geschaffen wurde, um unsere totale Zerstörung zu vollenden? Dies ist die einzige Frage, die wir zu beantworten haben, und wir haben nicht mehr viel Zeit, um sie zu beantworten.

Aufgrund der Tiefe und der Bedeutung der Informationen, die ich in der Library of Congress unter der Anleitung von Ezra

Pound erarbeitet hatte, wurde dieses Werk zum glücklichen Jagdrevier für viele andere angehende Historiker, die nicht in der Lage waren, dieses Material selbst zu erforschen. Im Laufe der letzten vier Jahrzehnte habe ich mich daran gewöhnt, dass dieses Material in vielen anderen Büchern erscheint, die ausnahmslos anderen Autoren zugeschrieben werden, ohne dass mein Name jemals erwähnt wird. Um die Sache noch schlimmer zu machen, wurde nicht nur mein Material, sondern sogar mein Titel in einem umfangreichen, wenn auch stumpfen Werk mit dem Titel „Secrets of the Temple - The Federal Reserve" übernommen. Dieses stark beworbene Buch erhielt Kritiken, die von ungläubig bis urkomisch reichten. Das Forbes Magazine riet seinen Lesern, ihre Rezension zu lesen und ihr Geld zu sparen, und wies darauf hin, dass „der Leser keine Geheimnisse entdecken wird" und dass „dies eines jener Bücher ist, deren Fanfaren weit über ihren Verdienst hinausgehen." Das war kein Zufall, denn diese übertriebene Schönfärberei der Federal Reserve Banker wurde von dem berühmtesten Nonbook-Verlag der Welt veröffentlicht.

Nach meinem anfänglichen Schock über die Entdeckung, dass die einflussreichste literarische Persönlichkeit des zwanzigsten Jahrhunderts, Ezra Pound, im „Höllenloch" in Washington inhaftiert war, wandte ich mich sofort mit der Bitte um Unterstützung an einen Wall-Street-Finanzier, auf dessen Anwesen ich häufig zu Gast gewesen war. Ich erinnerte ihn daran, dass er es sich als Kunstmäzen nicht leisten könne, Pound in solch unmenschlicher Gefangenschaft zu belassen. Seine Antwort schockierte mich noch mehr. Er schrieb zurück, dass „Ihr Freund gut bleiben kann, wo er ist. „Es dauerte einige Jahre, bis ich verstehen konnte, dass Ezra Pound für diesen Investmentbanker und seine Kollegen immer „der Feind" sein würde.

EINFÜHRUNG

Dies sind die einfachen Fakten des großen Verrats. Wilson und House wussten, dass sie etwas Bedeutendes vorhatten. Man kann die Motive der Menschen nicht ergründen, und dieses Paar glaubte wahrscheinlich an das, was sie vorhatten. Woran sie nicht glaubten, war eine repräsentative Regierung. Sie glaubten an die Regierung einer unkontrollierten Oligarchie, deren Taten erst nach einer so langen Zeitspanne ans Licht kommen würden, dass die Wählerschaft für immer unfähig sein würde, irgendetwas Wirksames zu tun, um die Missstände zu beseitigen.

(ANMERKUNG DES AUTORS: Dr. Pound schrieb diese Einleitung für die früheste Version dieses Buches, die 1952 bei Kasper und Horton, New York, erschien. Da er als politischer Gefangener ohne Gerichtsverfahren von der Bundesregierung festgehalten wurde, konnte er es sich nicht leisten, seinen Namen auf dem Buch erscheinen zu lassen, da er zusätzliche Repressalien gegen ihn befürchtete. Er konnte auch nicht zulassen, dass das Buch ihm gewidmet wurde, obwohl er es hatte schreiben lassen. Der Autor ist erfreut, dreiunddreißig Jahre nach den Ereignissen diese notwendigen Versäumnisse nachholen zu können).

JEFFERSONS MEINUNG ÜBER DIE VERFASSUNGSMÄßIGKEIT DER BANK

15. Februar 1791

(The Writings of Thomas Jefferson, hrsg. von H. E. Bergh, Bd. III, S. 145 ff.)

Der Gesetzentwurf zur Gründung einer Nationalbank aus dem Jahr 1791 sieht unter anderem Folgendes vor.

1. Die Zeichner in eine Gesellschaft einbinden.

2. Um sie in ihrer körperschaftlichen Eigenschaft zu befähigen, Zuwendungen von Ländereien zu erhalten; und insofern ist es gegen die Gesetze der Mortmain.

3. Die Befähigung fremder Subskribenten zum Besitz von Ländereien; und so weit ist gegen die Gesetze der Entfremdung.

4. Diese Ländereien beim Tod eines Eigentümers an eine bestimmte Linie von Nachfolgern zu übertragen; und so weit, ändert den Verlauf der Abstammung.

5. Um die Ländereien dem Verfall oder dem Heimfall zu entziehen, was gegen die Gesetze des Verfalls und des Heimfalls verstößt.

6. Die Übertragung von beweglichen Gütern auf die Nachfolger in einer bestimmten Linie, und so weit, ist gegen die Gesetze der Verteilung.

7. Ihnen das alleinige und ausschließliche Recht des Bankwesens zu geben, unter der nationalen Autorität; und, so weit, ist gegen die Gesetze des Monopols.

8. Ihnen die Befugnis zu übertragen, Gesetze zu erlassen, die den Gesetzen der Staaten übergeordnet sind; denn so müssen sie ausgelegt werden, um die Institution vor der Kontrolle durch die staatlichen Gesetzgeber zu schützen; und so werden sie wahrscheinlich auch ausgelegt werden.

Ich betrachte das Fundament der Verfassung als auf dieser Grundlage gelegt - dass alle Befugnisse, die nicht durch die

Verfassung an die Vereinigten Staaten delegiert oder durch sie an die Staaten verboten sind, den Staaten oder dem Volk vorbehalten sind (12. Zusatzartikel). Ein einziger Schritt über die Grenzen hinaus, die auf diese Weise speziell um die Befugnisse des Kongresses gezogen wurden, bedeutet, dass man sich eines grenzenlosen Machtbereichs bemächtigt, der sich keiner Definition mehr unterziehen lässt.

Die Gründung einer Bank und die Befugnisse, die mit diesem Gesetzentwurf übernommen werden, sind meines Erachtens nicht durch die Verfassung an die Vereinigten Staaten delegiert worden.

KAPITEL 1

JEKYLL INSEL

"Die Frage eines einheitlichen Diskontsatzes wurde auf Jekyll Island diskutiert und entschieden." - Paul M. Warburg[2]

In der Nacht des 22. November 1910 stand eine Gruppe von Zeitungsreportern unzufrieden im Bahnhof von Hoboken, New Jersey. Sie hatten gerade beobachtet, wie eine Delegation der führenden Finanziers der Nation den Bahnhof in geheimer Mission verließ. Es sollte noch Jahre dauern, bis sie herausfanden, worum es sich bei dieser Mission handelte, und selbst dann würden sie nicht verstehen, dass sich die Geschichte der Vereinigten Staaten nach dieser Nacht in Hoboken drastisch verändert hatte.

Die Delegation war in einem versiegelten Eisenbahnwaggon mit zugezogenen Jalousien zu einem ungenannten Zielort gefahren. Sie wurde von Senator Nelson Aldrich, dem Leiter der Nationalen Währungskommission, angeführt. Präsident Theodore Roosevelt hatte das Gesetz zur Gründung der Nationalen Währungskommission im Jahr 1908 unterzeichnet, nachdem die tragische Panik von 1907 zu einem öffentlichen Aufschrei geführt hatte, der eine Stabilisierung des nationalen Währungssystems forderte. Aldrich hatte die Mitglieder der

---

[2] Prof. Nathaniel Wright Stephenson, Paul Warburg's Memorandum, *Nelson Aldrich A Leader in American Politics*, Scribners, N.Y. 1930.

Kommission auf eine zweijährige Europareise geführt und dabei rund dreihunderttausend Dollar an öffentlichen Geldern ausgegeben. Er hatte noch keinen Bericht über die Ergebnisse dieser Reise verfasst und auch noch keinen Plan für eine Bankenreform vorgelegt.

Senator Aldrich wurde am Bahnhof von Hoboken von seinem Privatsekretär Shelton, A. Piatt Andrew, stellvertretender Finanzminister und Sonderassistent der National Monetary Commission, Frank Vanderlip, Präsident der National City Bank of New York, Henry P. Davison, Seniorpartner der J.P. Morgan Company und allgemein als Morgans persönlicher Abgesandter angesehen, und Charles D. Norton, Präsident der von Morgan beherrschten First National Bank of New York, begleitet. Kurz bevor der Zug den Bahnhof verließ, stießen Benjamin Strong, der auch als Leutnant von J.P. Morgan bekannt war, und Paul Warburg, ein kürzlich aus Deutschland eingewanderter Partner des Bankhauses Kuhn, Loeb and Company, New York, der fünfhunderttausend Dollar pro Jahr verdiente, zu der Gruppe.

Sechs Jahre später schrieb ein Finanzschriftsteller namens Bertie Charles Forbes (der später das Forbes Magazine gründete; der heutige Herausgeber, Malcom Forbes, ist sein Sohn):

„Stellen Sie sich eine Gruppe der größten Bankiers der Nation vor, die sich im Schutze der Dunkelheit in einem privaten Eisenbahnwaggon aus New York stiehlt, sich heimlich Hunderte von Meilen nach Süden schleicht, sich an Bord eines mysteriösen Schiffes begibt, sich auf eine Insel schleicht, die von allen außer ein paar Dienern verlassen ist, und dort eine ganze Woche lang unter so strenger Geheimhaltung lebt, dass die Namen von keinem von ihnen auch nur einmal erwähnt werden, damit die Diener nicht die Identität erfahren und der Welt diese seltsamste, geheimste Expedition in der Geschichte der amerikanischen Finanzen offenbaren. Ich schwärme nicht, sondern erzähle der Welt zum ersten Mal die wahre Geschichte, wie der berühmte Aldrich-Währungsbericht, die Grundlage unseres neuen Währungssystems, geschrieben wurde... Alle waren zu äußerster Verschwiegenheit angehalten. Die Öffentlichkeit durfte nicht die geringste Ahnung davon bekommen, was zu tun war. Senator

Aldrich wies jeden an, in aller Stille in einen Privatwagen zu steigen, den die Eisenbahngesellschaft auf einem unbesuchten Bahnsteig bereitstellen sollte. Die Gruppe machte sich auf den Weg. Die allgegenwärtigen New Yorker Reporter waren überlistet worden... Nelson (Aldrich) hatte Henry, Frank, Paul und Piatt anvertraut, dass er sie auf Jekyll Island einsperren würde, fernab vom Rest der Welt, bis sie ein wissenschaftliches Währungssystem für die Vereinigten Staaten entwickelt und zusammengestellt hätten, die eigentliche Geburtsstunde des heutigen Federal Reserve Systems, der Plan, der auf Jekyll Island in der Konferenz mit Paul, Frank und Henry gemacht wurde... Warburg ist das Bindeglied, das das Aldrich-System und das heutige System zusammenhält. Mehr als jeder andere Mann hat er das System als funktionierende Realität möglich gemacht."[3]

In der offiziellen Biografie von Senator Nelson Aldrich heißt es:

„Im Herbst 1910 gingen sechs Männer auf Entenjagd: Aldrich, sein Sekretär Shelton, Andrews, Davison, Vanderlip und Warburg. Im Bahnhof von Brunswick (Georgia) warteten Reporter. Mr. Davison ging hinaus und sprach mit ihnen. Die Reporter zerstreuten sich, und das Geheimnis der seltsamen Reise wurde nicht gelüftet. Herr Aldrich fragte ihn, wie er es geschafft habe, aber er gab die Information nicht preis. "[4]

Davison hatte einen ausgezeichneten Ruf als Schlichter, eine Rolle, die er für J.P. Morgan bei der Beilegung der Geldpanik von 1907 gespielt hatte. Ein anderer Morgan-Partner, T.W. Lamont, sagt:

„Henry P. Davison diente als Schiedsrichter der Jekyll Island Expedition." [5]

Aus diesen Hinweisen lässt sich die Geschichte zusammensetzen. Aldrichs Privatwagen, der den Bahnhof von

---

[3] „AKTUELLE STELLUNGNAHME", Dezember 1916, S. 382.
[4] Nathaniel Wright Stephenson, Nelson W. *Aldrich, A Leader in American Politics*, Scribners, N.Y. 1930, Kap. XXIV „Jekyll Island"
[5] T.W. Lamont, Henry P. Davison, Harper, 1933.

Hoboken mit heruntergelassenen Rollläden verlassen hatte, brachte die Finanziers nach Jekyll Island, Georgia. Einige Jahre zuvor hatte eine sehr exklusive Gruppe von Millionären unter der Führung von J.P. Morgan die Insel als Winterquartier erworben. Sie nannten sich selbst den Jekyll Island Hunt Club, und zunächst wurde die Insel nur für Jagdausflüge genutzt, bis die Millionäre erkannten, dass das angenehme Klima einen warmen Zufluchtsort vor den strengen Wintern in New York bot, und begannen, prächtige Villen, die sie „Cottages" nannten, für den Winterurlaub ihrer Familien zu bauen. Das Clubgebäude selbst, das ziemlich isoliert lag, wurde gelegentlich für Junggesellenabschiede und andere Aktivitäten genutzt, die nichts mit der Jagd zu tun hatten. Bei solchen Anlässen wurden die Clubmitglieder, die nicht zu diesen speziellen Ausflügen eingeladen waren, gebeten, für eine bestimmte Anzahl von Tagen nicht dort zu erscheinen. Noch bevor Nelson Aldrichs Gruppe New York verlassen hatte, wurde den Clubmitgliedern mitgeteilt, dass der Club in den nächsten zwei Wochen belegt sein würde.

Der Jekyll Island Club wurde als Ort für die Ausarbeitung des Plans zur Kontrolle des Geldes und des Kredits der Bevölkerung der Vereinigten Staaten gewählt, nicht nur wegen seiner Abgeschiedenheit, sondern auch, weil es sich um den Privatbesitz der Personen handelte, die den Plan ausarbeiteten.

Die New York Times kommentierte später, am 3. Mai 1931, den Tod von George F. Baker, einem der engsten Mitarbeiter von J.P. Morgan, mit den Worten: „Der Jekyll Island Club hat eines seiner bedeutendsten Mitglieder verloren. Ein Sechstel des gesamten Reichtums der Welt wurde von den Mitgliedern des Jekyll Island Club repräsentiert. „Die Mitgliedschaft war nur durch Vererbung möglich.

Die Aldrich-Gruppe hatte kein Interesse an der Jagd. Jekyll Island wurde als Ort für die Vorbereitung der Zentralbank gewählt, weil sie absolute Privatsphäre bot und es im Umkreis von fünfzig Meilen keinen Journalisten gab. Das Bedürfnis nach Geheimhaltung war so groß, dass die Mitglieder der Gruppe vor ihrer Ankunft auf Jekyll Island vereinbarten, während ihres zweiwöchigen Aufenthalts zu keinem Zeitpunkt Nachnamen zu nennen. Die Gruppe bezeichnete sich später als „First Name Club", da die Nachnamen von Warburg, Strong, Vanderlip und den anderen während ihres Aufenthalts verboten waren. Die üblichen Betreuer wurden für zwei Wochen vom Club freigestellt, und für diesen Anlass wurden neue Bedienstete vom Festland geholt, die die Namen der Anwesenden nicht kannten. Selbst wenn sie nach der Rückkehr der Aldrichs nach New York befragt worden wären, hätten sie die Namen nicht nennen können. Dieses Arrangement erwies sich als so zufriedenstellend, dass die Mitglieder, die sich auf diejenigen beschränkten, die tatsächlich auf Jekyll Island gewesen waren, später eine Reihe von informellen Treffen in New York abhielten.

Warum all diese Geheimhaltung? Warum diese tausend Meilen lange Reise in einem geschlossenen Eisenbahnwaggon zu einem abgelegenen Jagdclub? Angeblich ging es um die Durchführung eines Programms im Dienste der Öffentlichkeit, um die Vorbereitung einer Bankenreform, die für die Bevölkerung der Vereinigten Staaten ein Segen sein würde und die von der Nationalen Währungskommission angeordnet worden war. Öffentliche Wohltaten waren den Teilnehmern nicht fremd. Normalerweise wurden ihre Namen auf Messingtafeln oder an der Außenseite von Gebäuden, die sie gestiftet hatten, eingraviert. Auf Jekyll Island wurde dieses Verfahren nicht angewandt. Es wurde nie eine Messingtafel aufgestellt, um die selbstlosen Handlungen derer zu würdigen, die sich 1910 in ihrem privaten Jagdclub trafen, um das Los aller Bürger der Vereinigten Staaten zu verbessern.

In der Tat fand auf Jekyll Island keine Wohltätigkeitsveranstaltung statt. Die Aldrich-Gruppe reiste privat dorthin, um die Bank- und Währungsgesetze zu verfassen, die die Nationale Währungskommission in der Öffentlichkeit ausarbeiten sollte. Auf dem Spiel stand die künftige Kontrolle über Geld und Kredit der Vereinigten Staaten. Wäre eine echte Währungsreform ausgearbeitet und dem Kongress vorgelegt worden, hätte sie die Macht der elitären Eine-Welt-Geldschöpfer beendet. Jekyll Island sorgte dafür, dass in den Vereinigten

Staaten eine Zentralbank errichtet wurde, die den Bankern alles gab, was sie schon immer wollten.

Da Paul Warburg der technisch versierteste der Anwesenden war, wurde er damit beauftragt, den größten Teil des Plans zu entwerfen. Seine Arbeit wurde dann von den übrigen Mitgliedern der Gruppe diskutiert und überarbeitet. Senator Nelson Aldrich sollte dafür sorgen, dass der fertige Plan in einer Form vorlag, die er im Kongress durchsetzen konnte, und die anderen Bankiers sollten alle Details einbringen, die nötig waren, um sicher zu sein, dass sie alles bekamen, was sie wollten, und zwar in einem fertigen Entwurf, der während eines einmaligen Aufenthalts entstand. Nach ihrer Rückkehr nach New York konnte es kein zweites Treffen zur Überarbeitung ihres Plans geben. Sie konnten nicht darauf hoffen, bei einer zweiten Reise eine solche Geheimhaltung für ihre Arbeit zu erreichen.

Die Gruppe von Jekyll Island blieb neun Tage lang im Club und arbeitete unermüdlich an der Erfüllung ihrer Aufgabe. Trotz der gemeinsamen Interessen der Anwesenden verlief die Arbeit nicht ohne Reibereien. Senator Aldrich, schon immer ein herrischer Mensch, sah sich als auserwählter Anführer der Gruppe und konnte nicht anders, als alle anderen herumzukommandieren. Außerdem fühlte sich Aldrich als einziges Mitglied, das nicht von Beruf Banker war, etwas fehl am Platz. Er hatte während seiner gesamten Laufbahn erhebliche Interessen im Bankwesen gehabt, aber nur als jemand, der von seinem Besitz von Bankaktien profitierte. Er wusste wenig über die technischen Aspekte von Finanzgeschäften. Sein Gegenüber, Paul Warburg, war der Meinung, dass jede von der Gruppe aufgeworfene Frage nicht nur eine Antwort, sondern einen Vortrag erforderte. Er ließ kaum eine Gelegenheit aus, den Mitgliedern eine lange Rede zu halten, um sie mit dem Umfang seines Wissens über das Bankwesen zu beeindrucken. Dies wurde ihm von den anderen übel genommen und führte oft zu bissigen Bemerkungen von Aldrich. Die natürliche Diplomatie von Henry P. Davison erwies sich als der Katalysator, der sie bei der Arbeit hielt. Warburgs dicker ausländischer Akzent ging ihnen auf die Nerven und erinnerte sie ständig daran, dass sie seine Anwesenheit akzeptieren mussten, wenn ein

Zentralbankplan ausgearbeitet werden sollte, der ihnen ihre künftigen Gewinne garantieren würde. Warburg gab sich wenig Mühe, ihre Vorurteile zu zerstreuen, und widersprach ihnen bei jeder sich bietenden Gelegenheit in banktechnischen Fragen, die er als seine Privatsache betrachtete.

„Alle Verschwörungen müssen streng geheim gehalten werden."[6]

Der auf Jekyll Island ausgearbeitete „Währungsreform"-Plan sollte dem Kongress als das fertige Werk der Nationalen Währungskommission vorgelegt werden. Die wahren Verfasser des Entwurfs mussten unbedingt verborgen bleiben. Seit der Panik von 1907 war der Groll der Bevölkerung gegen die Bankiers so groß, dass kein Kongressabgeordneter es wagen würde, für einen Gesetzentwurf zu stimmen, der den Makel der Wall Street trug, ganz gleich, wer seine Wahlkampfkosten gespendet hatte. Der Plan von Jekyll Island war ein Zentralbankplan, und in diesem Land gab es eine lange Tradition des Kampfes gegen die Einführung einer Zentralbank für das amerikanische Volk. Es hatte mit Thomas Jeffersons Kampf gegen Alexander Hamiltons Plan für die Erste Bank der Vereinigten Staaten begonnen, der von James Rothschild unterstützt wurde. Er wurde fortgesetzt mit Präsident Andrew Jacksons erfolgreichem Kampf gegen Alexander Hamiltons Plan für die Zweite Bank der Vereinigten Staaten, bei dem Nicholas Biddle als Agent von James Rothschild aus Paris agierte. Das Ergebnis dieses Kampfes war die Schaffung des unabhängigen Sub-Treasury-Systems, das angeblich dazu diente, die Gelder der Vereinigten Staaten von den Händen der Finanziers fernzuhalten. Eine Untersuchung der Paniken von 1873, 1893 und 1907 zeigt, dass diese Paniken das Ergebnis der Operationen der internationalen Bankiers in London waren. Die Öffentlichkeit forderte 1908 vom Kongress, Gesetze zu erlassen, um eine Wiederholung künstlich herbeigeführter Geldpaniken zu verhindern. Eine solche Währungsreform schien nun unumgänglich. Um eine solche Reform anzustoßen und zu

---

[6] Clarendon, Hist. Reb. 1647.

kontrollieren, wurde die Nationale Währungskommission mit Nelson Aldrich an der Spitze eingesetzt, da er Mehrheitsführer im Senat war.

Das Hauptproblem war, wie Paul Warburg seinen Kollegen mitteilte, den Namen „Zentralbank" zu vermeiden. Aus diesem Grund hatte er sich für die Bezeichnung „Federal Reserve System" entschieden. Dies würde die Menschen darüber hinwegtäuschen, dass es sich nicht um eine Zentralbank handelte. Der Jekyll-Island-Plan wäre jedoch ein Zentralbankplan, der die Hauptfunktionen einer Zentralbank erfüllen würde; sie wäre im Besitz von Privatpersonen, die vom Besitz von Aktien profitieren würden. Als Emissionsbank würde sie das Geld und den Kredit der Nation kontrollieren.

In dem Kapitel über Jekyll Island in seiner Biografie über Aldrich schreibt Stephenson über die Konferenz:

„Wie sollte die Reserve Bank kontrolliert werden? Sie muss vom Kongress kontrolliert werden. Die Regierung sollte im Vorstand vertreten sein und über alle Angelegenheiten der Bank informiert sein, aber die Mehrheit der Direktoren sollte direkt oder indirekt von den Banken der Vereinigung gewählt werden."[7]

So sollte die vorgeschlagene Federal Reserve Bank „vom Kongress kontrolliert" werden und der Regierung gegenüber rechenschaftspflichtig sein, aber die Mehrheit der Direktoren sollte „direkt oder indirekt" von den Banken der Vereinigung gewählt werden. In der letzten Verfeinerung von Warburgs Plan sollte der Gouverneursrat der Federal Reserve Bank vom Präsidenten der Vereinigten Staaten ernannt werden, aber die eigentliche Arbeit des Gouverneursrats sollte von einem Bundesbeirat kontrolliert werden, der mit den Gouverneuren zusammentritt. Der Beirat würde von den Direktoren der zwölf Federal Reserve Banks gewählt werden und der Öffentlichkeit unbekannt bleiben.

---

[7] Nathaniel Wright Stephenson, Nelson W. *Aldrich, A Leader in American Politics*, Scribners, N.Y. 1930, Kap. XXIV „Jekyll Island" S. 379.

Die nächste Überlegung war, die Tatsache zu verschleiern, dass das vorgeschlagene „Federal Reserve System" von den Meistern des New Yorker Geldmarktes beherrscht werden würde. Die Kongressabgeordneten aus dem Süden und dem Westen konnten nicht überleben, wenn sie für einen Wall-Street-Plan stimmten. Die Farmer und Kleinunternehmer in diesen Gebieten hatten am meisten unter den Geldpaniken gelitten. In der Bevölkerung hatte sich ein großer Unmut gegen die Bankiers des Ostens entwickelt, der im neunzehnten Jahrhundert zu einer politischen Bewegung wurde, die als „Populismus" bekannt wurde. Aus den privaten Papieren von Nicholas Biddle, die erst mehr als ein Jahrhundert nach seinem Tod veröffentlicht wurden, geht hervor, dass sich die Bankiers des Ostens schon sehr früh der weit verbreiteten öffentlichen Opposition gegen sie bewusst waren.

Paul Warburg entwickelte auf Jekyll Island die wichtigste Täuschung, die verhindern sollte, dass die Bürger erkannten, dass sein Plan eine Zentralbank vorsah. Dies war das regionale Reservesystem. Er schlug ein System von vier (später zwölf) Filial-Reservebanken vor, die in verschiedenen Teilen des Landes angesiedelt sein sollten. Nur wenige Menschen außerhalb der Bankenwelt würden erkennen, dass die bestehende Konzentration der Geld und Kreditstruktur der Nation in New York den Vorschlag eines regionalen Reservesystems zu einer Täuschung machte.

Ein weiterer Vorschlag, den Paul Warburg auf Jekyll Island unterbreitete, betraf die Art und Weise der Auswahl der Verwaltungsbeamten für das vorgeschlagene regionale Reservesystem. Senator Nelson Aldrich hatte darauf bestanden, dass die Beamten ernannt und nicht gewählt werden sollten und dass der Kongress keine Rolle bei ihrer Auswahl spielen sollte. Seine Erfahrung auf dem Capitol Hill hatte ihn gelehrt, dass die Meinung des Kongresses den Interessen der Wall Street oft zuwiderlief, da die Kongressabgeordneten aus dem Westen und Süden ihren Wählern demonstrieren wollten, dass sie sie gegen die Bankiers aus dem Osten schützten.

Warburg entgegnete, dass die Verwalter der vorgeschlagenen Zentralbanken der Zustimmung der Exekutive durch den Präsidenten unterliegen sollten. Diese offensichtliche Entbindung des Systems von der Kontrolle durch den Kongress bedeutete, dass der Vorschlag der Federal Reserve von Anfang an verfassungswidrig war, da das Federal Reserve System eine Notenbank sein sollte. Artikel 1, Abschnitt 8, Par. 5 der Verfassung beauftragt den Kongress ausdrücklich mit der „Befugnis, Geld zu prägen und seinen Wert zu regulieren. „". Warburgs Plan würde den Kongress seiner Souveränität berauben, und das von Thomas Jefferson in der Verfassung geschaffene System der Kontrolle und des Gleichgewichts der Kräfte würde nun zerstört. Die Verwalter des vorgeschlagenen Systems würden das Geld und den Kredit der Nation kontrollieren und würden selbst von der Exekutive der Regierung genehmigt werden. Die Judikative (der Oberste Gerichtshof usw.) wurde bereits praktisch von der Exekutive durch die Ernennung von Richtern durch den Präsidenten kontrolliert.

Paul Warburg schrieb später eine umfangreiche Darstellung seines Plans, The Federal Reserve System, Its Origin and Growth[8], die etwa 1750 Seiten umfasst, aber der Name „Jekyll Island" taucht in diesem Text nirgends auf. Er erklärt jedoch (Band 1, S. 58):

„Aber als die Konferenz nach einer Woche ernsthafter Beratungen zu Ende ging, hatte man sich auf den groben Entwurf dessen geeinigt, was später zur Aldrich Bill wurde, und einen Plan skizziert, der eine 'National Reserve Association' vorsah, d.h. eine zentrale Reserveorganisation mit einer elastischen Notenausgabe auf der Grundlage von Gold und Handelspapieren."

Auf Seite 60 schreibt Warburg: „Die Ergebnisse der Konferenz waren völlig vertraulich. Selbst die Tatsache, dass es ein Treffen gegeben hatte, durfte nicht an die Öffentlichkeit gelangen. „In einer Fußnote fügt er hinzu: „Obwohl seither

---

[8] Paul Warburg, *The Federal Reserve System, Its Origin and Growth*, Band I, S. 58, Macmillan, New York, 1930.

achtzehn [sic] Jahre vergangen sind, fühle ich mich nicht frei, eine Beschreibung dieser höchst interessanten Konferenz zu geben, über die Senator Aldrich alle Teilnehmer zur Geheimhaltung verpflichtete."

Die Enthüllung von B.C. Forbes[9] über die geheime Expedition nach Jekyll Island hatte erstaunlich wenig Wirkung gezeigt. Sie erschien erst zwei Jahre nach der Verabschiedung des Federal Reserve Act durch den Kongress und wurde daher nie in der Zeit gelesen, in der sie hätte Wirkung zeigen können, d. h. während der Debatte im Kongress über das Gesetz. Auch die Geschichte von Forbes wurde von den „Eingeweihten" als absurd und als reine Erfindung abgetan. Stephenson erwähnt dies auf Seite 484 in seinem Buch über Aldrich.[10]

„Diese merkwürdige Episode von Jekyll Island wurde allgemein als Mythos betrachtet. B.C. Forbes erhielt einige Informationen von einem der Reporter. Er erzählte in vagen Umrissen die Geschichte von Jekyll Island, hinterließ aber keinen Eindruck und wurde allgemein als bloßes Märchen angesehen." Die Vertuschung der Konferenz auf Jekyll Island verlief auf zwei Wegen, die beide erfolgreich waren. Die erste bestand, wie Stephenson erwähnt, darin, die ganze Geschichte als romantische Ausgeburt abzutun, die nie stattgefunden hat. Obwohl es in späteren Büchern über das Federal Reserve System kurze Verweise auf Jekyll Island gab, fanden auch diese in der Öffentlichkeit wenig Beachtung. Wie wir bereits festgestellt haben, wird Jekyll Island in Warburgs umfangreichem und vermeintlich endgültigem Werk über das Federal Reserve System überhaupt nicht erwähnt, obwohl er zugibt, dass eine Konferenz stattgefunden hat. In keiner seiner umfangreichen Reden oder Schriften tauchen die Worte „Jekyll Island" auf, mit einer einzigen bemerkenswerten Ausnahme. Er stimmte der Bitte von Professor Stephenson zu, eine kurze Erklärung für die Aldrich-Biographie vorzubereiten. Diese erscheint auf Seite 485

---

[9] AKTUELLE STELLUNGNAHME, Dezember 1916, S. 382.

[10] Nathaniel Wright Stephenson, Nelson W. Aldrich, *A Leader in American Politics*, Scribners, N.Y. 1930, Kap. XXIV „Jekyll Island" S. 379.

als Teil des „The Warburg Memorandum". In diesem Auszug schreibt Warburg: „Die Frage eines einheitlichen Diskontsatzes wurde auf Jekyll Island diskutiert und geregelt." Ein anderes Mitglied des „First Name Club" war weniger zurückhaltend. Frank Vanderlip veröffentlichte später ein paar kurze Hinweise auf die Konferenz. In der Saturday Evening Post vom 9. Februar 1935, S. 25, schrieb Vanderlip:

„Trotz meiner Ansichten über den gesellschaftlichen Wert einer größeren Öffentlichkeit für die Angelegenheiten der Unternehmen gab es gegen Ende des Jahres 1910 eine Gelegenheit, bei der ich so geheimnisvoll, ja so heimlich wie jeder Verschwörer war... Da es für den Plan von Senator Aldrich fatal gewesen wäre, wenn bekannt geworden wäre, dass er irgendjemanden von der Wall Street aufforderte, ihm bei der Ausarbeitung seines Gesetzentwurfs zu helfen, wurden Vorkehrungen getroffen, die das Herz von James Stillman (einem schillernden und geheimnisvollen Bankier, der während des Spanisch-Amerikanischen Krieges Präsident der National City Bank war und von dem man annahm, dass er daran beteiligt war, uns in diesen Krieg zu ziehen) erfreut hätten... Ich halte es nicht für übertrieben, unsere geheime Expedition nach Jekyll Island als Anlass für die eigentliche Konzeption dessen zu bezeichnen, was schließlich das Federal Reserve System wurde."

In einem Reisebericht in der Washington Post vom 27. März 1983, „Follow The Rich to Jekyll Island", schreibt Roy Hoopes:

„Als Aldrich und vier Finanzexperten 1910 einen Ort suchten, an dem sie sich heimlich treffen konnten, um das Bankensystem des Landes zu reformieren, täuschten sie einen Jagdausflug nach Jekyll vor und verschanzten sich zehn Tage lang im Clubhaus, wo sie Pläne für das schmiedeten, was schließlich zur Federal Reserve Bank werden sollte." Vanderlip schrieb später in seiner Autobiographie Vom Bauernjungen zum Finanzier:[11]

„Unsere geheime Expedition nach Jekyll Island war der Anlass für die eigentliche Konzeption dessen, was schließlich das Federal Reserve System wurde. Die wesentlichen Punkte des

---

[11] Frank Vanderlip, *Vom Bauernjungen zum Financier*.

Aldrich-Plans waren alle im Federal Reserve Act enthalten, als dieser verabschiedet wurde." Professor E.R.A. Seligman, Mitglied der internationalen Bankiersfamilie von J. & W. Seligman und Leiter des Fachbereichs Wirtschaftswissenschaften an der Columbia University, schrieb in einem Aufsatz, der von der Academy of Political Science, Proceedings, v. 4, Nr. 4, S. 387-90, veröffentlicht wurde:

„Es ist nur wenigen bekannt, wie groß die Schuld der Vereinigten Staaten gegenüber Herrn Warburg ist. Denn man kann ohne Angst vor Widerspruch sagen, dass der Federal Reserve Act in seinen Grundzügen mehr als jeder andere Mann im Lande das Werk von Herrn Warburg ist. Die Existenz eines Federal Reserve Board schafft in allem, außer dem Namen nach, eine echte Zentralbank. In den beiden grundlegenden Punkten der Verfügung über die Reserven und der Diskontpolitik hat der Federal Reserve Act das Prinzip der Aldrich Bill offen akzeptiert, und diese Prinzipien wurden, wie bereits erwähnt, von Herrn Warburg und nur von Herrn Warburg geschaffen. Es darf nicht vergessen werden, dass Herr Warburg ein praktisches Ziel vor Augen hatte. Als er seine Pläne formulierte und von Zeit zu Zeit leicht variierende Vorschläge einbrachte, musste er daran denken, dass die Erziehung des Landes schrittweise erfolgen musste und dass ein großer Teil der Aufgabe darin bestand, Vorurteile abzubauen und Misstrauen zu beseitigen. Seine Pläne enthielten daher allerlei ausgefeilte Vorschläge, um die Öffentlichkeit vor eingebildeten Gefahren zu schützen und das Land davon zu überzeugen, dass der allgemeine Plan überhaupt durchführbar war. Herr Warburg hoffte, dass es im Laufe der Zeit möglich sein würde, einige Klauseln aus dem Gesetz zu streichen, die größtenteils auf seine Anregung hin zu Erziehungszwecken eingefügt worden waren." Nun, da die Staatsverschuldung der Vereinigten Staaten eine Billion Dollar überschritten hat, können wir in der Tat zugeben, „wie groß die Verschuldung der Vereinigten Staaten bei Herrn Warburg ist."Als er den Federal Reserve Act schrieb, gab es so gut wie keine Staatsverschuldung.

Professor Seligman weist auf Warburgs bemerkenswerte Voraussicht hin, dass die eigentliche Aufgabe der Mitglieder der

Konferenz auf Jekyll Island darin bestand, einen Bankplan auszuarbeiten, der das Land schrittweise „erziehen" und „Vorurteile abbauen und Misstrauen beseitigen" sollte. Die Kampagne zur Verabschiedung des Plans als Gesetz hat genau das erreicht.

KAPITEL 2

DER ALDRICH-PLAN

„*Das Finanzwesen und der Zolltarif sind Nelson Aldrich vorbehalten und fallen in seinen alleinigen Zuständigkeitsbereich. Herr Aldrich ist bestrebt, durch die Nationale Währungskommission ein Bank- und Währungsgesetz zu entwerfen. Viele hunderttausend Menschen sind der festen Überzeugung, dass Herr Aldrich in seiner Person die größte und unheilvollste Bedrohung für das Wohlergehen des Volkes der Vereinigten Staaten verkörpert. Ernest Newman sagte kürzlich: 'Was der Süden dem Neger auf politische Weise antut, würde Aldrich den Schlammhügeln des Nordens antun, wenn er sich einen sicheren und praktischen Weg ausdenken könnte, dies zu erreichen.*" - Harper's Weekly, 7. Mai 1910.

Die Teilnehmer der Konferenz auf Jekyll Island kehrten nach New York zurück und leiteten eine landesweite Propagandakampagne zugunsten des „Aldrich-Plans". Drei der führenden Universitäten, Princeton, Harvard und die Universität von Chicago, wurden als Sammelpunkte für diese Propaganda genutzt, und die nationalen Banken mussten zu einem Fonds von fünf Millionen Dollar beitragen, um die amerikanische Öffentlichkeit davon zu überzeugen, dass dieser Zentralbankplan vom Kongress in ein Gesetz aufgenommen werden sollte.

Woodrow Wilson, Gouverneur von New Jersey und ehemaliger Präsident der Princeton University, wurde als

Sprecher für den Aldrich-Plan gewonnen. Während der Panik von 1907 hatte Wilson erklärt: „All diese Schwierigkeiten könnten vermieden werden, wenn wir ein Komitee von sechs oder sieben Männern mit Bürgersinn wie J.P. Morgan einsetzen würden, das die Angelegenheiten unseres Landes regelt." In seiner Biografie über Nelson Aldrich aus dem Jahr 1930 schreibt Stephenson:

„Am 16. Januar 1911 wurde eine Broschüre mit dem Titel 'Suggested Plan for Monetary Legislation' (Vorgeschlagener Plan für die Währungsgesetzgebung) von Hon. Nelson Aldrich herausgegeben, die auf den Schlussfolgerungen von Jekyll Island basiert. „Stephenson sagt auf Seite 388: „Es wurde eine Organisation für den finanziellen Fortschritt gegründet. Mr. Warburg brachte eine Resolution ein, die die Gründung der Citizens' League, der späteren National Citizens League, genehmigte... Professor Laughlin von der Universität von Chicago wurde mit der Propaganda der Liga beauftragt."[12]

Es ist bemerkenswert, dass Stephenson die Arbeit der National Citizens League als „Propaganda" bezeichnet, in Übereinstimmung mit Seligmans Darstellung von Warburgs Arbeit als „Erziehung des Landes" und „Abbau von Vorurteilen".

Ein Großteil der fünf Millionen Dollar aus dem Schmiergeldfonds der Bankiers wurde unter der Schirmherrschaft der National Citizens' League ausgegeben, die sich aus Hochschulprofessoren zusammensetzte. Die beiden unermüdlichsten Propagandisten des Aldrich-Plans waren Professor O.M. Sprague von Harvard und J. Laurence Laughlin von der University of Chicago.

Kongressabgeordneter Charles A. Lindbergh, Senior, merkt an:

„J. Laurence Laughlin, Vorsitzender des Exekutivkomitees der National Citizens' League seit ihrer Gründung, ist in seine

---

[12] Nathaniel Wright Stephenson, *Nelson W. Aldrich, A Leader in American Politics*, Scribners, N.Y. 1930.

Position als Professor für politische Ökonomie an der Universität von Chicago zurückgekehrt. Im Juni 1911 wurde Professor Laughlin für ein Jahr von der Universität beurlaubt, damit er seine ganze Zeit der von der Liga durchgeführten Bildungskampagne widmen konnte... Er hat unermüdlich gearbeitet, und es ist größtenteils seinen Bemühungen und seiner Beharrlichkeit zu verdanken, dass die Kampagne mit schmeichelhaften Aussichten auf ein erfolgreiches Ergebnis in die Endphase eintritt... Der Leser weiß, dass die Universität von Chicago eine von John D. Rockefeller mit fast fünfzig Millionen Dollar gestiftete Einrichtung ist."[13]

In seiner Biographie über Nelson Aldrich enthüllt Stephenson, dass auch die Bürgerliga ein Produkt von Jekyll Island war. In Kapitel 24 finden wir das: Der Aldrich-Plan wurde dem Kongress als Ergebnis von drei Jahren Arbeit, Studien und Reisen von Mitgliedern der Nationalen Währungskommission mit Ausgaben von mehr als dreihunderttausend Dollar vorgestellt.[14]

In seiner Aussage vor dem Ausschuss für Geschäftsordnung am 15. Dezember 1911, nachdem der Aldrich-Plan in den Kongress eingebracht worden war, erklärte der Kongressabgeordnete Lindbergh,

„Unser Finanzsystem ist falsch und eine große Belastung für die Menschen... Ich habe behauptet, dass es einen Money Trust gibt. Der Aldrich-Plan ist ein Plan, der eindeutig im Interesse des Trusts liegt... Warum drängt der Money Trust jetzt so sehr auf den Aldrich-Plan, bevor das Volk weiß, was der Money Trust gemacht hat?" Lindbergh fuhr mit seiner Rede fort,

„Der Aldrich-Plan ist der Wall-Street-Plan. Er ist eine breite Herausforderung an die Regierung durch den Champion des Money Trust. Er bedeutet eine weitere Panik, wenn nötig, um das Volk einzuschüchtern. Aldrich, der von der Regierung bezahlt

---

[13] Charles A. Lindbergh senior, *Banking, Currency and the Money Trust*, 1913, S. 131.

[14] Im Jahr 1911 wurde der Aldrich-Plan Teil des offiziellen Programms der Republikanischen Partei.

wird, um das Volk zu vertreten, schlägt stattdessen einen Plan für die Trusts vor. Es war ein sehr kluger Schachzug, dass die Nationale Währungskommission geschaffen wurde. Im Jahr 1907 reagierte die Natur auf wunderbare Weise und bescherte dem Land die reichste Ernte, die es je hatte. Auch andere Industriezweige waren fleißig, und vom natürlichen Standpunkt aus gesehen waren alle Voraussetzungen für ein äußerst blühendes Jahr gegeben. Stattdessen führte eine Panik zu enormen Verlusten für uns. Die Wall Street wusste, dass das amerikanische Volk ein Mittel gegen die Wiederholung eines solch lächerlich unnatürlichen Zustands forderte. Die meisten Senatoren und Repräsentanten tappten in die Falle der Wall Street und verabschiedeten das Aldrich-Vreeland-Notwährungsgesetz. Das eigentliche Ziel war jedoch, eine Währungskommission einzusetzen, die einen Vorschlag zur Änderung unserer Währungs- und Bankgesetze im Sinne des Money Trusts ausarbeiten sollte. Die Interessengruppen sind jetzt überall damit beschäftigt, die Menschen zugunsten des Aldrich-Plans zu erziehen. Es wird berichtet, dass eine große Summe Geld für diesen Zweck aufgebracht worden ist. Spekulationen an der Wall Street lösten die Panik von 1907 aus. Die Gelder der Einleger wurden an Glücksspieler und jeden, den der Money Trust begünstigen wollte, verliehen. Als die Einleger dann ihr Geld zurückhaben wollten, hatten die Banken es nicht mehr. Das löste die Panik aus." Edward Vreeland, Mitverfasser des Gesetzentwurfs, schrieb im Independent vom 25. August 1910 (der Aldrich gehörte): „Unter dem von Senator Aldrich vorgeschlagenen Währungsplan werden die Monopole verschwinden, weil sie nicht mehr als vier Prozent Zinsen verdienen können, und Monopole können bei einem so niedrigen Zinssatz nicht weiter bestehen. Außerdem wird dies das Verschwinden der Regierung aus dem Bankgeschäft bedeuten." Vreelands fantastische Behauptungen waren typisch für die Propagandaflut, die zur Verabschiedung des Aldrich-Plans entfesselt wurde. Monopole würden verschwinden, die Regierung würde sich aus dem Bankgeschäft zurückziehen. Alles nur Wunschdenken.

Im Nation Magazine vom 19. Januar 1911 heißt es: „Der Name Zentralbank wird sorgfältig vermieden, aber die 'Federal Reserve Association', der Name der vorgeschlagenen zentralen Organisation, ist mit den üblichen Befugnissen und Verantwortlichkeiten einer europäischen Zentralbank ausgestattet." Nachdem die Nationale Währungskommission aus Europa zurückgekehrt war, hielt sie fast zwei Jahre lang keine offiziellen Sitzungen ab. Es wurden nie Aufzeichnungen oder Protokolle vorgelegt, aus denen hervorging, wer den Aldrich-Plan verfasst hatte. Da sie keine offiziellen Sitzungen abhielten, konnten die Mitglieder der Kommission den Plan kaum als ihren eigenen bezeichnen. Das einzige greifbare Ergebnis der dreihunderttausend Dollar Ausgaben der Kommission war eine Bibliothek mit dreißig umfangreichen Bänden über das europäische Bankwesen. Typisch für diese Werke ist eine tausendseitige Geschichte der Reichsbank, der Zentralbank, die Geld und Kredit in Deutschland kontrollierte und deren Hauptaktionäre die Rothschilds und Paul Warburgs Familienbankhaus M.M. Warburg Company waren. Aus den Aufzeichnungen der Kommission geht hervor, dass sie nie als beratendes Gremium fungierte. Tatsächlich war ihre einzige „Sitzung" die geheime Konferenz auf Jekyll Island, die in keiner Veröffentlichung der Kommission erwähnt wird. Senator Cummins verabschiedete im Kongress eine Resolution, in der die Kommission aufgefordert wurde, am 8. Januar 1912 Bericht zu erstatten und einige konstruktive Ergebnisse ihrer dreijährigen Arbeit vorzulegen. Angesichts dieser Aufforderung hörte die National Monetary Commission auf zu existieren.

Mit ihren fünf Millionen Dollar als Kriegskasse führten die Propagandisten des Aldrich-Plans einen unerbittlichen Krieg gegen ihre Gegner. Andrew Frame sagte vor dem House Banking and Currency Committee der American Bankers Association aus. Er vertrat eine Gruppe westlicher Bankiers, die den Aldrich-Plan ablehnten:

VORSITZENDER CARTER GLASS: „Warum haben sich die westlichen Bankiers nicht Gehör verschafft, als die American Bankers Association ihre uneingeschränkte und, wie uns versichert wurde, einstimmige Zustimmung zu dem von der

National Monetary Commission vorgeschlagenen System gab?" ANDREW FRAME: „Ich bin froh, dass Sie mich darauf aufmerksam gemacht haben. Als diese Währungsvorlage dem Land vorgelegt wurde, war das nur wenige Tage vor dem Treffen der American Bankers Association in New Orleans 1911. Nicht einer von hundert Bankern hatte die Vorlage gelesen. Wir hatten zwölf Adressen, die dafür waren. General Hamby aus Austin, Texas, schrieb einen Brief an Präsident Watts und bat um eine Anhörung gegen den Gesetzentwurf. Er erhielt keine sehr höfliche Antwort. Ich weigerte mich, darüber abzustimmen, und viele andere Bankiers taten das Gleiche." MR. BULKLEY: „Meinen Sie damit, dass kein Mitglied der Vereinigung gegen den Gesetzentwurf gehört werden konnte?" ANDREW FRAME: „Sie haben jede Diskussion abgewürgt." MR. KINDRED: „Aber es wurde berichtet, dass es praktisch einstimmig war." ANDREW FRAME: „Der Gesetzentwurf war bereits von Senator Aldrich vorbereitet und dem Exekutivrat der American Bankers Association im Mai 1911 vorgelegt worden. Als Mitglied dieses Gremiums erhielt ich einen Tag vor der Beschlussfassung eine Kopie. Als die Vorlage in New Orleans eintraf, hatten die Bankiers der Vereinigten Staaten sie noch nicht gelesen." MR. KINDRED: „Hat der Vorsitzende einfach diejenigen ausgeschlossen, die eine negative Diskussion führen wollten?" ANDREW FRAME: „Sie würden niemanden in die Sendung lassen, der nicht für das Gesetz ist." VORSITZENDER GLASS: „Welche Bedeutung hat die Tatsache, dass auf der nächsten Jahresversammlung der American Bankers Association, die 1912 in Detroit stattfand, die Vereinigung ihre Unterstützung des Plans der National Monetary Commission, bekannt als Aldrich-Schema, nicht wiederholt hat?" ANDREW FRAME: „Sie hat die Befürwortung nicht wiederholt, weil die Befürworter des Aldrich-Plans wussten, dass die Vereinigung ihn nicht befürworten würde. Wir waren auf sie vorbereitet, aber sie haben es nicht angesprochen." Andrew Frame deckte die Absprachen auf, die 1911 dazu führten, dass die American Bankers Association den Aldrich-Plan befürwortete, es aber 1912 nicht einmal wagte, ihre Befürwortung zu wiederholen, aus Angst vor einer ehrlichen und offenen Diskussion über die Vorzüge des Plans.

Der Vorsitzende Glass rief dann einen der zehn mächtigsten Bankiers der Vereinigten Staaten, George Blumenthal, Partner des internationalen Bankhauses Lazard Freres und Schwager von Eugene Meyer Jr. als Zeugen auf. Carter Glass begrüßte Blumenthal überschwänglich mit den Worten: „Senator O'Gorman aus New York war so freundlich, uns Ihren Namen vorzuschlagen. „Ein Jahr später verhinderte O'Gorman, dass ein Senatsausschuss seinem Herrn Paul Warburg peinliche Fragen stellte, bevor er seine Ernennung zum ersten Gouverneur des Federal Reserve Board genehmigte.

George Blumenthal erklärte: „Seit 1893 ist meine Firma Lazard Freres führend im Im- und Export von Gold und ist dadurch mit allen in Kontakt gekommen, die etwas damit zu tun hatten." Der Kongressabgeordnete Taylor fragte: „Haben Sie eine Erklärung über die Rolle, die Sie bei der Einfuhr von Gold in die Vereinigten Staaten gespielt haben?" Taylor fragte dies, weil die Panik von 1893 unter Wirtschaftswissenschaftlern als klassisches Beispiel für eine durch Goldbewegungen verursachte Geldpanik bekannt ist.

"Nein", antwortete George Blumenthal, „dazu habe ich überhaupt nichts, weil es mit der Frage nichts zu tun hat." Ein Bankier aus Philadelphia, Leslie Shaw, widersprach bei diesen Anhörungen zusammen mit anderen Zeugen und kritisierte die viel gepriesene „Dezentralisierung" des Systems. Er sagte: „Im Rahmen des Aldrich-Plans sollen die Bankiers lokale Verbände und Bezirksverbände haben, und wenn man eine lokale Organisation hat, ist die zentrale Kontrolle gewährleistet. Angenommen, wir haben eine lokale Vereinigung in Indianapolis; können Sie nicht die drei Männer nennen, die diese Vereinigung beherrschen werden? Und können Sie dann nicht den einen Mann überall sonst nennen. Wenn man die Banken an einen Tisch bringt, können sie den größten Einfluss in diesem Land haben, mit Ausnahme der Zeitungen." Um das Währungsgesetz der Demokraten zu fördern, machte Carter Glass die traurige Bilanz der republikanischen Bemühungen der Nationalen Währungskommission von Senator Aldrich öffentlich. In seinem Bericht an das Repräsentantenhaus von 1913 heißt es: „Senator MacVeagh beziffert die Kosten der

Nationalen Währungskommission bis zum 12. Mai 1911 auf 207.130 Dollar. Seitdem haben sie weitere hunderttausend Dollar an Steuergeldern ausgegeben. Die zu diesen Kosten geleistete Arbeit kann nicht ignoriert werden, aber nach Prüfung der umfangreichen Literatur, die von der Kommission veröffentlicht wurde, findet der Banken- und Währungsausschuss nur wenig, was sich auf den gegenwärtigen Zustand des Kreditmarktes der Vereinigten Staaten bezieht. Wir lehnen den Aldrich-Entwurf in folgenden Punkten ab:

- Das völlige Fehlen einer angemessenen staatlichen oder öffentlichen Kontrolle des von ihr eingerichteten Bankwesens.

- Die Tendenz, die Stimmrechtskontrolle in die Hände der großen Banken des Systems zu legen.

- Die dem System innewohnende extreme Gefahr einer Inflation der Währung.

- Die Unaufrichtigkeit des in der Maßnahme vorgesehenen Plans zur Finanzierung von Anleihen, da unverhohlen vorgetäuscht wird, dass dieses System die Regierung nichts kosten würde.

- Die gefährlichen monopolistischen Aspekte des Gesetzes.

Unser Ausschuss stieß zu Beginn seiner Arbeit auf eine deutlich ausgeprägte Stimmung zugunsten einer Zentralbank, die sich aus der Arbeit der Nationalen Währungskommission ergeben hatte." Glass' Anprangerung der Aldrich Bill als Zentralbankplan ignorierte die Tatsache, dass sein eigener Federal Reserve Act alle Funktionen einer Zentralbank erfüllen würde. Ihre Aktien würden privaten Aktionären gehören, die den Kredit der Regierung für ihren eigenen Profit nutzen könnten; sie hätte die Kontrolle über die Geld- und Kreditressourcen der Nation; und sie wäre eine Emissionsbank, die die Regierung durch die „Mobilisierung" von Krediten in Kriegszeiten finanzieren würde. In „The Rationale of Central Banking" schreibt Vera C. Smith (Committee for Monetary Research and Education, Juni 1981): „Die primäre Definition einer Zentralbank ist ein Bankensystem, in dem eine einzige Bank entweder ein vollständiges oder ein Restmonopol für die Ausgabe von Banknoten hat. Eine Zentralbank ist kein natürliches Produkt der Bankenentwicklung. Sie wird von außen aufgezwungen oder entsteht als Ergebnis staatlicher Begünstigungen." So erlangt eine Zentralbank ihre beherrschende Stellung durch das ihr von der Regierung gewährte Monopol für die Ausgabe von Banknoten. Dies ist der Schlüssel zu ihrer Macht. Außerdem hat die Gründung einer Zentralbank aufgrund des Mindestreservesystems, das die Schöpfung von Buchkrediten und damit von Geld um ein Vielfaches des tatsächlichen „Geldes", das die Bank in ihren Einlagen oder Reserven hat, ermöglicht, eine direkte inflationäre Wirkung.

Der Aldrich-Plan kam im Kongress nie zur Abstimmung, weil die Republikaner 1910 die Kontrolle über das Repräsentantenhaus und 1912 über den Senat und die Präsidentschaft verloren.

KAPITEL 3

DER FEDERAL RESERVE ACT

„Unser Finanzsystem ist falsch und eine große Belastung für die Menschen... Mit diesem Gesetz wird der gigantischste Trust der Welt geschaffen." - Kongressabgeordneter Charles Augustus Lindbergh, Sr.

Die Reden von Senator LaFollette und Kongressabgeordnetem Lindbergh wurden 1912 zu Sammelpunkten der Opposition gegen den Aldrich-Plan. Sie erregten auch die Gemüter der Bevölkerung gegen den Money Trust. Der Kongressabgeordnete Lindbergh sagte am 15. Dezember 1911: „Die Regierung verfolgt andere Trusts, unterstützt aber den Money Trust. Ich habe mehrere Jahre lang geduldig auf eine Gelegenheit gewartet, den falschen Geldstandard zu entlarven und zu zeigen, dass die größte aller Begünstigungen diejenige ist, die die Regierung dem Money Trust gewährt." Senator LaFollette erhob öffentlich den Vorwurf, ein Geldtrust von fünfzig Männern kontrolliere die Vereinigten Staaten. George F. Baker, Partner von J.P. Morgan, antwortete auf die Frage von Reportern nach dem Wahrheitsgehalt dieser Behauptung, dass sie absolut falsch sei. Er sagte, er wisse aus eigener Erfahrung, dass nicht mehr als acht Männer dieses Land regieren.

Das Nation Magazine antwortete Senator LaFollette: „Wenn es einen Money Trust gibt, wird es nicht möglich sein, festzustellen, ob er seinen Einfluss zum Guten oder zum Schlechten ausübt." Senator LaFollette merkt in seinen Memoiren an, dass seine Rede gegen den Money Trust ihn später die Präsidentschaft der Vereinigten Staaten kostete, so wie Woodrow Wilsons frühe Unterstützung des Aldrich-Plans ihn für dieses Amt in Betracht gebracht hatte.

Der Kongress machte schließlich eine Geste, um das Volk zu beruhigen, indem er einen Ausschuss zur Untersuchung der Geld- und Kreditkontrolle in den Vereinigten Staaten einsetzte. Es handelte sich um den Pujo-Ausschuss, einen Unterausschuss des Banken- und Währungsausschusses des Repräsentantenhauses, der 1912 die berühmten „Money Trust" - Anhörungen unter der Leitung des Kongressabgeordneten Arsene Pujo aus Louisiana durchführte, der als Wortführer der Ölinteressen galt. Diese Anhörungen wurden absichtlich fünf Monate lang in die Länge gezogen und führten zu sechstausend Seiten gedruckter Zeugenaussagen in vier Bänden. Monat für Monat fuhren die Banker mit dem Zug von New York nach Washington, sagten vor dem Ausschuss aus und kehrten nach New York zurück. Die Anhörungen waren äußerst langweilig, und es gab keine aufsehenerregenden Informationen in diesen Sitzungen. Die Bankiers gaben feierlich zu, dass sie tatsächlich Bankiers waren, bestanden darauf, dass sie immer im öffentlichen Interesse handelten, und behaupteten, dass sie nur von den höchsten Idealen des öffentlichen Dienstes beseelt waren, wie die Kongressmitglieder, vor denen sie aussagten.

Die paradoxe Natur der Pujo Money Trust Hearings lässt sich besser verstehen, wenn man den Mann untersucht, der diese Anhörungen im Alleingang durchführte, Samuel Untermyer. Er war einer der wichtigsten Spender für Woodrow Wilsons Wahlkampffonds und einer der reichsten Unternehmensanwälte in New York. In seiner Autobiographie im „Who's Who" von 1926 gibt er an, dass er einmal ein Honorar von 775.000 Dollar für ein einziges Rechtsgeschäft erhielt, nämlich für die erfolgreiche Fusion der Utah Copper Company und der Boston Consolidated and Nevada Company, einem Unternehmen mit einem Marktwert von hundert Millionen Dollar. Er weigerte sich, Senator LaFollette oder den Kongressabgeordneten Lindbergh aufzufordern, in der Untersuchung auszusagen, zu der sie allein den Kongress gezwungen hatten. Als Sonderberater des Pujo-Ausschusses leitete Untermyer die Anhörungen als Ein-Mann-Betrieb. Die Mitglieder des Kongresses, einschließlich des Vorsitzenden, des Kongressabgeordneten Arsene Pujo, schienen vom Beginn bis zum Ende der Anhörungen wie betäubt zu sein. Einer dieser schweigenden Diener der Öffentlichkeit war der Kongressabgeordnete James Byrnes aus South Carolina, der Bernard Baruchs Heimatbezirk vertrat, später als „Baruchs Mann" berühmt wurde und von Baruch während des Zweiten Weltkriegs mit der Leitung des Office of War Mobilization betraut wurde.

Obwohl er ein Spezialist auf diesem Gebiet war, befragte Untermyer keinen der Bankiers über das System der ineinander greifenden Direktorien, durch das sie die Industrie kontrollierten. Er ging nicht auf die internationalen Goldbewegungen ein, die als Faktor für Geldpaniken bekannt waren, oder auf die internationalen Beziehungen zwischen amerikanischen und europäischen Bankiers. Die internationalen Bankhäuser Eugene Meyer, Lazard Freres, J. & W. Seligman, Ladenburg Thalmann, Gebrüder Speyer, M. M. Warburg und die Gebrüder Rothschild weckten Samuel Untermyers Neugier nicht, obwohl es in der New Yorker Finanzwelt allgemein bekannt war, dass alle diese Familienbankhäuser entweder Zweigstellen in der Wall Street hatten oder Tochtergesellschaften kontrollierten. Als Jacob Schiff vor dem Pujo-Ausschuss erschien, konnte er dank der geschickten Befragung von Herrn Untermyer viele Minuten lang sprechen, ohne etwas über die Geschäfte des Bankhauses Kuhn Loeb Company zu verraten, dessen Seniorpartner er war und das Senator Robert L. Owen als Vertreter der europäischen Rothschilds in den Vereinigten Staaten identifiziert hatte.

Der alternde J.P. Morgan, der nur noch wenige Monate zu leben hatte, erschien vor dem Ausschuss, um seine jahrzehntelangen internationalen Finanzgeschäfte zu rechtfertigen. Zur Erbauung von Herrn Untermyer erklärte er, dass „Geld eine Ware ist". „Dies war ein beliebter Trick der Geldschöpfer, denn sie wollten der Öffentlichkeit weismachen, dass die Geldschöpfung ein natürlicher Vorgang sei, ähnlich wie das Wachsen eines Kornfeldes, obwohl es sich in Wirklichkeit um eine Prämie handelte, die den Bankern von den Regierungen, über die sie die Kontrolle erlangt hatten, gewährt wurde.

J.P. Morgan sagte dem Pujo-Ausschuss auch, dass er bei der Vergabe eines Kredits nur einen einzigen Faktor ernsthaft in Betracht ziehe, nämlich den Charakter eines Mannes; selbst die Fähigkeit des Mannes, den Kredit zurückzuzahlen, oder seine Sicherheiten seien von geringer Bedeutung. Diese erstaunliche Feststellung verblüffte selbst die unbedarften Mitglieder des Ausschusses.

Die Farce des Pujo-Ausschusses endete, ohne dass ein einziger bekannter Gegner der Geldgeber erscheinen oder aussagen durfte. Für Samuel Untermyer hatten Senator LaFollette und der Kongressabgeordnete Charles Augustus Lindbergh nie existiert. Dennoch war es diesen Kongressabgeordneten gelungen, die Bevölkerung der Vereinigten Staaten davon zu überzeugen, dass die New Yorker Bankiers ein Monopol auf das Geld und den Kredit der Nation hatten. Am Ende der Anhörungen behaupteten die Bankiers und die von ihnen subventionierten Zeitungen, dass die einzige Möglichkeit, dieses Monopol zu brechen, in der Verabschiedung eines Gesetzes über das Bankwesen und die Währung bestünde, das dem Kongress nun vorgelegt wurde und ein Jahr später als Federal Reserve Act verabschiedet werden sollte. Die Presse forderte ernsthaft, das New Yorker Bankenmonopol zu brechen, indem die Verwaltung des neuen Bankensystems dem sachkundigsten Bankier von allen, Paul Warburg, übertragen wurde.

Der Präsidentschaftswahlkampf von 1912 ist einer der interessantesten politischen Umwälzungen in der amerikanischen Geschichte. Der Amtsinhaber, William Howard Taft, war ein beliebter Präsident, und die Republikaner hatten in einer Zeit des allgemeinen Wohlstands durch eine republikanische Mehrheit in beiden Häusern die Regierung fest im Griff. Der Herausforderer der Demokraten, Woodrow Wilson, Gouverneur von New Jersey, war landesweit nicht bekannt und ein steifer, strenger Mann, der in der Öffentlichkeit wenig Unterstützung fand. Beide Parteien nahmen eine Währungsreform in ihr Programm auf: Die Republikaner setzten sich für den Aldrich-Plan ein, der als Wall-Street-Plan denunziert worden war, und die Demokraten für den Federal Reserve Act. Keine der beiden Parteien machte sich die Mühe, die Öffentlichkeit darüber zu informieren, dass die Gesetzesentwürfe bis auf die Namen fast identisch waren. Im Nachhinein scheint es offensichtlich, dass die Geldgeber beschlossen, Taft fallen zu lassen und sich für Wilson zu entscheiden. Woher wissen wir das? Taft schien die Wiederwahl sicher zu sein, und Wilson würde in die Bedeutungslosigkeit zurückkehren. Plötzlich warf Theodore Roosevelt „seinen Hut in den Ring". „Er kündigte an, dass er als Kandidat einer dritten Partei, dem „Bull Moose", antreten würde. Seine Kandidatur wäre lächerlich gewesen, wenn er nicht außergewöhnlich gut finanziert gewesen wäre. Außerdem erhielt er eine unbegrenzte Presseberichterstattung, mehr als Taft und Wilson zusammen. Als ehemaliger republikanischer Präsident lag es auf der Hand, dass Roosevelt die Stimmen von Taft stark einschränken würde. Dies bewahrheitete sich, und Wilson gewann die Wahl. Bis heute kann niemand sagen, was das Programm von Theodore Roosevelt war oder warum er seine eigene Partei sabotieren würde. Da die Bankiers alle drei Kandidaten finanzierten, würden sie unabhängig vom Ausgang der Wahl gewinnen. Spätere Zeugenaussagen im Kongress zeigten, dass in der Firma Kuhn Loeb Company Felix Warburg Taft unterstützte, Paul Warburg und Jacob Schiff unterstützten Wilson und Otto Kahn unterstützte Roosevelt. Das Ergebnis war, dass 1912 ein demokratischer Kongress und ein demokratischer Präsident gewählt wurden, um das Zentralbankgesetz zu verabschieden. Es scheint wahrscheinlich, dass die Identifizierung des Aldrich-Plans als eine Operation der Wall Street voraussagte, dass es schwierig sein würde, ihn durch den Kongress zu bringen, da die Demokraten ihn entschieden ablehnen würden, während ein erfolgreicher demokratischer Kandidat, unterstützt von einem demokratischen Kongress, in der Lage sein würde, den Zentralbankplan zu verabschieden. Taft wurde über Bord geworfen, weil die Banker bezweifelten, dass er den Aldrich-

Plan umsetzen könnte, und Roosevelt war das Instrument für seinen Untergang.[15]

Um das amerikanische Volk noch mehr zu verwirren und ihm den wahren Zweck des vorgeschlagenen Federal Reserve Act vor Augen zu führen, machten die Architekten des Aldrich-Plans, der einflussreiche Nelson Aldrich, obwohl er nicht mehr Senator ist, und Frank Vanderlip, Präsident der National City Bank, Stimmung gegen das Gesetz. Sie gaben Interviews, wann immer sie ein Publikum finden konnten, und prangerten den vorgeschlagenen Federal Reserve Act als schädlich für das Bankwesen und für eine gute Regierung an. Das Schreckgespenst der Inflation wurde aufgeworfen, weil das Gesetz den Druck von Federal Reserve Banknoten vorsah. The Nation wies am 23. Oktober 1913 darauf hin, dass „Mr. Aldrich selbst einen Aufschrei über die Ausgabe von staatlichem „Fiat-Geld" machte, d.h. Geld, das ohne Gold oder Goldbarren ausgegeben wird, obwohl ein Gesetzentwurf, der genau dies vorsah, 1908 unter seinem eigenen Namen verabschiedet worden war, und er wusste außerdem, dass die „Regierung" nichts damit zu tun hatte, dass der Federal Reserve Board die volle Verantwortung für die Ausgabe solchen Geldes haben würde." Frank Vanderlips Behauptungen waren so bizarr, dass Senator Robert L. Owen, der Vorsitzende des am 18. März 1913 neu gebildeten Banken- und Währungsausschusses des Senats, ihn beschuldigte, offen eine Kampagne der Falschdarstellung des Gesetzes zu führen. Die Interessen der Öffentlichkeit, so behauptete Carter Glass in einer Rede vor dem Kongress am 10. September 1913, würden durch einen beratenden Rat von Bankiers geschützt werden. „An seinen Geschäften kann nichts Unheimliches sein. Mindestens viermal im Jahr wird ein beratender Bankrat mit ihm zusammentreffen, in dem alle regionalen Reservedistrikte des Systems vertreten sind. Wie hätten wir bei der Wahrung der öffentlichen Interessen größere Vorsicht walten lassen können?" Glass behauptete, dass der vorgeschlagene Bundesbeirat den Gouverneursrat der

---

[15] Das endgültige Wahlergebnis von 1912 lautete: Wilson - 409; Roosevelt - 167; und Taft - 15.

Federal Reserve zwingen würde, im besten Interesse der Menschen zu handeln.

Senator Root wies auf das Problem der Inflation hin und behauptete, dass der Notenumlauf nach dem Federal Reserve Act immer unendlich ausgedehnt würde, was zu einer großen Inflation führen würde. Die spätere Geschichte des Federal Reserve Systems zeigte jedoch, dass es nicht nur Inflation verursachte, sondern dass die Ausgabe von Banknoten auch eingeschränkt werden konnte, was zu Deflation führte, wie es von 1929 bis 1939 der Fall war.

Einer der Kritiker des vorgeschlagenen „dezentralen" Systems war der Anwalt Alfred Crozier aus Cleveland, Ohio: Crozier wurde als Zeuge vor den Senatsausschuss geladen, weil er 1912 ein provokantes Buch mit dem Titel U.S. Money vs. Corporation Currency geschrieben hatte.[16] Er griff das Aldrich-Vreeland-Gesetz von 1908 als ein Instrument der Wall Street an und wies darauf hin, dass wir keine freie Nation mehr seien, wenn unsere Regierung Geld auf der Grundlage von Wertpapieren in Privatbesitz ausgeben müsse.

Crozier sagte vor dem Senatsausschuß aus, daß „die Gewährung oder Inanspruchnahme von Krediten zur Beeinflussung von Wertpapierkursen und die Vergabe von Krediten oder die Erhöhung von Zinssätzen durch die Banken zur Beeinflussung der öffentlichen Meinung oder der Tätigkeit einer gesetzgebenden Körperschaft verboten werden sollte. In den letzten Monaten wurde William McAdoo, der Finanzminister der Vereinigten Staaten, in der Presse mit der Behauptung zitiert, dass es eine Verschwörung zwischen einigen großen Banken gebe, die darauf abziele, die Währung zu verbilligen und die Zinssätze zu erhöhen, um die Öffentlichkeit dazu zu bringen, den Kongress zur Verabschiedung der von diesen Interessen gewünschten Währungsgesetze zu zwingen. Das so genannte Währungsgesetz der Regierung gewährt genau das, was die Wall

---

[16] Croziers Buch deckte den Plan der Finanziers auf, das rechtmäßige Geld der USA, wie es in Artikel I, Abschnitt 8, Absatz 5 der Verfassung garantiert ist, durch eine „Unternehmenswährung" zu ersetzen. 5, der Verfassung garantiert.

Street und die Großbanken seit fünfundzwanzig Jahren anstreben, nämlich die PRIVATKONTROLLE anstelle der ÖFFENTLICHEN KONTROLLE DER WÄHRUNG. Sie tut dies ebenso vollständig wie die Aldrich Bill. Beide Maßnahmen berauben die Regierung und das Volk jeglicher effektiven Kontrolle über das Geld der Öffentlichkeit und übertragen den Banken ausschließlich die gefährliche Macht, das Geld der Menschen knapp oder reichlich zu machen. Das Aldrich-Gesetz überträgt diese Macht einer einzigen Zentralbank. Die Administration Bill überträgt sie zwölf regionalen Zentralbanken, die sich alle ausschließlich im Besitz der gleichen privaten Interessen befinden, die auch die Aldrich-Bank besitzen und betreiben würden. Präsident Garfield erklärte kurz vor seiner Ermordung, dass derjenige, der die Versorgung mit Geld kontrolliert, auch die Geschäfte und Aktivitäten der Menschen kontrollieren würde. Thomas Jefferson warnte uns schon vor hundert Jahren, dass eine private Zentralbank, die die öffentliche Währung ausgibt, eine größere Bedrohung für die Freiheiten des Volkes darstellt als ein stehendes Heer." Es ist interessant festzustellen, wie viele Ermordungen von Präsidenten der Vereinigten Staaten auf ihre Sorge um die Ausgabe öffentlicher Währungen folgten: Lincoln mit seinem Greenback, den unverzinslichen Banknoten, und Garfield, der kurz vor seiner Ermordung eine Erklärung zu Währungsproblemen abgab.

Wir beginnen nun zu verstehen, warum eine so lange Kampagne der geplanten Täuschung notwendig war, von der Geheimkonferenz auf Jekyll Island bis zu den identischen „Reform"-Plänen, die von der Demokratischen und der Republikanischen Partei unter verschiedenen Namen vorgeschlagen wurden. Die Bankiers konnten den Bürgern der Vereinigten Staaten, denen sie durch die Verfassung über den Kongress zugewiesen worden waren, die Kontrolle über die Geldausgabe nicht entreißen, solange der Kongress ihnen nicht das Monopol für eine Zentralbank gewährte. Daher wurde ein Großteil des Einflusses, der auf die Verabschiedung des Federal Reserve Act ausgeübt wurde, hinter den Kulissen ausgeübt, vor allem von zwei schattenhaften, nicht gewählten Personen: Der deutsche Einwanderer Paul Warburg und Colonel Edward Mandell House aus Texas.

Paul Warburg trat 1913 vor dem Banken- und Währungsausschuss des Repräsentantenhauses auf, wo er kurz seinen Hintergrund darlegte: „Ich bin ein Mitglied des Bankhauses Kuhn, Loeb Company. Ich kam 1902 in dieses Land, nachdem ich in Hamburg geboren und im Bankgeschäft ausgebildet worden war und in London und Paris das Bankwesen studiert hatte, und bin in der ganzen Welt herumgekommen. In der Panik von 1907 war mein erster Vorschlag: „Wir sollten eine nationale Clearingstelle einrichten. Der Aldrich-Plan enthält einige Dinge, die einfach grundlegende Regeln des Bankwesens sind. Ihr Ziel in diesem Plan (der Owen-Glass-Vorlage) muss dasselbe sein - die Zentralisierung der Reserven, die Mobilisierung des kommerziellen Kredits und die Einführung einer elastischen Notenausgabe." Warburgs Formulierung „Mobilisierung des Kredits" war wichtig, denn der Erste Weltkrieg sollte in Kürze beginnen, und die erste Aufgabe des Federal Reserve Systems würde darin bestehen, den Weltkrieg zu finanzieren. Die europäischen Nationen waren bereits bankrott, weil sie fast fünfzig Jahre lang große stehende Heere unterhalten hatten, eine Situation, die von ihren eigenen Zentralbanken geschaffen worden war, und daher konnten sie keinen Krieg finanzieren. Eine Zentralbank bürdet der Nation immer eine enorme Last für „Aufrüstung" und „Verteidigung" auf, um unauslöschliche Schulden zu schaffen, gleichzeitig eine Militärdiktatur zu errichten und das Volk zu versklaven, um die „Zinsen" für die Schulden zu zahlen, die die Banker künstlich geschaffen haben.

In der Senatsdebatte über den Federal Reserve Act sagte Senator Stone am 12. Dezember 1913: „Die großen Banken haben seit Jahren versucht, Agenten im Finanzministerium zu haben und zu kontrollieren, die ihren Zwecken dienen. Ich möchte aus diesem World-Artikel zitieren: „Kaum war Mr. McAdoo in Washington, wurde eine Frau, die von der National City Bank im Finanzministerium eingesetzt worden war, um Vorabinformationen über den Zustand der Banken und andere Angelegenheiten zu erhalten, die für die große Wall-Street-

Gruppe von Interesse waren, entfernt. Sofort wurden der Sekretär und der stellvertretende Sekretär, John Skelton Williams, von den Vertretern der Wall-Street-Gruppe heftig kritisiert. „'

„Ich selbst habe mehr als einmal erlebt, dass Bankiers Menschen, die gegen ihre politischen Ansichten und Ziele waren, Kredite verweigerten. Als Senator Aldrich und andere durch das Land zogen, um diesen Plan auszunutzen, waren die großen Banken von New York und Chicago damit beschäftigt, einen großzügigen Fonds zur Unterstützung der Aldrich-Propaganda aufzustellen. Mir wurde von Bankiers meines eigenen Staates gesagt, dass von ihnen Beiträge zu diesem Ausbeutungsfonds verlangt wurden und dass sie dazu beigetragen haben, weil sie Angst hatten, auf eine schwarze Liste gesetzt oder boykottiert zu werden. Es gibt Banker in diesem Land, die Feinde des Gemeinwohls sind. In der Vergangenheit haben einige wenige Großbanken eine Politik und Projekte verfolgt, die die industriellen Energien des Landes lahmgelegt haben, um ihre enorme Macht über die Finanz- und Geschäftsindustrien Amerikas zu erhalten." Carter Glass berichtet in seiner Autobiografie, dass er von Woodrow Wilson ins Weiße Haus gerufen wurde und dass Wilson ihm mitteilte, er beabsichtige, die Reserve-Noten zu Verpflichtungen der Vereinigten Staaten zu machen. Glass sagt: „Ich war einen Moment lang sprachlos. Ich habe protestiert. Es gibt hier keine Verpflichtung der Regierung, Herr Präsident. Wilson sagte, er habe in diesem Punkt einen Kompromiss eingehen müssen, um das Gesetz zu retten." Der Begriff „Kompromiss" in diesem Punkt stammt direkt von Paul Warburg. Col. Elisha Ely Garrison schrieb in Roosevelt,[17] Wilson and the Federal Reserve Law: „1911 übergab mir Lawrence Abbot, Mr. Roosevelts Privatoffizier bei 'The Outlook', ein Exemplar des sogenannten Aldrich-Plans zur Währungsreform. Ich sagte, ich könne nicht glauben, dass Mr. Warburg der Autor sei. Dieser Plan ist nichts anderes als die Aldrich-Vreeland-Gesetzgebung, die die Ausgabe von Devisen gegen Wertpapiere vorsah. Warburg weiß das genauso gut wie ich. Ich werde ihn sofort aufsuchen und ihn danach fragen. Also

---

[17] Theodore Roosevelt.

gut, die Wahrheit. Ja, ich habe es geschrieben, sagte er. Aber warum? fragte ich. Es war ein Kompromiss, antwortete Warburg."[18]

Garrison sagt, Warburg habe ihm am 8. Februar 1912 geschrieben.

„Ich habe keinen Zweifel daran, dass am Ende einer gründlichen Diskussion entweder Sie es so sehen werden, wie ich es sehe, oder ich werde es so sehen, wie Sie es sehen - aber ich hoffe, Sie werden es so sehen, wie ich es sehe." Dies war ein weiterer berühmter Ausspruch Warburgs, als er heimlich Lobbyarbeit bei Kongressabgeordneten betrieb, um seine Interessen zu unterstützen, mit der verschleierten Drohung, dass sie es „auf seine Weise sehen" sollten. Diejenigen, die das nicht taten, spendeten bei den nächsten Wahlen große Summen an ihre Gegner und erlitten meist eine Niederlage.

Oberst Garrison, ein Vertreter der Brown Brothers Bankers, später Brown Brothers Harriman, hatte überall in der Finanzwelt Zutritt. Er schreibt über Oberst House: „Oberst House stimmte völlig mit der frühen Schrift von Herrn Warburg überein. „Seite 337, er zitiert Oberst House:

„Ich schlage außerdem vor, den Zentralvorstand von vier auf fünf Mitglieder zu erweitern und ihre Amtszeit von acht auf zehn Jahre zu verlängern. Dies würde für Stabilität sorgen und dem Präsidenten die Möglichkeit nehmen, das Personal des Verwaltungsrats während einer einzigen Amtszeit auszuwechseln." Die Formulierung von House, „einem Präsidenten die Macht zu nehmen", ist bedeutsam, denn spätere Präsidenten sahen sich hilflos, die Richtung der Regierung zu ändern, weil sie nicht die Macht hatten, die Zusammensetzung des Federal Reserve Board zu ändern, um eine Mehrheit in diesem Gremium während der Amtszeit des jeweiligen Präsidenten zu erreichen. Garrison schrieb auch in diesem Buch,

---

[18] Elisha Ely Garrison, *Roosevelt, Wilson and the Federal Reserve Law*, Christopher Publications, Boston, 1931.

"Paul Warburg ist der Mann, der den Federal Reserve Act auf den Weg gebracht hat, nachdem der Aldrich-Plan landesweit auf Unmut und Widerstand gestoßen war. Der Vordenker beider Pläne war Baron Alfred Rothschild aus London." Oberst Edward Mandell House[19] wurde von Rabbi Stephen Wise in seiner Autobiographie Challenging Years als „der inoffizielle Außenminister" bezeichnet. House stellte fest, dass er und Wilson wussten, dass sie mit der Verabschiedung des Federal Reserve Act ein Instrument geschaffen hatten, das mächtiger war als der Oberste Gerichtshof. Der Gouverneursrat der Federal Reserve war faktisch ein Oberstes Finanzgericht, gegen dessen Entscheidungen keine Berufung möglich war.

1911, noch vor Wilsons Amtsantritt als Präsident, kehrte House in seine texanische Heimat zurück und stellte ein Buch mit dem Titel Philip Dru, Administrator fertig. Vorgeblich ein Roman, war es in Wirklichkeit ein detaillierter Plan für die künftige Regierung der Vereinigten Staaten, „die den Sozialismus, wie ihn Karl Marx erträumt hatte, einführen würde", so House. Dieser „Roman" sah die Einführung der gestaffelten Einkommenssteuer, der Steuer auf Gewinnüberschüsse, der Arbeitslosenversicherung, der Sozialversicherung und eines flexiblen Währungssystems vor. Kurz gesagt, es war die Blaupause, die später von den Regierungen von Woodrow Wilson und Franklin D. Roosevelt befolgt wurde. Es wurde von B. W. Huebsch aus New York „anonym" veröffentlicht und unter Regierungsbeamten weit verbreitet, die keinen Zweifel an seiner Urheberschaft hatten. George Sylvester Viereck,[20], der House seit Jahren kannte, schrieb später einen Bericht über die Beziehung zwischen Wilson und House, The Strangest Friendship in History.[21] 1955 hörte Westbrook Pegler, der Hearst-Kolumnist von 1932 bis 1956, von dem Buch von Philip Dru und rief Viereck an, um zu fragen, ob

---

[19] Siehe Hausnotiz in „Biographien".
[20] Siehe Viereck-Anmerkung in „Biographien".
[21] George Sylvester Viereck, *Die seltsamste Freundschaft der Geschichte, Woodrow Wilson und Col. House*, Liveright, New York, 1932

er ein Exemplar habe. Viereck schickte Pegler sein Exemplar des Buches, und Pegler schrieb eine Kolumne darüber, in der es hieß:

„Eine der Institutionen, die in Philip Dru beschrieben werden, ist das Federal Reserve System. Die Schiffe, die Warburgs, die Kahns, die Rockefellers und die Morgans setzen ihr Vertrauen in House. Die Interessen von Schiff, Warburg, Rockefeller und Morgan waren bei der geheimnisvollen Konferenz auf Jekyll Island persönlich vertreten. Frankfurter landete an der juristischen Fakultät von Harvard, dank eines finanziellen Beitrags von Felix Warburg und Paul Warburg an Harvard, und so bekamen wir Alger und Donald Hiss, Lee Pressman, Harry Dexter White und viele andere Schützlinge von Little Weenie."[22]

Die offen sozialistischen Ansichten von House wurden in Philip Dru, Administrator, unverblümt zum Ausdruck gebracht; auf den Seiten 57-58 schrieb House:

„In direkter und eindringlicher Weise wies er darauf hin, dass unsere Zivilisation grundlegend falsch sei, da sie unter anderem die Effizienz einschränke; wenn die Gesellschaft richtig organisiert wäre, gäbe es niemanden, der nicht ausreichend gekleidet und ernährt wäre. Die Folge davon sei, dass die geltenden Gesetze, Gewohnheiten und ethischen Schulungen gleichermaßen für die Ungleichheit der Möglichkeiten und den daraus resultierenden großen Unterschied zwischen den Wenigen und den Vielen verantwortlich seien; dass das Ergebnis solcher Bedingungen sei, dass ein großer Teil der Bevölkerung ineffizient sei, wobei der Prozentsatz in jedem Land in dem Verhältnis variiere, in dem Bildung und Aufklärung und

---

[22] Der Autor war bei Viereck in seiner Suite im Hotel Belleclaire, als Pegler anrief und um das Buch bat. Viereck ließ es von seiner Sekretärin schicken. Er grinste und sagte, Pegler scheine sehr begeistert zu sein. „Er sollte eine gute Kolumne daraus machen", sagte Viereck zu mir. In der Tat bekam Pegler eine gute Kolumne. Zu seinem Pech war er mit der Erwähnung der Warburgs zu weit gegangen. Solange er seine Angriffe auf La Grand Bouche (Eleanor Roosevelt) und ihren Gatten beschränkte, durfte er weitermachen, aber jetzt, da er die Verbindung der Warburgs mit dem kommunistischen Spionagering in Washington aufgedeckt hatte, wurde seine Kolumne von den großen Tageszeitungen der Stadt sofort eingestellt, und Peglers langer Lauf war vorbei.

selbstlose Gesetze zu Unwissenheit, Bigotterie und selbstsüchtigen Gesetzen stünden. "[23]

In seinem Buch stellt sich House (Dru) vor, ein Diktator zu werden und dem Volk seine radikalen Ansichten aufzuzwingen, Seite 148: „Sie erkannten die Tatsache, dass Dru die Situation beherrschte und dass in der Republik endlich ein Herrscher aufgestiegen war. „Er nimmt nun den Titel eines Generals an. „General Dru verkündete seine Absicht, die Befugnisse eines Diktators zu übernehmen... man versicherte ihm, dass er frei von jeglichem persönlichen Ehrgeiz sei... er proklamierte sich selbst zum 'Verwalter der Republik'. "'[24]

Dieser nachdenkliche Träumer, der sich einbildete, ein Diktator zu sein, schaffte es tatsächlich, sich in die Position eines vertraulichen Beraters des Präsidenten der Vereinigten Staaten zu bringen und dann viele seiner Wünsche in ein Gesetz zu gießen! Auf Seite 227 listet er einige der Gesetze auf, die er als Diktator erlassen möchte. Dazu gehören ein Altersrentengesetz, eine Arbeiterversicherung, genossenschaftliche Märkte, ein Bundesreservesystem, genossenschaftliche Kredite, nationale Arbeitsämter und andere „Sozialgesetze", von denen einige unter der Regierung Wilson und andere unter der Regierung Franklin D. Roosevelt erlassen wurden. Letztere war eigentlich eine Fortsetzung der Wilson-Administration, mit vielen der gleichen Mitarbeiter und mit House, der die Verwaltung hinter den Kulissen leitete.

Wie die meisten der Akteure hinter den Kulissen in diesem Buch hatte auch Oberst Edward Mandell House die

---

[23] Col. Edward M. House, *Philip Dru, Verwalter*, B. W. Heubsch, New York, 1912.

[24] Dieses Zitat von *Philip Dru, Administrator*, geschrieben von Oberst House im Jahr 1912, wird hier aufgenommen, um seine totalitäre marxistische Philosophie zu zeigen. House sollte 8 Jahre lang mit Wilson der engste Berater des Präsidenten werden. Später setzte er seinen Einfluss in der Regierung von Franklin D. Roosevelt fort. Von seinem Haus in Magnolia, Massachusetts, aus beriet House FDR durch häufige Reisen von Felix Frankfurter ins Weiße Haus. Frankfurter wurde später von F.D.R. zum Mitglied des Obersten Gerichtshofs ernannt.

obligatorische „London-Connection". Ursprünglich aus einer holländischen Familie, den „Huis", stammend, hatten seine Vorfahren dreihundert Jahre lang in England gelebt. Danach ließ sich sein Vater in Texas nieder, wo er während des Bürgerkriegs ein Vermögen mit Blockadeaktionen machte, indem er Baumwolle und andere Schmuggelware an seine britischen Verbindungen, einschließlich der Rothschilds, verschiffte und Vorräte für die belagerten Texaner zurückbrachte. Das Senior House traute der brisanten Situation in Texas nicht und deponierte seine gesamten Gewinne aus dem Blockadegeschäft vorsichtshalber in Gold beim Bankhaus Baring in London.[25] Bei Ende des Bürgerkriegs war er einer der reichsten Männer in Texas. Seinen Sohn nannte er „Mandell", nach einem seiner Handelskollegen.

Laut Arthur Howden Smith wurde der Nachlass von House' Vater, als dieser 1880 starb, wie folgt unter seinen Söhnen aufgeteilt: Thomas William bekam das Bankgeschäft, John die Zuckerplantage und Edward M. die Baumwollplantagen, die ihm ein Einkommen von 20.000 Dollar pro Jahr einbrachten.[26]

Im Alter von zwölf Jahren erkrankte der junge Edward Mandell House an einem Hirnfieber und wurde später durch einen Sonnenstich weiter verkrüppelt. Er war ein Halbinvalide, und seine Gebrechen verliehen ihm ein seltsames orientalisches Aussehen. Er ergriff nie einen Beruf, sondern nutzte das Geld seines Vaters, um zum König der texanischen Politik zu werden, indem er von 1893 bis 1911 nacheinander fünf Gouverneure wählte. Im Jahr 1911 begann er, Wilson bei der Wahl zum

---

[25] Dope, Inc. identifiziert Barings wie folgt: „Baring Brothers, die führende Handelsbank des Opiumhandels von 1783 bis heute, unterhielt ebenfalls enge Kontakte zu den Bostoner Familien... Der führende Bankier der Gruppe wurde gegen Ende des 19th Jahrhunderts das Haus Morgan, das ebenfalls am Opiumhandel im Osten beteiligt war... Morgans Geschäfte im Fernen Osten waren der offiziell betriebene britische Opiumhandel... Morgans Fall verdient eine besondere Prüfung durch die amerikanischen Polizei- und Aufsichtsbehörden, da der Morgan Guaranty Trust eng mit den identifizierten Führern der britischen Drogenbanken verbunden war." „

[26] Arthur Howden Smith, *The Real Col. House*, Doran Company, New York, 1918.

Präsidenten zu unterstützen, und übergab ihm die entscheidende texanische Delegation, die seine Nominierung sicherte. House traf Wilson zum ersten Mal am 31. Mai 1912 im Hotel Gotham.

In *The Strangest Friendship In History, Woodrow Wilson and Col. House*, von George Sylvester Viereck, schreibt Viereck:

„Was", fragte ich House, „hat Ihre Freundschaft gefestigt? „Die Identität unserer Temperamente und unserer öffentlichen Politik", antwortete House. „Was war Ihr und sein Ziel? „ „Bestimmte liberale und fortschrittliche Ideen in Gesetze umzusetzen. „[27]

House erzählte Viereck, dass er Wilson, als er ihn im Weißen Haus aufsuchte, 35.000 Dollar übergab. Diese Summe wurde nur von den 50.000 Dollar übertroffen, die Bernard Baruch Wilson gegeben hatte.

Die erfolgreiche Umsetzung von Houses Programmen blieb auch anderen Mitarbeitern Wilsons nicht verborgen. In Band 1, Seite 157 von *The Intimate Papers of Col. House*, schreibt House: „Kabinettsmitglieder wie Mr. Lane und Mr. Bryan kommentierten den Einfluss von Dru auf den Präsidenten. Alles, was in dem Buch steht, wird Wirklichkeit", schrieb Lane. Der Präsident kommt am Ende zu 'Philip Dru'. „[28]

House hielt einige seiner Bemühungen um den Federal Reserve Act in The Intimate Papers of Col. House fest: „December 19, 1912. Ich sprach mit Paul Warburg am Telefon über die Währungsreform. Ich erzählte von meiner Reise nach Washington und was ich dort getan hatte, um die Sache zum Laufen zu bringen. Ich sagte ihm, dass der Senat und die Kongressabgeordneten bestrebt zu sein schienen, das zu tun, was

---

[27] George Sylvester Viereck, *Die seltsamste Freundschaft der Geschichte, Woodrow Wilson und Col. House*, Liveright, New York, 1932.

[28] Oberst Edward Mandell House, *The Intimate Papers of Col. House*, herausgegeben von Charles Seymour, Houghton Mifflin Co., 1926-28, Band 1, S. 157

er wünschte, und dass der designierte Präsident Wilson eine klare Meinung zu diesem Thema hatte. „"[29]

So versichert Warburgs Agent in Washington, Col. House, ihm, dass der Senat und die Kongressabgeordneten tun werden, was er wünscht, und dass der gewählte Präsident „in dieser Angelegenheit richtig gedacht hat. „In diesem Zusammenhang scheint die repräsentative Regierung nicht mehr zu existieren. House fährt in seinen „Papers" fort:

„13. März 1913. Warburg und ich hatten eine intime Diskussion über die Währungsreform.

27. März 1913. Mr. J.P. Morgan, Jr. und Mr. Denny von seiner Firma kamen pünktlich um fünf. 47

McAdoo kam etwa zehn Minuten später. Morgan hatte bereits einen Währungsplan gedruckt. Ich schlug ihm vor, ihn mit der Schreibmaschine abzufassen, damit er nicht zu abgekartet erscheint, und ihn heute an Wilson und mich zu schicken.

23. Juli 1913. Ich habe versucht, Bürgermeister Quincy (von Boston) zu zeigen, wie töricht es ist, dass die Bankiers des Ostens eine feindliche Haltung gegenüber der Currency Bill einnehmen. Ich erklärte Major Henry Higginson[30], mit welcher Sorgfalt das Gesetz ausgearbeitet worden war. Kurz bevor er eintraf, hatte ich eine Rezension von Professor Sprague aus Harvard über Paul Warburgs Kritik an der Glass-Owen Bill fertiggestellt und werde sie morgen nach Washington übermitteln. Jeder Bankier, der Warburg bekannt ist und sich praktisch mit der Materie auskennt, wurde wegen der Ausarbeitung des Gesetzentwurfs angerufen.

13. Oktober 1913. Paul Warburg war heute mein erster Anrufer. Er kam, um über die Währungsmaßnahme zu sprechen. Er ist in vielen Punkten mit dem Owen-Glass-Gesetzentwurf nicht einverstanden. Ich versprach, ihn mit

---

[29] Ebd. Bd. 1, S. 163.
[30] Der bekannteste Bankier in Boston.

McAdoo und Senator Owen in Verbindung zu setzen, damit er mit ihnen darüber sprechen kann.

17. November 1913. Paul Warburg telefoniert über seine Reise nach Washington. Später kamen er und Herr Jacob Schiff für ein paar Minuten vorbei.

Warburg hielt die meisten Reden. Er hatte einen neuen Vorschlag für die Gruppierung der regulären Reservebanken, um die Einheiten zusammenzuschweißen und den Kontakt mit dem Federal Reserve Board zu erleichtern." George Sylvester Viereck schrieb in *The Strangest Friendship in History, Woodrow Wilson and Col. House*: „Die Schiffs, die Warburgs, die Kahns, die Rockefellers, die Morgans setzten ihr Vertrauen in House. Als die Gesetzgebung zur Federal Reserve endlich konkrete Formen annahm, war House der Vermittler zwischen dem Weißen Haus und den Finanziers."[31]

Auf Seite 45 stellt Viereck fest: „Oberst House betrachtet die Reform des Währungssystems als die krönende interne Errungenschaft der Regierung Wilson."[32]

Die Glass Bill (die Hausversion des endgültigen Federal Reserve Act) hatte das Repräsentantenhaus am 18. September 1913 mit 287 zu 85 Stimmen passiert. Am 19. Dezember 1913 verabschiedete der Senat seine Version mit 54:34 Stimmen. Mehr als vierzig wichtige Differenzen zwischen den Fassungen des Repräsentantenhauses und des Senats mussten noch ausgeräumt werden, und die Gegner des Gesetzes in beiden Häusern des Kongresses wurden zu der Annahme veranlasst, dass noch viele Wochen vergehen würden, bevor die Konferenzvorlage zur Beratung anstehen würde. Die Kongressabgeordneten bereiteten sich darauf vor, Washington für die jährliche Weihnachtspause zu verlassen, in der Gewissheit, dass der Konferenzentwurf erst im nächsten Jahr vorgelegt werden würde. Jetzt bereiteten die Geldmacher den

---

[31] George Sylvester Viereck, Die seltsamste Freundschaft der Geschichte, Woodrow Wilson und Col. House, Liveright, New York, 1932.
[32] Ebd.

genialsten Streich ihres Plans vor und führten ihn aus. An einem einzigen Tag bügelten sie alle vierzig strittigen Passagen des Gesetzentwurfs aus und brachten ihn rasch zur Abstimmung. Am Montag, dem 22. Dezember 1913, wurde das Gesetz vom Repräsentantenhaus mit 282 zu 60 Stimmen und vom Senat mit 43 zu 23 Stimmen verabschiedet. Am 21. Dezember 1913 kommentierte *die New York Times* das Gesetz mit den Worten: „New York wird auf einer festeren Grundlage des finanziellen Wachstums stehen, und wir werden es bald als das Geldzentrum der Welt sehen." *Die New York Times* berichtete auf der Titelseite am Montag, dem 22. Dezember 1913, in Schlagzeilen: MONEY BILL MAY BE LAW TODAY--CONFEREES HAD ADJUSTED NEARLY ALL DIFFERENCE AT 1:30 THIS MORNING--NO DEPOSIT GUARANTEES--SENATE YIELDS ON THIS POINT BUT PUTS THROUGH MANY AND CHANGES „With almost unprecedented speed, the conference to adjust the House and Senate differences on the Currency Bill practically finished its laborings early this morning. Am Samstag wurden lediglich die Vorarbeiten erledigt, so dass am Sonntag noch vierzig wesentliche Differenzen auszutragen waren... In dieser Woche wird in keiner der beiden Kammern des Kongresses ein anderes wichtiges Gesetz behandelt werden. Die Mitglieder beider Häuser bereiten sich bereits darauf vor, Washington zu verlassen." „Beispiellose Geschwindigkeit", so die *New York Times*. Man sieht die gute Hand von Paul Warburg in dieser letzten Strategie. Einige der schärfsten Kritiker des Gesetzes hatten Washington bereits verlassen. Es war eine langjährige politische Höflichkeit, dass wichtige Gesetze nicht in der Woche vor Weihnachten behandelt wurden, aber diese Tradition wurde grob gebrochen, um dem amerikanischen Volk den Federal Reserve Act aufzudrücken.

Die Times hat ein kurzes Zitat des Kongressabgeordneten Lindbergh untergebracht, wonach „das Gesetz den gigantischsten Trust der Welt schaffen würde", und zitiert den Abgeordneten Guernsey aus Maine, einen Republikaner im Banken- und Währungsausschuss des Repräsentantenhauses, mit den Worten: „Dies ist ein Inflationsgesetz, die einzige Frage ist das Ausmaß der Inflation." sagte der Kongressabgeordnete Lindbergh an diesem historischen Tag vor dem Parlament:

„Mit diesem Gesetz wird der gigantischste Trust der Welt geschaffen. Wenn der Präsident dieses Gesetz unterzeichnet, wird die unsichtbare Regierung durch die Geldmacht legalisiert. Die Menschen mögen es nicht sofort merken, aber der Tag der Abrechnung ist nur noch wenige Jahre entfernt. Die Trusts werden bald erkennen, dass sie selbst für ihr eigenes Wohl zu weit gegangen sind. Das Volk muss eine Unabhängigkeitserklärung abgeben, um sich von der Währungsmacht zu befreien. Das wird ihnen gelingen, wenn sie die Kontrolle über den Kongress übernehmen. Die Wall Streeters könnten uns nicht betrügen, wenn ihr Senatoren und Repräsentanten den Kongress nicht lächerlich machen würdet. Wenn wir einen Volkskongress hätten, gäbe es Stabilität.

Das größte Verbrechen des Kongresses ist sein Währungssystem. Das schlimmste gesetzgeberische Verbrechen aller Zeiten wird durch dieses Bankgesetz verübt. Die Fraktions- und Parteibosse haben wieder einmal gehandelt und das Volk daran gehindert, die Vorteile ihrer eigenen Regierung zu nutzen." Die New York Times vom 23. Dezember 1913 kommentierte die Kritik des Kongressabgeordneten Lindbergh an dem Gesetzentwurf wie folgt: „Das Banken- und Währungsgesetz wurde jedes Mal besser und solider, wenn es von einem Ende des Kapitols zum anderen geschickt wurde. Der Kongress arbeitete bei der Ausarbeitung des Gesetzes unter öffentlicher Aufsicht." Mit „öffentlicher Aufsicht" meinte *die Times* offenbar Paul Warburg, der seit einigen Tagen ein kleines Büro im Kapitol unterhielt, wo er die erfolgreiche vorweihnachtliche Kampagne zur Verabschiedung des Gesetzes leitete und wo Senatoren und Kongressabgeordnete auf sein Geheiß hin stündlich kamen, um seine Strategie umzusetzen.

Die „beispiellos schnelle" Verabschiedung des Federal Reserve Act durch den Kongress, die als „Weihnachtsmassaker" bekannt wurde, hatte einen unvorhergesehenen Aspekt. Woodrow Wilson war davon nicht überrascht, da ihm, wie vielen anderen, versichert worden war, dass das Gesetz erst nach

Weihnachten zur Abstimmung kommen würde. Nun weigerte er sich, das Gesetz zu unterzeichnen, weil er die Bestimmungen für die Auswahl der Direktoren der Klasse B ablehnte. William L. White berichtet in seiner Biographie über Bernard Baruch, dass Baruch, der einen großen Beitrag zu Wilsons Wahlkampffonds leistete, fassungslos war, als er erfuhr, dass Wilson sich weigerte, das Gesetz zu unterzeichnen. Er eilte ins Weiße Haus und versicherte Wilson, dass es sich um eine Kleinigkeit handele, die später durch „administrative Prozesse" behoben werden könne. Das Wichtigste sei, dass der Federal Reserve Act sofort unterzeichnet werde. Mit dieser Zusicherung unterzeichnete Wilson den Federal Reserve Act am 23. Dezember 1913. Die Geschichte hat bewiesen, dass an diesem Tag die Verfassung nicht mehr der regierende Bund des amerikanischen Volkes war und unsere Freiheiten an eine kleine Gruppe internationaler Bankiers übergeben wurden.

Die New York Times vom 24. Dezember 1913 titelte auf der ersten Seite: „WILSON SIGNS THE CURRENCY BILL! „Darunter standen, ebenfalls in Großbuchstaben, zwei weitere Schlagzeilen: „PROSPERITY TO BE FREE" und „WILL HELP EVERY CLASS". Wer könnte etwas gegen ein Gesetz haben, das allen zugute kommt? *Die Times* beschrieb die festliche Atmosphäre, in der Wilsons Familie und Regierungsbeamte der Unterzeichnung des Gesetzes beiwohnten. „Der Weihnachtsgeist durchdrang die Versammlung", jubelte *die Times*.

In seiner Biografie über Carter Glass schreibt Rixey Smith, dass bei der Unterzeichnung des Gesetzes Vizepräsident Marshall, Minister Bryan, Carter Glass, Senator Owen, Minister McAdoo, Sprecher Champ Clark und andere Beamte des Finanzministeriums anwesend waren. Von den eigentlichen Verfassern des Gesetzes, den Wehrpflichtigen von Jekyll Island, war niemand anwesend. Sie waren dem Ort ihres Sieges wohlweislich ferngeblieben. Rixey Smith schrieb auch: „Es war, als ob Weihnachten zwei Tage früher gekommen wäre. „Am 24. Dezember 1913 schrieb Jacob Schiff an Oberst House,

„Mein lieber Col. House. Ich möchte mich bei Ihnen für die stille, aber zweifellos wirksame Arbeit bedanken, die Sie im

Interesse der Währungsgesetzgebung geleistet haben, und Sie dazu beglückwünschen, dass die Maßnahme endlich in ein Gesetz gegossen worden ist. Mit freundlichen Grüßen, treu ergebenst, JACOB SCHIFF." Der Abgeordnete Moore aus Kansas kommentierte die Verabschiedung des Gesetzes vor dem Repräsentantenhaus wie folgt: „Der Präsident der Vereinigten Staaten wird nun zum absoluten Diktator über die Finanzen des Landes. Er ernennt ein Kontrollgremium von sieben Männern, die alle seiner politischen Partei angehören, auch wenn diese in der Minderheit ist. Der Finanzminister soll bei Meinungsverschiedenheiten zwischen ihm und dem Federal Reserve Board die Oberhand behalten.

UND, nur ein Mitglied des Verwaltungsrats darf aus dem Amt scheiden, solange der Präsident im Amt ist." Die zehnjährige Amtszeit der Vorstandsmitglieder wurde durch den Banking Act von 1935 auf vierzehn Jahre verlängert, was bedeutete, dass diese Direktoren der Staatsfinanzen, obwohl sie nicht vom Volk gewählt wurden, länger im Amt waren als drei Präsidenten.

Während Oberst House, Jacob Schiff und Paul Warburg sich im Glanz einer gut gemachten Arbeit sonnten, wurden die anderen Akteure dieses Dramas erst später in den Blick genommen. Woodrow Wilson schrieb 1916, National Economy and the Banking System, Sen. Doc. No. 3, No. 223, 76th Congress, 1st Session, 1939: „Unser Kreditsystem ist (im Federal Reserve System) konzentriert. Das Wachstum der Nation und alle unsere Aktivitäten liegen daher in den Händen einiger weniger Männer." Als er von Clarence W. Barron gefragt wurde, ob er mit dem Gesetzentwurf in seiner endgültigen Fassung einverstanden sei, sagte Warburg: „Nun, er enthält nicht alles, was wir wollen. sagte Warburg: „Nun, es hat nicht ganz alles, was wir wollen, aber der Mangel kann später durch Verwaltungsprozesse ausgeglichen werden." Die meisten zeitgenössischen Historiker schreiben das Gesetz Woodrow Wilson und Carter Glass zu, aber von allen Beteiligten hatte Wilson am wenigsten mit den Maßnahmen des Kongresses zum Gesetz zu tun. George Creel, ein altgedienter Washingtoner Korrespondent, schrieb in Harper's Weekly am 26. Juni 1915:

"Was die Demokratische Partei anbelangt, so war Woodrow Wilson ohne Einfluss, abgesehen von der Schirmherrschaft, die er besaß. Es war Bryan, der den Kongress bei der Zollvorlage, der Aufhebung der Panamakanal-Maut und der Währungsvorlage auf Linie brachte. „Später schrieb Bryan: „Das ist das Einzige in meiner öffentlichen Laufbahn, das ich bedauere - meine Arbeit, um die Verabschiedung des Federal Reserve Law zu sichern." Am 25. Dezember 1913 wies *The Nation* darauf hin, dass „der New Yorker Aktienmarkt nach der Nachricht, dass der Senat bereit war, den Federal Reserve Act zu verabschieden, stetig zu steigen begann." Dies widerlegt die Behauptung, der Federal Reserve Act sei ein Gesetz zur Währungsreform. Die New Yorker Börse gilt allgemein als genaues Barometer für die wahre Bedeutung der in Washington verabschiedeten Finanzgesetze. Auch Senator Aldrich beschloss, dass er keine Bedenken mehr gegen den Federal Reserve Act hegte. In einer Zeitschrift, die er besaß und die er *The Independent* nannte, schrieb er im Juli 1914: „Vor der Verabschiedung dieses Gesetzes konnten die New Yorker Bankiers nur die Reserven von New York beherrschen. Jetzt sind wir in der Lage, die Bankreserven des ganzen Landes zu beherrschen." H.W. Loucks prangerte den Federal Reserve Act in *The Great Conspiracy of the House of Morgan* an: „Mit dem Federal Reserve Law haben sie dem Volk die verfassungsmäßige Befugnis entrissen, Geld auszugeben und dessen Wert zu regulieren, und sich selbst gesichert. „Auf Seite 31 schreibt Loucks: „Das Haus Morgan hat jetzt die oberste Kontrolle über unsere Industrie, unseren Handel und unsere politischen Angelegenheiten.

Sie haben die vollständige Kontrolle über die Politikgestaltung der demokratischen, republikanischen und progressiven Parteien. Die gegenwärtige außerordentliche Propaganda für 'Bereitschaft' ist mehr für den inneren Zwang als für die Verteidigung gegen ausländische Aggression geplant. "[33] Die Unterzeichnung des Federal Reserve Act durch Woodrow Wilson war der Höhepunkt jahrelanger Absprachen mit seinem

---

[33] H.W. Loucks, *The Great Conspiracy of the House of Morgan*, Privater Druck, 1916.

engen Freund, Oberst House, und Paul Warburg. Einer der Männer, mit denen House in der Wilson-Regierung Bekanntschaft machte, war Franklin D. Roosevelt, stellvertretender Marineminister. Sobald Franklin D. Roosevelt 1932 die Nominierung der Demokraten für das Präsidentenamt erhalten hatte, machte er eine „Pilgerreise" zu Oberst House' Haus in Magnolia, Massachusetts. Nach der republikanischen Pause in den 1920er Jahren setzte Roosevelt die Ziele von Philip Dru, Administrator,[34] um, die Wilson nicht hatte verwirklichen können. Zu den Errungenschaften des späten Roosevelt gehörten die Einführung des Sozialversicherungsprogramms, die Steuer auf Gewinnüberschüsse und die Ausweitung der gestaffelten Einkommenssteuer auf 90% des Erwerbseinkommens.

House' Biograph Charles Seymour schrieb: „Er war von den Details der Parteipolitik und den Ernennungen ermüdet. Selbst der Anteil, den er an der konstruktiven innerstaatlichen Gesetzgebung (Federal Reserve Act, Tarifrevision und Einkommenssteueränderung) hatte, stellte ihn nicht zufrieden. Seit Anfang 1914 widmete er sich mehr und mehr dem, was er als die höchste Form der Politik betrachtete und wofür er besonders geeignet war - internationalen Angelegenheiten. "[35]

1938, kurz vor seinem Tod, sagte House zu Charles Seymour: „Während der letzten fünfzehn Jahre war ich nahe am Zentrum der Dinge, auch wenn das nur wenige Leute vermuten. Kein wichtiger Ausländer ist in die Vereinigten Staaten gekommen, ohne mit mir zu sprechen. Ich stand der Bewegung nahe, die Roosevelt nominiert hat. Er hat mir freie Hand gelassen, ihn zu beraten. Alle Botschafter haben mir häufig Bericht erstattet." Ein vergleichender Abdruck des Federal Reserve Act von 1913 in der vom Repräsentantenhaus verabschiedeten und vom Senat geänderten Fassung zeigt die folgende auffällige Änderung:

Der Senat strich: „Die Suspendierung der Beamten der Federal Reserve Bank aus einem schriftlich dargelegten Grund

---

[34] E.M. House, *Philip Dru, Administrator*, B. W. Heubsch, N.Y., 1912.

[35] Col. E.M. House, *The Intimate Papers of Col. House*, 4 Bände 1926-1928, Houghton Mifflin Co.

mit Gelegenheit zur Anhörung, die Abberufung des Beamten wegen Unfähigkeit, Pflichtverletzung, Betrug oder Täuschung, wobei eine solche Abberufung der Zustimmung des Präsidenten der Vereinigten Staaten bedarf. „Der Senat änderte diese Bestimmung in „Zur Suspendierung oder Abberufung eines Beamten oder Direktors einer Federal Reserve Bank, wobei der Grund für eine solche Abberufung dem abberufenen Beamten oder Direktor und der Bank unverzüglich vom Federal Reserve Board schriftlich mitgeteilt wird. „Damit wurden die Bedingungen, unter denen ein leitender Angestellter oder ein Direktor abgesetzt werden konnte, völlig verändert. Wir wissen nicht mehr, was die Bedingungen für eine Abberufung sind und was der Grund dafür ist. Offenbar spielen Inkompetenz, Pflichtverletzung, Betrug oder Täuschung für das Federal Reserve Board keine Rolle. Außerdem hat der entlassene Beamte nicht die Möglichkeit, sich an den Präsidenten zu wenden. In Beantwortung einer schriftlichen Anfrage antwortete der stellvertretende Sekretär des Federal Reserve Board, dass in den sechsunddreißig Jahren nur ein Beamter „aus wichtigem Grund" abberufen worden sei, wobei der Name und die Einzelheiten dieser Angelegenheit eine „private Angelegenheit" zwischen der betreffenden Person, der betreffenden Zentralbank und dem Federal Reserve Board seien.

Das Federal Reserve System nahm seine Tätigkeit 1914 mit der Arbeit des von Woodrow Wilson ernannten Organisationskomitees auf, das sich aus dem Finanzminister William McAdoo, der sein Schwiegersohn war, dem Landwirtschaftsminister Houston und dem Comptroller of the Currency John Skelton Williams zusammensetzte.

Am 6. Januar 1914 traf J.P. Morgan mit dem Organisationsausschuss in New York zusammen. Er teilte ihnen mit, dass es in dem neuen System nicht mehr als sieben regionale Distrikte geben sollte.

Dieser Ausschuss sollte die Standorte der „dezentralen" Reservebanken auswählen. Er war ermächtigt, acht bis zwölf Reservebanken auszuwählen, obwohl J.P. Morgan ausgesagt hatte, er sei der Meinung, dass nicht mehr als vier ausgewählt werden sollten. Bei der Auswahl dieser Standorte wurde viel politisiert, da die zwölf so bevorzugten Städte als Finanzzentren enorm wichtig werden würden. New York war natürlich eine ausgemachte Sache. Richmond war die nächste Wahl, als Dank an Carter Glass und Woodrow Wilson, die beiden Virginier, denen der Federal Reserve Act politisch zu verdanken war. Die anderen Städte, die der Ausschuss auswählte, waren Boston, Philadelphia, Cleveland, Chicago, St. Louis, Atlanta, Dallas, Minneapolis, Kansas City und San Francisco. In all diesen Städten entstanden später wichtige „Finanzdistrikte" als Ergebnis dieser Auswahl.

Diese lokalen Kämpfe verblassten jedoch angesichts der völligen Dominanz der Federal Reserve Bank of New York in diesem System.

Ferdinand Lundberg wies in „America's Sixty Families" darauf hin, dass „die Federal Reserve Bank of New York in der Praxis zur Quelle des Systems von zwölf regionalen Banken wurde, denn New York war der Geldmarkt der Nation. Die anderen elf Banken waren so viele teure Mausoleen, die errichtet wurden, um den lokalen Stolz zu besänftigen und die Jacksonschen Ängste des Hinterlandes zu beschwichtigen. Benjamin Strong, Präsident des Bankers Trust (J.P. Morgan), wurde zum ersten Gouverneur der New Yorker Federal Reserve Bank gewählt. Strong, der sich in der Hochfinanz auskannte, manipulierte viele Jahre lang das Geldsystem des Landes nach dem Ermessen der Direktoren, die die führenden New Yorker Banken vertraten. Unter Strong wurde das Reservesystem mit der Bank von England und der Bank von Frankreich verflochten. Benjamin Strong war bis zu seinem plötzlichen Tod im Jahr 1928 Gouverneur der Federal Reserve Bank of New York, als der Kongress die geheimen Treffen zwischen den Notenbankgouverneuren und den Leitern der europäischen Zentralbanken untersuchte, die die Weltwirtschaftskrise 1929-31 auslösten.[36] Strong hatte die Tochter des Präsidenten von Bankers Trust geheiratet, was ihn in die Erbfolge der

---

[36] Ferdinand Lundberg, *America's Sixty Families*, 1937.

dynastischen Intrigen einreihte, die in der Welt der Hochfinanz eine so wichtige Rolle spielen. Er war auch Mitglied der ursprünglichen Gruppe von Jekyll Island, des First Name Club, und damit qualifiziert für die höchste Position im Federal Reserve System, als Gouverneur der Federal Reserve Bank of New York, die das gesamte System dominierte.

Paul Warburg wird auch in J. Laurence Laughlins Standardwerk The Federal Reserve Act, Its Origins and Purposes erwähnt: „Mr. Paul Warburg von Kuhn, Loeb Company bot im März 1910 einen ziemlich gut durchdachten Plan an, der als United Reserve Bank of the United States bekannt werden sollte. Dies wurde in der *New York Times* vom 24. März 1910 veröffentlicht. Die Gruppe, die an den Zielen der Nationalen Währungskommission interessiert war, traf sich im Dezember 1910 etwa zwei Wochen lang heimlich auf Jekyll Island und konzentrierte sich auf die Ausarbeitung eines Gesetzentwurfs, der dem Kongress von der Nationalen Währungskommission vorgelegt werden sollte. Die Männer, die auf Jekyll Island anwesend waren, waren Senator Aldrich, H. P. Davison von der J.P. Morgan Company, Paul Warburg von der Kuhn, Loeb Company, Frank Vanderlip von der NationalCity Bank und Charles D. Norton von der First National Bank. Der fähigste Bankfachmann in der Gruppe war zweifellos Paul Warburg, der eine europäische Bankausbildung genossen hatte. Senator Aldrich hatte keine besondere Ausbildung im Bankwesen. "[37]

Eine Erwähnung von Paul Warburg, geschrieben von Harold Kelloch, mit dem Titel „Warburg the Revolutionist" erschien im Century Magazine, Mai 1915. Kelloch schreibt:

„Er zwang einer Nation von hundert Millionen Menschen seine Ideen auf... Ohne Mr. Warburg hätte es kein Federal Reserve Act gegeben. Das Bankhaus Warburg und Warburg in Hamburg war immer ein reines Familienunternehmen. Kein anderer als ein Warburg kam dafür in Frage, aber alle Warburgs wurden in das Unternehmen hineingeboren. 1895 heiratete er die Tochter des verstorbenen Solomon Loeb von der Firma Kuhn

---

[37] J. Laurence Laughlin, *The Federal Reserve Act, It's Origins and Purposes*.

Loeb. Er wurde 1902 Mitglied der Kuhn Loeb Company. Herr Warburgs Gehalt aus seinen privaten Geschäften belief sich auf etwa eine halbe Million pro Jahr. Warburgs Motive waren rein patriotisch und aufopferungsvoll." Die wahren Ziele des Federal Reserve Acts begannen bald viele zu enttäuschen, die anfangs an seine Forderungen geglaubt hatten. W. H. Allen schrieb im Moody's Magazine, 1916: „Der Zweck des Federal Reserve Act war es, die Konzentration von Geld in den New Yorker Banken zu verhindern, indem es für die Banker des Landes profitabel gemacht wurde, ihre Gelder im Inland zu verwenden, aber die Bewegung der Währung zeigt, dass die New Yorker Banken in jedem Monat außer im Dezember 1915, seit das Gesetz in Kraft trat, vom Inland profitierten. Die Stabilisierung der Kurse hat nur in New York stattgefunden. In anderen Teilen der Welt sind die Kurse weiterhin hoch. Das Gesetz, das der Wall Street die Mittel für Spekulationen entziehen sollte, hat den Bullen und Bären in Wirklichkeit ein solches Angebot gemacht, wie sie es noch nie zuvor hatten. Die Wahrheit ist, dass es den Weg zur Wall Street keineswegs verstopft hat, wie Mr. Glass so selbstbewusst verkündete, sondern dass es die alten Kanäle verbreitert und zwei neue eröffnet hat. Der erste führt direkt nach Washington und gibt der Wall Street einen Zugriff auf alle überschüssigen Barmittel in der Staatskasse der Vereinigten Staaten. Der zweite Kanal führt zu den großen Zentralbanken Europas, wodurch die Wall Street durch den Verkauf von Akzepten, die praktisch von der Regierung der Vereinigten Staaten garantiert werden, Immunität gegenüber ausländischen Goldforderungen erhält, die jede große Krise in unserer Geschichte ausgelöst haben. „

Viele Jahre lang war es ein großes Geheimnis, wer die Aktien der Federal Reserve Banks tatsächlich besitzt. Der Kongressabgeordnete Wright Patman, ein führender Kritiker des Systems, versuchte herauszufinden, wer die Aktionäre sind. Die Aktien der ursprünglich zwölf regionalen Federal Reserve Banks wurden von den nationalen Banken in diesen zwölf Regionen erworben. Da die Federal Reserve Bank of New York die Zinssätze festlegte und die Offenmarktgeschäfte leitete und damit das tägliche Angebot und den Preis des Geldes in den Vereinigten Staaten kontrollierte, sind die Aktionäre dieser Bank die eigentlichen Leiter des gesamten Systems. Zum ersten Mal kann aufgedeckt werden, wer diese Aktionäre sind. Der Autor verfügt über die ursprünglichen Gründungsurkunden der zwölf Federal Reserve Banks, aus denen der Aktienbesitz der nationalen Banken in jedem Distrikt hervorgeht. Die Federal Reserve Bank of New York gab 203.053 Aktien aus, und laut den Unterlagen, die dem Comptroller of the Currency am 19. Mai 1914 vorgelegt wurden, hielten die großen Banken von New York City mehr als die Hälfte der ausstehenden Aktien. Die von Rockefeller, Kuhn und Loeb kontrollierte National City Bank übernahm mit 30.000 Aktien die größte Anzahl von Aktien aller Banken. Die First National Bank von J.P. Morgan übernahm 15.000 Aktien. Als diese beiden Banken 1955 fusionierten, besaßen sie in einem Block fast ein Viertel der Aktien der Federal Reserve Bank of New York, die das gesamte System kontrollierte, und so konnten sie Paul Volcker oder jeden anderen ihrer Wahl zum Vorsitzenden des Federal Reserve Board of Governors ernennen. Die Chase National Bank übernahm 6.000 Aktien. Die Marine Nation Bank of Buffalo, die später als Marine Midland bekannt wurde, übernahm 6.000 Anteile. Diese Bank war im Besitz der Familie Schoellkopf, die die Niagara Power Company und andere große Unternehmen kontrollierte. Die National Bank of Commerce of New York City übernahm 21.000 Aktien. Die Aktionäre dieser Banken, die die Aktien der Federal Reserve Bank of New York besitzen, sind die Leute, die seit 1914 unsere politischen und wirtschaftlichen Geschicke kontrollieren. Sie sind die

- Die Rothschilds von Europa,
- Lazard Freres (Eugene Meyer),
- Kuhn Loeb Company, Warburg Company,
- Lehman Brothers,
- Goldman Sachs,
- die Familie Rockefeller,
- und die Interessen von J.P. Morgan.

Diese Interessen haben sich in den letzten Jahren zusammengeschlossen und konsolidiert, so dass die Kontrolle nun viel stärker konzentriert ist. Die National Bank of Commerce ist jetzt die Morgan Guaranty Trust Company. Lehman Brothers hat mit der Kuhn, Loeb Company fusioniert, die First National Bank hat mit der National City Bank fusioniert, und in den anderen elf Federal Reserve Districts besitzen oder kontrollieren dieselben Aktionäre indirekt Anteile an diesen Banken, während die anderen Anteile den führenden Familien in diesen Gebieten gehören, die die wichtigsten Industrien in diesen Regionen besitzen oder kontrollieren.[38] Die „lokalen" Familien gründen auf Anweisung aus New York regionale Räte von Gruppen wie dem Council on Foreign Relations, der Trilateralen Kommission und anderen von ihren Herren erdachten Kontrollinstrumenten. Sie finanzieren und kontrollieren die politischen Entwicklungen in ihrem Gebiet, benennen Kandidaten und werden in ihren Plänen nur selten erfolgreich bekämpft.

Mit der Einrichtung der zwölf „Finanzdistrikte" durch die Federal Reserve Banks wurde die traditionelle Aufteilung der Vereinigten Staaten in die achtundvierzig Bundesstaaten aufgehoben, und es begann die Ära des „Regionalismus" oder der zwölf Regionen, die nichts mit den traditionellen Staatsgrenzen zu tun hatten.

Diese Entwicklungen, die auf die Verabschiedung des Federal Reserve Act folgten, bewiesen alle Behauptungen, die Thomas Jefferson 1791 gegen eine Zentralbank aufgestellt hatte: dass die Zeichner der Aktien der Federal Reserve Bank eine Gesellschaft gegründet hatten, deren Aktien von Ausländern gehalten werden konnten und auch gehalten wurden; dass diese Aktien an eine bestimmte Reihe von Nachfolgern weitergegeben würden; dass sie dem Verfall und dem Heimfall entzogen würden; dass sie ein Bankmonopol erhalten würden, was gegen die Gesetze des Monopols verstößt; und dass sie nun die Macht hätten, Gesetze zu erlassen, die über den Gesetzen der Staaten stünden. Kein staatlicher Gesetzgeber kann die Gesetze aufheben, die der Gouverneursrat der Federal Reserve zum Nutzen ihrer privaten Aktionäre erlassen hat. Dieses Gremium erlässt Gesetze über den Zinssatz, die Geldmenge und den Preis des Geldes. All diese Befugnisse heben die Befugnisse der staatlichen Gesetzgeber

---

[38] Siehe Tabellen V bis IX.

und ihre Verantwortung gegenüber den Bürgern dieser Staaten auf.

In der New York Times war zu lesen, dass die Federal Reserve Banks am 1. August 1914 ihre Tätigkeit aufnehmen würden, tatsächlich aber begannen sie ihre Arbeit am 16. November 1914. Zu diesem Zeitpunkt wurde ihr Gesamtvermögen mit 143.000.000 $ angegeben, das aus dem Verkauf von Aktien der Federal Reserve Banks an die Aktionäre der nationalen Banken stammte, die diese Aktien gezeichnet hatten.

Der tatsächliche Teil dieser 143.000.000 $, der für diese Aktien eingezahlt wurde, bleibt ein Geheimnis. Einige Historiker sind der Meinung, dass die Aktionäre nur etwa die Hälfte des Betrags in bar einzahlten; andere glauben, dass sie überhaupt kein Bargeld einzahlten, sondern lediglich Schecks einreichten, die sie auf die Nationalbanken, die ihnen gehörten, ausstellten. Am wahrscheinlichsten scheint, dass die Geschäfte der Federal Reserve von Anfang an „Papier gegen Papier" waren, dass die einzigen Werte, die den Besitzer wechselten, Buchungsposten waren.

Die Männer, die Präsident Woodrow Wilson für den ersten Gouverneursrat der Federal Reserve auswählte, stammten aus der Bankengruppe. Er war von der Demokratischen Partei für die Präsidentschaft nominiert worden, die für sich in Anspruch nahm, den „einfachen Mann" gegen die „Besitzstandswahrer" zu vertreten. Nach eigenen Angaben durfte Wilson nur einen Mann für das Federal Reserve Board auswählen. Die anderen wurden von den New Yorker Bankern ausgewählt. Wilsons Wahl fiel auf Thomas D. Jones, einen Treuhänder von Princeton und Direktor von International Harvester und anderen Unternehmen. Die anderen Mitglieder waren Adolph C. Miller, Wirtschaftswissenschaftler von Rockefellers University of Chicago und Morgans Harvard University, der auch als stellvertretender Innenminister tätig war; Charles S. Hamlin, der zuvor acht Jahre lang als stellvertretender Finanzminister gearbeitet hatte; F.A. Delano, ein Verwandter von Roosevelt und Eisenbahnunternehmer, der eine Reihe von Eisenbahnen für die Kuhn, Loeb Company übernommen hatte; W.P.G. Harding,

Präsident der First National Bank of Atlanta; und Paul Warburg von der Kuhn, Loeb Company. Laut The Intimate Papers of Col. House wurde Warburg ernannt, weil „der Präsident den Vorschlag von Paul Warburg aus New York aufgrund seines Interesses und seiner Erfahrung mit Währungsproblemen sowohl unter republikanischen als auch unter demokratischen Regierungen akzeptierte. „[39] Wie Warburg war auch Delano außerhalb der kontinentalen Grenzen der Vereinigten Staaten geboren worden, obwohl er amerikanischer Staatsbürger war. Delanos Vater, Warren Delano, war nach Angaben von Dr. Josephson und anderen Behörden in Hongkong im chinesischen Opiumhandel tätig, und Frederick Delano wurde 1863 in Hongkong geboren.

In The Money Power of Europe schreibt Paul Emden: „Die Warburgs erreichten ihre herausragende Bedeutung in den letzten zwanzig Jahren des vergangenen Jahrhunderts, gleichzeitig mit dem Wachstum der Kuhn, Loeb Company in New York, mit der sie in Personalunion und familiärer Beziehung standen. Paul Warburg setzte 1913 mit großartigem Erfolg die Reorganisation des amerikanischen Bankensystems durch, an der er seit 1911 zusammen mit Senator Aldrich gearbeitet hatte, und konsolidierte so die Währung und die Finanzen der Vereinigten Staaten aufs gründlichste.'"[40]

Die New York Times[41] hatte am 6. Mai 1914 vermerkt, dass Paul Warburg sich von der Kuhn, Loeb Company „zurückgezogen" hatte, um im Federal Reserve Board zu dienen, obwohl er seine Verwaltungsratsmandate bei der American Surety Company, der Baltimore and Ohio Railroad, der National Railways of Mexico, Wells Fargo oder der Westinghouse Electric Corporation nicht niedergelegt hatte, sondern weiterhin

---

[39] Charles Seymour, *The Intimate Papers of Col. House*, 4 Bde. 1926-1928, Houghton Mifflin Co.

[40] Paul Emden, *The Money Power of Europe in the 19th and 20th Century*, S. Low, Marston Co., London, 1937.

[41] *Die New York Times* vom 30. April 1914 berichtete, dass die 12 Distrikte 74.740.800 Dollar gezeichnet hatten und dass die zeichnenden Banken die Hälfte dieser Summe in sechs Monaten zahlen würden.

in diesen Verwaltungsräten tätig sein würde. „Who's Who" listete ihn als Inhaber dieser Verwaltungsratsmandate auf und darüber hinaus als Mitglied der American I.G. Chemical Company (Zweig der I.G. Farben), der Agfa Ansco Corporation, der Westinghouse Acceptance Company, der Warburg Company of Amsterdam, als Vorstandsvorsitzender der International Acceptance Bank und zahlreicher anderer Banken, Eisenbahnen und Unternehmen. „Kuhn Loeb & Co. haben zusammen mit Warburg vier Stimmen oder die Mehrheit im Federal Reserve Board."[42]

Obwohl er sich im Mai 1914 von der Kuhn, Loeb Company zurückzog, um dem Federal Reserve Board of Governors anzugehören, wurde Warburg im Juni 1914 gebeten, vor einem Unterausschuss des Senats zu erscheinen und einige Fragen zu seiner Rolle hinter den Kulissen bei der Durchsetzung des Federal Reserve Act im Kongress zu beantworten. Dies hätte einige Fragen über die Geheimkonferenz auf Jekyll Island bedeuten können, und Warburg weigerte sich, zu erscheinen. Am 7. Juli 1914 schrieb er einen Brief an G.M. Hitchcock, den Vorsitzenden des Banken- und Währungsausschusses des Senats, in dem er darauf hinwies, dass es seinen Nutzen im Vorstand beeinträchtigen könnte, wenn er Fragen beantworten müsste, und dass er daher seinen Namen zurückziehen würde. Es schien, dass Warburg bereit war, den Senatsausschuss zu bluffen, damit er ihn ohne Fragen zu stellen bestätigte. Am 10. Juli 1914 verteidigte *die New York Times* Warburg auf der Leitartikel-Seite und prangerte die „senatorische Inquisition" an. Da Warburg noch keine Fragen gestellt worden waren, schien der Begriff „Inquisition" äußerst unangemessen, und es bestand auch keine wirkliche Gefahr, dass die Senatoren sich anschickten, Folterinstrumente gegen Warburg einzusetzen. Das Dilemma wurde gelöst, als der Senatsausschuss in seiner Kapitulation zustimmte, dass Herr Warburg vor seinem Erscheinen eine Liste von Fragen erhalten würde, damit er sie durchgehen konnte, und dass er von der Beantwortung von Fragen, die seine Arbeit im

---

[42] Clarence W. Barron, More They Told Barron, Arno Press, New York Times, 1973, 12. Juni 1914. S. 204.

Gouverneursrat beeinträchtigen könnten, befreit werden könnte. Die Zeitung The Nation berichtete am 23. Juli 1914: „Herr Warburg hatte schließlich eine Besprechung mit Senator O'Gorman und erklärte sich bereit, die Mitglieder des Unterausschusses des Senats informell zu treffen, um zu einer Verständigung zu gelangen und ihnen alle gewünschten Informationen zu geben. In Washington ist man der Meinung, dass die Bestätigung von Herrn Warburg gesichert ist. *Die Nation* hatte Recht. Herr Warburg wurde bestätigt, nachdem sein „Fixer", Senator O'Gorman aus New York, besser bekannt als „der Senator von der Wall Street", ihm den Weg geebnet hatte. Senator Robert L. Owen hatte zuvor behauptet, Warburg sei der amerikanische Vertreter der Rothschild-Familie, aber ihn dazu zu befragen, hätte in der Tat den Beigeschmack der mittelalterlichen „Inquisition" gehabt, und seine Senatskollegen waren zu zivilisiert, um sich einer solchen Barbarei hinzugeben.[43]

Während der Senatsanhörungen zu Paul Warburg vor dem Banken- und Währungsausschuss des Senats am 1. August 1914 fragte Senator Bristow: „Wie viele dieser Partner (der Kuhn, Loeb Company) sind amerikanische Staatsbürger? „WARBURG: „Sie sind alle amerikanische Staatsbürger mit Ausnahme von Mr. Kahn. Er ist ein britischer Staatsbürger. „BRISTOW: „Er war einmal ein Kandidat für das Parlament, nicht wahr? „WARBURG: „Es wurde darüber gesprochen, es wurde vorgeschlagen und er hatte es im Kopf."

Paul Warburg erklärte vor dem Ausschuss: „Ich ging nach England, wo ich zwei Jahre lang blieb, zunächst in der Bank- und Diskontfirma Samuel Montague & Company. Danach ging ich nach Frankreich, wo ich in einer französischen Bank arbeitete." VORSITZENDER: „Welche französische Bank war das?"

---

[43] Warburg wurde am 8. August 1914 mit 38:11 Stimmen bestätigt und hauptsächlich von Senator Bristow aus Kansas bekämpft, der von der *New York Times* als „radikaler Republikaner" denunziert wurde und dessen ausgezeichnete Bibliothek mit seltenen Büchern über das Bankwesen der Verfasser 1983 für die Recherchen zu diesem Werk erworben hat.

WARBURG: „Es handelt sich um die russische Bank für Außenhandel, die eine Vertretung in Paris hat." BRISTOW: „Ich habe Sie so verstanden, dass Sie Republikaner waren, aber als Mr. Theodore Roosevelt auftauchte, wurden Sie dann ein Sympathisant von Mr. Wilson und unterstützten ihn?"

WARBURG: „Ja."

BRISTOW: „Während Ihr Bruder (Felix Warburg) Taft unterstützt hat?"

WARBURG: „Ja."

So unterstützten drei Partner der Kuhn, Loeb Company drei verschiedene Kandidaten für das Amt des Präsidenten der Vereinigten Staaten. Paul Warburg unterstützte Wilson, Felix Warburg unterstützte Taft, und Otto Kahn unterstützte Theodore Roosevelt. Paul Warburg erklärte diese merkwürdige Situation, indem er dem Ausschuss mitteilte, dass sie keinen Einfluss auf die politischen Überzeugungen des jeweils anderen hätten, „da sich Finanzen und Politik nicht vermischen." Die Fragen zur Ernennung Warburgs verschwanden mit der einzigen Ernennung Wilsons in den Gouverneursrat, Thomas B. Jones, in einem Aufschrei. Die Reporter hatten herausgefunden, dass Jones zum Zeitpunkt seiner Ernennung vom Generalstaatsanwalt der Vereinigten Staaten angeklagt worden war. Wilson verteidigte seine Wahl und erklärte den Reportern, dass „die Mehrheit der Männer, die mit dem zu tun haben, was wir 'Großunternehmen' nennen, ehrlich, unbestechlich und patriotisch sind. „Trotz Wilsons Beteuerungen setzte der Banken- und Währungsausschuss des Senats Anhörungen über die Eignung von Thomas D. Jones als Mitglied des Gouverneursrats an. Wilson schrieb daraufhin einen Brief an Senator Robert L. Owen, den Vorsitzenden dieses Ausschusses:

Weißes Haus

Juni 18, 1914

Sehr geehrter Herr Senator Owen:

Mr. Jones hat sich immer für die Rechte des Volkes und gegen die Rechte von Privilegien eingesetzt. Seine Verbindung mit der

Harvester Company war ein öffentlicher Dienst, nicht ein privates Interesse. Er ist der einzige Mann von allen, der in einem besonderen Sinne meine persönliche Wahl war.

Mit freundlichen Grüßen,

Woodrow Wilson

Woodrow Wilson sagte: „Es gibt keinen Grund zu der Annahme, dass der ungünstige Bericht die Haltung des Senats selbst widerspiegelt. „Nach einigen Wochen zog Thomas D. Jones seinen Namen zurück, und das Land musste ohne seine Dienste auskommen.

Die anderen Mitglieder des ersten Gouverneursrats waren Finanzminister William McAdoo, Wilsons Schwiegersohn und Präsident der Hudson-Manhattan Railroad, eines von der Kuhn, Loeb Company kontrollierten Unternehmens, und der Comptroller of the Currency John Skelton Williams.

Als die Federal Reserve Banks am 16. November 1914 ihre Tätigkeit aufnahmen, sagte Paul Warburg: „Dieses Datum kann als der vierte Juli in der Wirtschaftsgeschichte der Vereinigten Staaten betrachtet werden. „

KAPITEL 4

DER BUNDESBEIRAT

Bei der Verabschiedung des Federal Reserve Act durch das Repräsentantenhaus erklärte der Kongressabgeordnete Carter Glass am 30. September 1913 im Plenum, dass die Interessen der Öffentlichkeit durch einen Beirat von Bankern geschützt würden. „Es kann nichts Unheimliches an seinen Geschäften sein. Mindestens viermal im Jahr wird ein beratender Bankrat zusammentreten, der jeden regionalen Reservedistrikt des Systems vertritt. Wie hätten wir bei der Wahrung des öffentlichen Interesses größere Vorsicht walten lassen können?" Carter Glass hat weder damals noch später seine Überzeugung untermauert, dass eine Gruppe von Bankern die Interessen der Öffentlichkeit schützen würde, noch gibt es in der Geschichte der Vereinigten Staaten irgendeinen Beweis dafür, dass eine Gruppe von Bankern dies jemals getan hat. Tatsächlich erwies sich der Federal Advisory Council als das „Verwaltungsverfahren", das Paul Warburg in den Federal Reserve Act eingefügt hatte, um genau die Art von ferngesteuerter, aber unsichtbarer Kontrolle über das System zu gewährleisten, die er sich wünschte. Als er von dem Finanzjournalisten C.W. Barron kurz nach der Verabschiedung des Federal Reserve Act durch den Kongress gefragt wurde, ob er das Gesetz in seiner endgültigen Form gutheiße, antwortete Warburg: „Nun, es hat nicht ganz alles, was wir wollen, aber das Fehlen kann später durch administrative Prozesse ausgeglichen werden. „Der Rat erwies sich als ideales Vehikel für Warburgs Zwecke, da er siebzig Jahre lang in fast völliger Anonymität arbeitete und seine Mitglieder und deren Wirtschaftsverbände von der Öffentlichkeit unbemerkt blieben.

Senator Robert Owen, Vorsitzender des Banken- und Währungsausschusses des Senats, hatte vor der Verabschiedung des Gesetzes gesagt, wie in der *New York Times* vom 3. August 1913 zitiert:

„Der Federal Reserve Act wird den Banken und den Industrie- und Handelsinteressen die Möglichkeit geben, qualifizierte Handelspapiere zu diskontieren und so unser Handels- und Industrieleben zu stabilisieren. Die Federal-Reserve-Banken sind nicht als geldschöpfende Banken gedacht, sondern sie sollen einem großen nationalen Zweck dienen, nämlich dem Handel, den Geschäftsleuten und den Banken entgegenzukommen und einen festen Markt für Industrieerzeugnisse, landwirtschaftliche Produkte und Arbeitskräfte zu sichern. Es gibt keinen Grund, warum die Banken die Kontrolle über das Federal Reserve System haben sollten. Stabilität wird dazu führen, dass unser Handel in jeder Richtung gesund expandiert." Der Optimismus von Senator Owen wurde durch die Vorherrschaft der Jekyll-Island-Promotoren über die ursprüngliche Zusammensetzung des Federal Reserve Systems zunichte gemacht.

Die Allianz Morgan-Kuhn, Loeb erwarb nicht nur die dominierende Kontrolle über die Aktien der Federal Reserve Bank of New York, sondern auch fast die Hälfte der Aktien, die sich im Besitz der fünf New Yorker Banken befanden, die von ihnen kontrolliert wurden,

> First National Bank,
> National City Bank,
> National Bank of Commerce,
> Chase National Bank und
> Hanover National Bank,

aber sie überzeugten auch Präsident Woodrow Wilson, einen der Mitglieder der Jekyll Island-Gruppe, Paul Warburg, in den Gouverneursrat der Federal Reserve zu berufen.

Jede der zwölf Federal Reserve Banks sollte ein Mitglied des Federal Advisory Council wählen, das viermal im Jahr in Washington mit dem Federal Reserve Board of Governors zusammentreten sollte, um das Board bei der künftigen

Geldpolitik zu „beraten". Dies schien eine absolute Demokratie zu gewährleisten, da von jedem der zwölf „Berater", die eine andere Region der Vereinigten Staaten vertraten, erwartet wurde, dass sie sich für die wirtschaftlichen Interessen ihrer Region einsetzten, und jedes der zwölf Mitglieder hätte die gleiche Stimme gehabt. Die Theorie mag in ihrem Konzept bewundernswert gewesen sein, aber die harten Fakten des Wirtschaftslebens ergaben ein ganz anderes Bild. Der Präsident einer kleinen Bank in St. Louis oder Cincinnati, der in einer Konferenz mit Paul Warburg und J.P. Morgan saß, um sie in der Geldpolitik zu „beraten", würde wohl kaum zwei der mächtigsten internationalen Finanziers der Welt widersprechen, da eine gekritzelte Note von einem der beiden ausreichen würde, um seine kleine Bank in den Bankrott zu stürzen. Tatsächlich existierten die kleinen Banken der zwölf Federal Reserve Distrikte nur als Satelliten der großen New Yorker Finanzinteressen und waren ihnen völlig ausgeliefert. Martin Mayer weist in seinem Buch The Bankers darauf hin, dass „J.P. Morgan Korrespondenzbeziehungen zu vielen kleinen Banken im ganzen Land unterhielt."[44] Die großen New Yorker Banken beschränkten sich nicht auf millionenschwere Geschäfte mit anderen großen Finanzinteressen, sondern führten viele kleinere und routinemäßigere Geschäfte mit ihren „Korrespondenzbanken" in den gesamten Vereinigten Staaten durch.

Offenbar in der Gewissheit, dass ihre Aktivitäten niemals an die Öffentlichkeit gelangen würden, wählten die Morgan-Kuhn-Loeb-Interessen die Mitglieder des Federal Advisory Council kühn aus ihren Korrespondenzbanken und aus Banken aus, an denen sie Aktien besaßen. Niemand in der Finanzwelt schien dies zu bemerken, da in den siebzig Jahren, in denen das Federal Reserve System tätig war, nichts darüber gesagt wurde.

Um jeden Verdacht zu vermeiden, dass New Yorker Interessen den Bundesbeirat kontrollieren könnten, wurde 1914 J.B. Forgan, Präsident der First National Bank of Chicago, von

---

[44] Martin Mayer, *The Bankers*, Weybright and Talley, New York, 1974, S. 207.

den anderen Mitgliedern zum ersten Vorsitzenden gewählt. Im Rand McNally Bankers Directory für 1914 sind die Hauptkorrespondenten der großen Banken aufgeführt. Als Hauptkorrespondenzbank der von Baker-Morgan kontrollierten First National Bank of New York ist die First National Bank of Chicago aufgeführt. Der Hauptkorrespondent der First National Bank of Chicago ist die Bank of Manhattan in New York, die von Jacob Schiff und Paul Warburg von Kuhn, Loeb Company kontrolliert wird. James B. Forgan war auch als Direktor der Equitable Life Insurance Company aufgeführt, die ebenfalls von Morgan kontrolliert wird. Die Beziehung zwischen der First National Bank of Chicago und diesen New Yorker Banken war jedoch noch enger, als diese Auflistungen vermuten lassen.

Auf Seite 701 des Buches The Growth of Chicago Banks von F. Cyril James wird „die profitable Verbindung der First National Bank of Chicago mit den Morgan-Interessen" erwähnt. Ein Botschafter des guten Willens wurde eilig nach New York geschickt, um George F. Baker einzuladen, Direktor der First National Bank of Chicago zu werden. „"[45] (J.B. Forgan an Ream, 7. Januar 1903.) Tatsächlich hatten Baker und Morgan den ersten Präsidenten des Federal Advisory Council persönlich ausgewählt.

James B. Forgan (1852-1924) ist ebenfalls ein Beispiel für die obligatorische „London-Connection" bei der Tätigkeit des Federal Reserve Systems. Er wurde in St. Andrew's, Schottland, geboren und begann seine Bankkarriere bei der Royal Bank of Scotland, einer Korrespondentin der Bank of England. Er kam für die Bank of British North America nach Kanada und arbeitete für die Bank of Nova Scotia, die ihn in den 1880er Jahren nach Chicago schickte, wo er um 1900 Präsident der First National Bank of Chicago wurde. Er diente sechs Jahre lang als Präsident des Federal Advisory Council und wurde nach seinem Ausscheiden aus dem Rat durch Frank O. Wetmore ersetzt, der ihn auch als Präsident der First National Bank of Chicago

---

[45] F. Cyril James, *The Growth of Chicago Banks*, Harper, New York, 1938.

abgelöst hatte, als Forgan zum Vorstandsvorsitzenden ernannt wurde.

J.P. Morgan vertrat den New Yorker Federal Reserve District im ersten Federal Advisory Council. Er wurde zum Vorsitzenden des Exekutivausschusses ernannt. So saßen Paul Warburg und J.P. Morgan bei den Sitzungen des Federal Reserve Board in den ersten vier Jahren seiner Tätigkeit zusammen, umgeben von den anderen Gouverneuren und Ratsmitgliedern, die kaum ahnen konnten, dass ihre Zukunft von diesen beiden mächtigen Bankiers bestimmt werden würde.

Ein weiteres Mitglied des Bundesbeirats im Jahr 1914 war Levi L. Rue, der den Bezirk Philadelphia vertrat. Rue war Präsident der Philadelphia National Bank. Im Rand McNally Bankers Directory von 1914 war die Philadelphia National Bank als Hauptkorrespondent der First National Bank of New York aufgeführt. Auch die First National Bank of Chicago führte die Philadelphia National Bank als ihren Hauptkorrespondenten in Philadelphia auf. Zu den anderen Mitgliedern des Federal Advisory Council gehörten Daniel S. Wing, Präsident der First National Bank of Boston, W.S. Rowe, Präsident der First National Bank of Cincinnati, und C.T. Jaffray, Präsident der First National Bank of Minneapolis. Sie alle waren Korrespondenzbanken der fünf großen New Yorker Banken, die den Geldmarkt in den Vereinigten Staaten kontrollierten.

Jaffray hatte eine noch engere Verbindung zu den Baker-Morgan-Interessen. Um die hohen jährlichen Dividenden aus ihren Aktien der First National Bank of New York zu reinvestieren, gründeten Baker und Morgan 1908 eine Holdinggesellschaft, die First Security Corporation, die 500 Aktien der First National Bank of Minneapolis kaufte. Jaffray war also kaum mehr als ein Angestellter von Baker und Morgan, obwohl er von den Aktionären der Federal Reserve Bank of Minneapolis „ausgewählt" worden war, um deren Interessen zu vertreten. Die First Security Corporation besaß außerdem 50.000 Aktien der Chase National Bank, 5400 Aktien der National Bank of Commerce, 2500 Aktien von Bankers Trust, 928 Aktien der Liberty National Bank, der Bank, deren Präsident Henry P.

Davison gewesen war, als er zu J.P. Morgan wechselte, sowie Aktien von New York Trust, Atlantic Trust und Brooklyn Trust. First Security konzentrierte sich auf Bankaktien, die schnell an Wert gewannen und stattliche jährliche Dividenden ausschütteten. Im Jahr 1927 verdiente sie fünf Millionen Dollar, schüttete aber acht Millionen an die Aktionäre aus und nahm den Rest aus ihrem Überschuss.

Ein weiteres Mitglied des ersten Bundesbeirats war E.F. Swinney, Präsident der First National Bank of Kansas City. Er war auch Direktor der Southern Railway und wird im Who's Who als „unabhängig in der Politik" geführt.

Archibald Kains vertrat den Distrikt San Francisco im Bundesbeirat, obwohl er sein Büro in New York behielt, als Präsident der American Foreign Banking Corporation.

Nach seiner Amtszeit als Gouverneur des Federal Reserve Board von 1914-1918 bat Paul Warburg nicht um eine weitere Amtszeit. Er war jedoch nicht bereit, seine Verbindung mit dem Federal Reserve System zu kappen, für dessen Aufbau und Inbetriebnahme er so viel getan hatte. J.P. Morgan verzichtete bereitwillig auf seinen Sitz im Federal Advisory Council, und in den folgenden zehn Jahren vertrat Paul Warburg weiterhin den Federal Reserve District of New York im Rat. Er war 1922-25 Vizepräsident des Rates und 1926-27 dessen Präsident. So blieb Warburg während der gesamten 1920er Jahre, als die europäischen Zentralbanken die große Kreditverknappung planten, die den Crash von 1929 und die Große Depression auslöste, die dominierende Persönlichkeit bei den Sitzungen des Federal Reserve Board.

Obwohl über die meisten „Ratschläge" des Bundesbeirats an den Gouverneursrat nie berichtet wurde, gewährten kurze Artikel in der *New York Times* in seltenen Fällen Einblicke in seine Beratungen. Am 21. November 1916 berichtete *die Times*, dass der Bundesbeirat in Washington zu seiner vierteljährlichen Konferenz zusammengekommen war.

„Es war die Rede davon, die Kreditvergabe Europas an Südamerika und andere Länder zu übernehmen. Beamte der

Federal Reserve sagten, dass die Vereinigten Staaten, um ihre Stellung als eine der Weltbanken zu halten, damit rechnen müssen, dass sie aufgefordert werden, einen großen Teil der in der Vergangenheit hauptsächlich von England geleisteten Dienste zu übernehmen, indem sie kurzfristige Kredite gewähren, die für die Produktion und den Transport von Waren aller Art im Welthandel notwendig sind, und dass die Akzeptanz im Außenhandel niedrigere Rabatte und die freiesten und zuverlässigsten Goldmärkte erfordert. „(Der Erste Weltkrieg war 1916 auf seinem Höhepunkt.)

Neben seiner Tätigkeit im Gouverneursrat und im Federal Advisory Council sprach Paul Warburg weiterhin vor Bankiersgruppen über die von ihnen zu verfolgende Geldpolitik. Am 22. Oktober 1915 hielt er eine Rede vor dem Twin City Bankers Club in St. Paul, Minnesota, in der er erklärte: „Es liegt in Ihrem Interesse, dass die Federal Reserve Banken so stark sind, wie sie nur sein können. Es verblüfft die Vorstellungskraft, wenn man sich vorstellt, was die Zukunft für die Entwicklung des amerikanischen Bankwesens bereithalten könnte. Da die führenden Mächte Europas auf ihren eigenen Bereich beschränkt sind und die Vereinigten Staaten zu einer Gläubigernation für die ganze Welt geworden sind, werden die Grenzen des Bereichs, der uns offensteht, nur durch unsere Fähigkeit zur sicheren Expansion bestimmt. Der Umfang unserer Zukunft im Bankwesen wird letztlich durch die Menge an Gold begrenzt, die wir als Grundlage unserer Bank- und Kreditstruktur aufbringen können." Die Zusammensetzung des Federal Reserve Board of Governors und des Federal Reserve Advisory Council, von der anfänglichen Mitgliedschaft bis zum heutigen Tag, zeigt Verbindungen zur Konferenz auf Jekyll Island und zur Londoner Bankengemeinschaft, die unwiderlegbare und vor jedem Gericht akzeptable Beweise dafür liefern, dass es einen Plan gab, die Kontrolle über das Geld und den Kredit der Menschen in den Vereinigten Staaten zu erlangen und es für den Profit der Architekten zu nutzen. Alte Jekyll-Island-Hasen waren Frank Vanderlip, Präsident der National City Bank, die 1914 einen großen Teil der Aktien der Federal Reserve Bank of New York kaufte; Paul Warburg von der Kuhn, Loeb Company; Henry P.

Davison, J.P. Morgans rechte Hand. Morgans rechte Hand und Direktor der First National Bank of New York und der National Bank of Commerce, die einen großen Teil der Aktien der Federal Reserve Bank of New York übernahm, sowie Benjamin Strong, der auch als Leutnant von Morgan bekannt ist und in den 1920er Jahren als Gouverneur der Federal Reserve Bank of New York fungierte.[46]

Die Auswahl der regionalen Mitglieder des Federal Advisory Council aus der Liste der Bankiers, die am engsten mit den „großen fünf" New Yorker Banken zusammenarbeiteten und deren wichtigste Korrespondenzbanken waren, beweist, dass die von Carter Glass und anderen Washingtoner Befürwortern des Federal Reserve Act viel gepriesene „regionale Wahrung des öffentlichen Interesses" von Anfang an eine bewusste Täuschung war. Die Tatsache, dass dieser Rat siebzig Jahre lang in der Lage war, mit dem Gouverneursrat der Federal Reserve zusammenzutreffen und die Gouverneure bei geldpolitischen Entscheidungen zu „beraten", die sich auf das tägliche Leben eines jeden Menschen in den Vereinigten Staaten auswirkten, ohne dass die Öffentlichkeit von ihrer Existenz erfuhr, zeigt, dass die Planer der Zentralbankoperationen genau wussten, wie sie ihre Ziele durch „Verwaltungsprozesse" erreichen konnten, von denen die Öffentlichkeit nichts mitbekam. Die Behauptung, der „Rat" der Ratsmitglieder sei für die Gouverneure nicht bindend oder habe kein Gewicht, ist gleichbedeutend mit der Behauptung,

---

[46] „Der Federal Advisory Council hat großen Einfluss auf das Federal Reserve Board. Auffallend ist, dass J.P. Morgan, das führende Mitglied der J.P. Morgan Company und Sohn des verstorbenen J.P. Morgan, diesem Rat angehört. Jedes der zwölf Mitglieder des Beirats wurde, wie Sie wissen, in der gleichen Atmosphäre erzogen. Der Federal Reserve Act ist nicht nur ein Gesetz mit besonderen Privilegien, sondern es wurden auch privilegierte Personen mit der Kontrolle betraut, die bei der Verwaltung des Gesetzes beratend tätig sind. Das Federal Reserve Board und der Federal Advisory Council verwalten das Federal Reserve System als dessen oberste Behörde, und keiner der weniger bedeutenden Beamten würde es wagen, mit ihnen das Schwert zu kreuzen, selbst wenn er es wollte." (Aus: *„Why Is Your Country At War?"* von Charles Lindbergh, veröffentlicht 1917). Der obige Absatz erklärt, warum Woodrow Wilson im Frühjahr 1918 Regierungsbeamte anwies, die Druckplatten und Kopien dieses Buches zu beschlagnahmen und zu vernichten.

zwölf der einflussreichsten Banker der Vereinigten Staaten nähmen sich viermal im Jahr die Zeit, um von ihrer Arbeit nach Washington zu reisen und sich mit dem Federal Reserve Board zu treffen, nur um Kaffee zu trinken und Höflichkeiten auszutauschen. Das ist eine Behauptung, die jeder, der mit den Abläufen in der Wirtschaft vertraut ist, nicht ernst nehmen kann. Im Jahr 1914 mussten Banker aus dem Fernen Westen vier Tage lang nach Washington reisen, um an einer Sitzung des Federal Reserve Board teilzunehmen. Diese Männer hatten umfangreiche Geschäftsinteressen, die ihre Zeit in Anspruch nahmen. J.P. Morgan war Direktor von dreiundsechzig Unternehmen, die jährliche Versammlungen abhielten, und man konnte von ihm kaum erwarten, dass er nach Washington reiste, um an den Sitzungen des Federal Reserve Board teilzunehmen, wenn sein Rat als unwichtig erachtet wurde.[47]

---

[47] Die Verbindung zu J.P. Morgan ist im Federal Advisory Council nach wie vor vorherrschend. In den letzten Jahren wurde der prestigeträchtige Federal Reserve District Nr. 2, der New Yorker Distrikt, im Federal Advisory Council durch Lewis Preston vertreten. Preston ist Vorsitzender der J.P. Morgan Company und außerdem Vorsitzender und Chief Executive Officer von Morgan Guaranty Trust, New York. Als Erbe des Baldwin-Vermögens (ein von Morgan kontrolliertes Unternehmen) heiratete Preston die Erbin des Pulitzer-Zeitungsvermögens. Am 26. Februar 1929 meldet *die New York Times* die Fusion zwischen der National Bank of Commerce und Guaranty Trust, die mit einem Kapital von zwei Milliarden Dollar zur größten Bank der Vereinigten Staaten wurde. Die Fusion wurde von Myron C. Taylor, dem Präsidenten von U.S. Steel, einer Firma von Morgan, ausgehandelt. Die Banken belegten benachbarte Gebäude in der Wall Street, und, wie *die New York Times* bemerkte: „Die Guaranty Trust Company ist seit langem als eine der 'Morgan-Gruppe' von Banken bekannt. „Auch die National Bank of Commerce wurde mit Morgan-Interessen in Verbindung gebracht.

KAPITEL 5

DAS HAUS ROTHSCHILD

Der Erfolg der Federal Reserve Conspiracy wird bei den Lesern, die mit der Geschichte der Vereinigten Staaten und des Finanzkapitals nicht vertraut sind, viele Fragen aufwerfen. Wie konnte die Kuhn-Loeb-Morgan-Allianz, so mächtig sie auch sein mochte, glauben, dass sie in der Lage sein würde, erstens einen Plan zu entwerfen, der das gesamte Geld und den Kredit des Volkes der Vereinigten Staaten in ihre Hände bringen würde, und zweitens einen solchen Plan in ein Gesetz zu gießen?

Die Fähigkeit, den „National Reserve Plan", wie das unmittelbare Ergebnis der Jekyll Island-Expedition genannt wurde, zu entwickeln und in Kraft zu setzen, lag ohne weiteres im Machtbereich der Kuhn, Loeb-Morgan-Allianz, wie aus dem McClure's Magazine, August 1911, „The Seven Men" von John Moody hervorgeht:

„Sieben Männer der Wall Street kontrollieren heute einen großen Teil der grundlegenden Industrie und Ressourcen der Vereinigten Staaten. Drei der sieben Männer, J.P. Morgan, James J. Hill und George F. Baker, Leiter der First National Bank of New York, gehören zur sogenannten Morgan-Gruppe; vier von ihnen, John D. und William Rockefeller, James Stillman, Leiter der National City Bank, und Jacob H. Schiff von der Privatbankgesellschaft Kuhn, Loeb Company, zur sogenannten Standard Oil City Bank Gruppe... die zentrale Kapitalmaschine dehnt ihre Kontrolle über die Vereinigten Staaten aus... Der

Prozess ist nicht nur ökonomisch logisch, er läuft jetzt praktisch automatisch ab."[48]

Wir sehen also, dass das Komplott von 1910, die Kontrolle über das Geld und den Kredit der Bevölkerung der Vereinigten Staaten an sich zu reißen, von Männern geplant wurde, die bereits den größten Teil der Ressourcen des Landes kontrollierten. Für John Moody schien es „praktisch automatisch", dass sie ihre Operationen fortsetzen sollten.

Was John Moody nicht wusste oder seinen Lesern nicht sagte, war, dass die mächtigsten Männer der Vereinigten Staaten selbst einer anderen Macht gegenüber verantwortlich waren, einer ausländischen Macht, und einer Macht, die seit ihrer Gründung unablässig versucht hatte, ihre Kontrolle über die junge Republik der Vereinigten Staaten auszuweiten. Diese Macht war die Finanzmacht England, deren Zentrum die Londoner Niederlassung des Hauses Rothschild war. Tatsache ist, dass die Vereinigten Staaten 1910 praktisch von England aus regiert wurden, und so ist es auch heute noch. Die zehn größten Bank-Holdinggesellschaften in den Vereinigten Staaten sind fest in der Hand bestimmter Bankhäuser, die alle Niederlassungen in London haben. Es sind dies die J.P. Morgan Company, Brown Brothers Harriman, Warburg, Kuhn Loeb und J. Henry Schroder. Sie alle unterhalten enge Beziehungen zum Haus Rothschild, vor allem durch die Rothschild-Kontrolle der internationalen Geldmärkte durch die Manipulation des Goldpreises. Jeden Tag wird der Weltmarktpreis für Gold im Londoner Büro von N.M. Rothschild and Company festgelegt.

Obwohl es sich bei diesen Firmen vorgeblich um amerikanische Unternehmen handelt, die lediglich Zweigstellen in London unterhalten, ist es eine Tatsache, dass diese Bankhäuser tatsächlich von London aus gesteuert werden. Ihre Geschichte ist faszinierend und der amerikanischen Öffentlichkeit unbekannt, da sie ihren Ursprung im internationalen Handel mit Gold, Sklaven, Diamanten und

---

[48] John Moody, „Die sieben Männer", McClure's Magazine, August 1911, S. 418.

anderen Schmuggelwaren hat. Moralische Überlegungen spielen bei den Geschäftsentscheidungen dieser Firmen keine Rolle. Sie sind ausschließlich an Geld und Macht interessiert.

Touristen bestaunen heute die prächtigen Villen der Reichen in Newport, Rhode Island, ohne sich darüber im Klaren zu sein, dass diese „Cottages" nicht nur ein Denkmal für die fürstlichen Wünsche unserer viktorianischen Millionäre sind, sondern dass ihre Errichtung in Newport eine nostalgische Erinnerung an die großen amerikanischen Vermögen darstellt, die in Newport ihren Anfang nahmen, als die Stadt die Hauptstadt des Sklavenhandels war.

Der Sklavenhandel hatte jahrhundertelang seinen Sitz in Venedig, bis im 17. Jahrhundert Großbritannien, der neue Herr der Meere, seine Kontrolle über die Ozeane nutzte, um ein Monopol zu erlangen. Als die amerikanischen Kolonien besiedelt wurden, stellte die unabhängige Bevölkerung, von der die meisten keine Sklaven wollten, zu ihrer Überraschung fest, dass Sklaven in großer Zahl in unsere Häfen geschickt wurden.

Viele Jahre lang war Newport die Hauptstadt dieses unappetitlichen Handels. William Ellery, der Collector des Hafens von Newport, sagte 1791:

„... ein Äthiopier könnte genauso schnell seine Haut wechseln, wie ein Newport-Kaufmann dazu gebracht werden könnte, einen so lukrativen Handel... gegen die langsamen Gewinne einer Manufaktur einzutauschen."

John Quincy Adams bemerkte in seinem Tagebuch auf Seite 459: „Der frühere Wohlstand von Newport war vor allem auf die umfangreiche Beschäftigung mit dem afrikanischen Sklavenhandel zurückzuführen."

Die Vormachtstellung von J.P. Morgan und der Firma Brown in der amerikanischen Finanzwelt lässt sich auf die Entwicklung von Baltimore als Hauptstadt des Sklavenhandels im neunzehnten Jahrhundert zurückführen. Jahrhundert, der Hauptstadt des Sklavenhandels, zurückverfolgen. Beide Firmen hatten ihren Ursprung in Baltimore, eröffneten Niederlassungen in London, kamen unter die Ägide des Hauses Rothschild und kehrten in die Vereinigten Staaten zurück, um Niederlassungen in New York zu eröffnen und nicht nur in der Finanzwelt, sondern auch in der Regierung eine dominierende Stellung einzunehmen. In den letzten Jahren wurden Schlüsselpositionen wie die des Verteidigungsministers von Robert Lovett, Partner von Brown Brothers Harriman, und Thomas S. Gates, Partner von Drexel and Company, einer Tochterfirma von J.P. Morgan, besetzt. Der derzeitige Vizepräsident, George Bush, ist der Sohn von Prescott Bush, einem Partner von Brown Brothers Harriman, langjähriger Senator von Connecticut und Finanzorganisator von Columbia Broadcasting System, dessen Direktor er ebenfalls viele Jahre lang war.

Um zu verstehen, warum diese Firmen so arbeiten, wie sie es tun, ist es notwendig, eine kurze Geschichte ihrer Ursprünge zu erzählen. Nur wenige Amerikaner wissen, dass die J.P. Morgan Company als George Peabody and Company begann. George Peabody (1795-1869), der in South Danvers, Massachusetts, geboren wurde, begann 1814 in Georgetown, D.C., als Peabody, Riggs and Company mit dem Großhandel von Trockenwaren und dem Betrieb des Georgetown Slave Market. Um näher an ihrer Bezugsquelle zu sein, zogen sie 1815 nach Baltimore, wo sie von 1815 bis 1835 als Peabody and Riggs tätig waren. Peabody hatte zunehmend mit Geschäften zu tun, die aus London kamen, und gründete 1835 in London die Firma George Peabody and Company. Über eine andere in Liverpool ansässige Firma aus Baltimore, die Brown Brothers, hatte er einen hervorragenden Zugang zum Londoner Geschäft. Alexander Brown kam 1801 nach Baltimore und gründete das älteste Bankhaus der Vereinigten Staaten, das heute noch als Brown Brothers Harriman in New York, Brown, Shipley and Company in England und Alex Brown and Son in Baltimore tätig ist. Die Macht, die dieses Unternehmen hinter den Kulissen ausübte, wird durch die Tatsache belegt, dass Sir Montagu Norman, langjähriger Gouverneur der Bank von England, Partner von

Brown, Shipley and Company war.[49] Sir Montagu Norman gilt als der einflussreichste Bankier der Welt und war Organisator der „informellen Gespräche" zwischen den Leitern der Zentralbanken im Jahr 1927, die unmittelbar zum großen Börsenkrach von 1929 führten.

Kurz nach seiner Ankunft in London wurde George Peabody zu seiner Überraschung zu einer Audienz bei dem ruppigen Baron Nathan Mayer Rothschild vorgeladen. Ohne ein Blatt vor den Mund zu nehmen, eröffnete Rothschild Peabody, dass ein Großteil der Londoner Aristokratie Rothschild offen ablehnte und seine Einladungen nicht annahm. Er schlug Peabody, einem Mann mit bescheidenen Mitteln, vor, sich als verschwenderischer Gastgeber zu etablieren, dessen Unterhaltungen bald zum Gesprächsthema in London werden würden. Rothschild würde natürlich alle Rechnungen bezahlen. Peabody nahm das Angebot an und wurde bald als der beliebteste Gastgeber in London bekannt. Sein jährliches Abendessen zum vierten Juli, mit dem die amerikanische Unabhängigkeit gefeiert wurde, erfreute sich bei der englischen Aristokratie großer Beliebtheit. Viele von ihnen tranken Peabodys Wein und machten Witze über Rothschilds Grobheiten und schlechte Manieren, ohne zu wissen, dass jeder Tropfen, den sie tranken, von Rothschild bezahlt worden war.

Es ist kaum verwunderlich, dass der beliebteste Gastgeber Londons auch ein sehr erfolgreicher Geschäftsmann wurde, zumal das Haus Rothschild ihn hinter den Kulissen unterstützte. Peabody verfügte oft über ein Kapital von 500.000 Pfund und war bei seinen Käufen und Verkäufen auf beiden Seiten des Atlantiks sehr gewandt. Sein amerikanischer Agent war die Bostoner Firma Beebe, Morgan and Company, die von Junius S. Morgan, dem Vater von John Pierpont Morgan, geleitet wurde. Peabody, der nie geheiratet hatte, hatte niemanden, der seine Nachfolge antreten konnte, und er war von dem großen, gut aussehenden Junius Morgan sehr beeindruckt. Er überredete

---

[49] „Es gibt eine informelle Übereinkunft, dass ein Direktor von Brown, Shipley im Vorstand der Bank of England sitzen sollte, und Norman wurde 1907 in diesen gewählt." Montagu Norman, Aktuelle Biographie, 1940.

Morgan, sich ihm 1854 in London als Partner der George Peabody and Company anzuschließen. 1860 war John Pierpont Morgan von der Firma Duncan, Sherman in New York als Lehrling eingestellt worden. Er war nicht sehr geschäftstüchtig, und 1864 war Morgans Vater empört, als Duncan, Sherman sich weigerte, seinen Sohn zum Partner zu machen. Prompt schloss er ein Arrangement, bei dem einer der Hauptangestellten von Duncan, Sherman, Charles H. Dabney, überredet wurde, sich John Pierpont Morgan in einer neuen Firma, Dabney, Morgan and Company, anzuschließen. Im Bankers Magazine vom Dezember 1864 wurde darauf hingewiesen, dass Peabody sein Konto bei Duncan, Sherman, abgezogen hatte und dass dies auch von anderen Firmen erwartet wurde. Das Peabody-Konto ging natürlich an die Dabney, Morgan Company.

John Pierpont Morgan wurde 1837 geboren, zur Zeit der ersten Geldpanik in den Vereinigten Staaten. Bezeichnenderweise wurde sie vom Haus Rothschild verursacht, mit dem Morgan später in Verbindung gebracht werden sollte.

1836 sagte Präsident Andrew Jackson, wütend über die Taktik der Banker, die versuchten, ihn zur Erneuerung der Konzession der Zweiten Bank der Vereinigten Staaten zu bewegen: „Ihr seid eine Schlangengrube. Ich habe die Absicht, euch zu vertreiben, und bei dem ewigen Gott, ich werde euch vertreiben. Wenn das Volk nur die schreiende Ungerechtigkeit unseres Geld- und Bankensystems verstehen würde, gäbe es noch vor dem Morgen eine Revolution."

Obwohl Nicholas Biddle Präsident der Bank of the United States war, war bekannt, dass Baron James de Rothschild aus Paris der Hauptinvestor dieser Zentralbank war. Obwohl Jackson sein Veto gegen die Erneuerung der Charta der Bank of the United States eingelegt hatte, war ihm wahrscheinlich nicht bewusst, dass das Haus Rothschild wenige Monate zuvor, im Jahr 1835, eine Beziehung zur Regierung der Vereinigten Staaten gefestigt hatte, indem es die Firma Baring am 1. Januar 1835 als Finanzagent des Außenministeriums ablöste.

Henry Clews, der berühmte Bankier, erklärt in seinem Buch Twenty-eight Years in Wall Street,[50] dass die Panik von 1837 herbeigeführt wurde, weil die Satzung der Second Bank of the United States 1836 ausgelaufen war. Präsident Jackson zog nicht nur umgehend Regierungsgelder aus der Second Bank of the United States ab, sondern deponierte diese Gelder, 10 Millionen Dollar, in staatlichen Banken. Das unmittelbare Ergebnis, so Clews, war, dass sich das Land in großem Wohlstand zu befinden begann. Dieser plötzliche Geldfluss führte zu einer sofortigen Expansion der nationalen Wirtschaft, und die Regierung zahlte die gesamten Staatsschulden ab, so dass ein Überschuss von 50 Millionen Dollar in der Staatskasse verblieb.

Die europäischen Finanziers hatten die Antwort auf diese Situation. Clews führt weiter aus: „Die Panik von 1837 wurde von der Bank of England noch verschlimmert, als sie an einem Tag alle mit den Vereinigten Staaten verbundenen Papiere hinauswarf."

Die Bank von England war natürlich ein Synonym für den Namen des Barons Nathan Mayer Rothschild. Warum hat die Bank von England an einem Tag alle Papiere, die mit den Vereinigten Staaten in Verbindung stehen, „weggeworfen", d.h. sich geweigert, Wertpapiere, Anleihen oder andere Finanzpapiere mit Sitz in den Vereinigten Staaten zu akzeptieren oder zu diskontieren? Der Zweck dieser Aktion war es, eine sofortige Finanzpanik in den Vereinigten Staaten auszulösen, eine vollständige Kontraktion des Kredits zu bewirken, die weitere Ausgabe von Aktien und Anleihen zu stoppen und diejenigen zu ruinieren, die versuchten, Wertpapiere der Vereinigten Staaten in Bargeld umzuwandeln. In dieser Atmosphäre der Finanzpanik erblickte John Pierpont Morgan das Licht der Welt. Seine Großmutter, Joseph Morgan, war eine wohlhabende Farmerin, die 106 Acres in Hartford, Connecticut, besaß. Später eröffnete er das City Hotel und den Exchange

---

[50] Henry Clews, *Twenty-eight Years in Wall Street*, Irving Company, New York, 1888, Seite 157.

Coffee Shop, und 1819 war er einer der Gründer der Aetna Insurance Company.

George Peabody stellte fest, dass er mit der Wahl von Junius S. Morgan als seinem Nachfolger eine gute Wahl getroffen hatte. Morgan erklärte sich bereit, die Geschäftsbeziehung mit der N.M. Rothschild Company fortzusetzen, und baute die Aktivitäten des Unternehmens bald aus, indem er große Mengen von Eisen für die Eisenbahn in die Vereinigten Staaten lieferte. Das Eisen von Peabody bildete von 1860 bis 1890 die Grundlage für einen Großteil der amerikanischen Eisenbahnschienen. 1864 zog sich Peabody zurück und überließ sein Unternehmen den Händen von Morgan. Er erlaubte, dass der Name in Junius S. Morgan Company geändert wurde. Die Firma Morgan wurde damals wie heute von London aus geleitet. John Pierpont Morgan verbrachte einen Großteil seiner Zeit in seinem prächtigen Londoner Herrenhaus Prince's Gate.

Einer der Höhepunkte des erfolgreichen Rothschild-Peabody Morgan-Geschäfts war die Panik von 1857. Zwanzig Jahre waren seit der Panik von 1837 vergangen: Die Horden eifriger Investoren, die die Gewinne des sich entwickelnden Amerikas investieren wollten, hatten ihre Lektionen vergessen. Es war an der Zeit, sie erneut zu schröpfen. Der Aktienmarkt funktioniert wie eine Welle, die an den Strand gespült wird. Sie reißt viele winzige Lebewesen mit sich, die ihre gesamte Lebensgrundlage aus dem Sauerstoff und dem Wasser der Welle beziehen. Sie schwimmen auf dem Kamm der „Flut des Wohlstands" mit. Plötzlich zieht sich die Welle, nachdem sie die Hochwassermarke am Strand erreicht hat, zurück und lässt alle Lebewesen keuchend im Sand zurück. Vielleicht kommt eine andere Welle rechtzeitig, um sie zu retten, aber höchstwahrscheinlich wird sie nicht so weit kommen, und einige der Meeresbewohner sind dem Untergang geweiht. In gleicher Weise ziehen sich Wohlstandswellen, die von neu geschaffenem Geld durch eine künstliche Kreditverknappung gespeist werden, zurück und lassen diejenigen, die sie hoch getragen haben, keuchend und ohne Hoffnung auf Rettung zurück.

Corsair, the Life of J.P. Morgan,[51] erzählt uns, dass die Panik von 1857 durch den Zusammenbruch des Getreidemarktes und durch den plötzlichen Zusammenbruch von Ohio Life and Trust mit einem Verlust von fünf Millionen Dollar verursacht wurde. Mit diesem Zusammenbruch scheiterten neunhundert weitere amerikanische Unternehmen. Bezeichnenderweise überlebte ein Unternehmen den Zusammenbruch nicht nur, sondern florierte sogar. In Corsair erfahren wir, dass die Bank of England George Peabody and Company während der Panik von 1857 fünf Millionen Pfund lieh. Winkler schreibt in Morgan the Magnificent[52], dass die Bank von England Peabody eine Million Pfund vorgestreckt hat, eine enorme Summe zu jener Zeit und der Gegenwert von hundert Millionen Dollar heute, um die Firma zu retten. Kein anderes Unternehmen erhielt jedoch während dieser Panik eine solche Unterstützung. Der Grund dafür wird von Matthew Josephson in The Robber Barons aufgezeigt. Er sagt auf Seite 60:

„Für solche Eigenschaften des Konservatismus und der Reinheit war George Peabody and Company, der alte Baum, aus dem das Haus Morgan erwuchs, berühmt. In der Panik von 1857, als entwertete Wertpapiere von verzweifelten Anlegern in Amerika auf den Markt geworfen wurden, hatten Peabody und der ältere Morgan, da sie im Besitz von Bargeld waren, solche Anleihen, die einen realen Wert besaßen, frei gekauft und sie dann mit einem großen Vorschuss wieder verkauft, als die Vernunft wiederhergestellt war."[53]

Aus einer Reihe von Biografien über Morgan lässt sich die Geschichte zusammensetzen. Nachdem die Panik herbeigeführt worden war, kam eine Firma mit einer Million Pfund in bar auf den Markt, kaufte Wertpapiere von notleidenden Anlegern zu Panikpreisen auf und verkaufte sie später mit einem enormen Gewinn weiter. Es handelte sich dabei um die Firma Morgan, hinter der die geschickten Machenschaften des Barons Nathan

---

[51] Korsar, *Das Leben von Morgan*.
[52] John K. Winkler, *Morgan the Magnificent*, Vanguard, N.Y. 1930.
[53] Matthew Josephson, *The Robber Barons*, Harcourt Brace, N.Y. 1934.

Mayer Rothschild standen. Die Verbindung blieb vor den erfahrensten Finanzfachleuten in London und New York geheim, obwohl Morgan gelegentlich als Finanzagent in einer Rothschild-Operation auftrat. Jahrhunderts rapide wuchs, bis sie die Finanzen der Nation beherrschte, waren viele Beobachter verwundert, dass die Rothschilds so wenig daran interessiert zu sein schienen, durch Investitionen in die rasch voranschreitende amerikanische Wirtschaft zu profitieren. John Moody stellt in The Masters of Capital, Seite 27, fest: „Die Rothschilds begnügten sich damit, ein enger Verbündeter Morgans zu bleiben... soweit es um das amerikanische Gebiet ging.'[54] Verschwiegenheit war profitabler als Mut.

Der Grund, warum die europäischen Rothschilds es vorzogen, in den Vereinigten Staaten hinter der Fassade von J.P. Morgan and Company anonym zu operieren, wird von George Wheeler in Pierpont Morgan and Friends, the Anatomy of a Myth, Seite 17, erläutert:

„Aber selbst jetzt wurden Schritte unternommen, um ihn aus dem finanziellen Abseits zu holen, und sie wurden nicht von Pierpont Morgan selbst unternommen. Der erste Vorschlag, seinen Namen für eine Rolle bei der Wiederauffüllung der Reserve zu verwenden, kam von der Londoner Niederlassung des Hauses Rothschild, Belmonts Arbeitgebern."[55]

Wheeler führt weiter aus, dass sich in Europa und den Vereinigten Staaten eine beträchtliche Anti-Rothschild-Bewegung entwickelt hatte, die sich auf die Bankaktivitäten der Familie Rothschild konzentrierte. Obwohl sie einen registrierten Vertreter in den Vereinigten Staaten hatten, August Schoenberg, der seinen Namen in Belmont geändert hatte, als er 1837 als Vertreter der Rothschilds in die Vereinigten Staaten kam, war es für sie äußerst vorteilhaft, einen amerikanischen Vertreter zu haben, der nicht als Rothschild-Agent bekannt war.

---

[54] John Moody, *Die Meister des Kapitals*.

[55] George Wheeler, *Pierpont Morgan and Friends, the Anatomy of a Myth*, Prentice Hall, N.J. 1973.

Obwohl das Londoner Haus Junius S. Morgan and Company weiterhin der dominierende Zweig der Morgan-Unternehmen war, übernahm John Pierpont Morgan nach dem Tod des Senior Morgan im Jahr 1890 bei einem Kutschenunfall an der Riviera die Leitung des Unternehmens. Nachdem er von 1864 bis 1871 als amerikanischer Vertreter der Londoner Firma unter dem Namen Dabney Morgan Company tätig war, nahm Morgan 1871 einen neuen Partner auf, Anthony Drexel aus Philadelphia, und firmierte bis 1895 als Drexel Morgan and Company. Drexel starb in diesem Jahr, und Morgan änderte den Namen der amerikanischen Niederlassung in J.P. Morgan and Company.

LaRouche[56] berichtet, daß am 5. Februar 1891 in London eine geheime Vereinigung, die Round-Table-Gruppe, von Cecil Rhodes, seinem Bankier Lord Rothschild, dem Schwiegersohn von Rothschild, Lord Rosebery, und Lord Curzon gegründet wurde. In den Vereinigten Staaten sei die Round Table-Gruppe durch die Morgan-Gruppe vertreten gewesen. Dr. Carrol Quigley bezeichnet diese Gruppe in „Tragedy and Hope" als „British-American Secret Society" und stellt fest: „Das Hauptrückgrat dieser Organisation wuchs entlang der bereits bestehenden finanziellen Zusammenarbeit, die von der Morgan Bank in New York bis zu einer Gruppe internationaler Finanziers in London unter der Leitung der Lazard Brothers (im Jahr 1901) reichte."[57]

William Guy Carr schreibt in *Pawns In The Game:* „1899 reisten J.P. Morgan und Drexel nach England, um an der International Bankers Convention teilzunehmen. Als sie zurückkehrten, war J.P. Morgan zum Hauptvertreter der Rothschild-Interessen in den Vereinigten Staaten ernannt worden. Das Ergebnis der Londoner Konferenz war, dass J.P. Morgan and Company of New York, Drexel and Company of Philadelphia, Grenfell and Company of London, Morgan Harjes

---

[56] Lyndon H. LaRouche, Jr., Dope, Inc. 1978, The New Benjamin Franklin House Publishing Company, N.Y.
[57] Dr. Carrol Quigley, *Tragödie und Hoffnung*, Macmillan Co., N.Y.

Cie of Paris, M.M. Warburg Company of Germany and America und das Haus Rothschild alle miteinander verbunden waren."[58]

Offenbar in Unkenntnis der Peabody-Verbindung zu den Rothschilds und der Tatsache, dass die Morgans schon immer mit dem Haus Rothschild verbunden waren, nahm Carr an, dass er diese Beziehung ab 1899 aufgedeckt hatte, obwohl sie in Wirklichkeit bis ins Jahr 1835 zurückreicht.[59]

Nach dem Ersten Weltkrieg wurde der Runde Tisch in den Vereinigten Staaten als Council on Foreign Relations und in London als Royal Institute of International Affairs bekannt. Die führenden Regierungsbeamten sowohl Englands als auch der Vereinigten Staaten wurden aus den Mitgliedern ausgewählt. In den 1960er Jahren, als sich die Aufmerksamkeit zunehmend auf die heimlichen Regierungsaktivitäten des Council on Foreign Relations richtete, nahmen untergeordnete Gruppen, bekannt als die Trilaterale Kommission und die Bilderberger, die die gleichen finanziellen Interessen vertraten, ihre Tätigkeit auf, wobei die wichtigeren Beamten, wie Robert Roosa, Mitglieder aller drei Gruppen waren.

George F. Peabody History of the Great American Fortunes, Gustavus Myers, Mod. Lib. 537, stellt fest, dass J.P. Morgans Vater, Junius S. Morgan, ein Partner von George Peabody im Bankgeschäft geworden war. „Als der Bürgerkrieg ausbrach, wurden George Peabody und Company zu den Finanzvertretern der US-Regierung in England ernannt... Mit dieser Ernennung begann sich ihr Reichtum plötzlich zu häufen; wo sie bis dahin

---

[58] William Guy Carr, *Pawns In The Game*, privater Druck, 1956, S. 60.

[59] 30. Juli 1930 McFadden Grundlage der Kontrolle der wirtschaftlichen Bedingungen. Diese Kontrolle der Weltwirtschaftsstruktur und des menschlichen Glücks und Fortschritts durch eine kleine Gruppe ist eine Angelegenheit von höchstem öffentlichen Interesse. Bei der Analyse müssen wir mit der internen Gruppe beginnen, die sich um die J.P. Morgan Company schart. Nie zuvor gab es eine so mächtige, zentralisierte Kontrolle über Finanzen, Industrieproduktion, Kredite und Löhne, wie sie zur Zeit von der Morgan-Gruppe ausgeübt wird... Die Morgan-Kontrolle über das Federal Reserve System wird durch die Kontrolle über die Leitung der Federal Reserve Bank of New York ausgeübt.

in nicht besonders raschen Schritten Reichtümer angehäuft hatten, kamen nun innerhalb weniger Jahre viele Millionen hinzu. „Nach Ansicht damaliger Autoren waren die Methoden von George Peabody & Company nicht nur unvernünftig, sondern doppelter Verrat, da George Peabody & Company, während sie dem Feind Insider-Hilfe leisteten, gleichzeitig die Bevollmächtigten der US-Regierung waren und gut dafür bezahlt wurden, deren Interessen zu fördern.

„*Springfield Republic*", 1866: „Denn alle, die etwas über dieses Thema wissen, wissen sehr wohl, dass Peabody und seine Partner uns in unserem Kampf um die nationale Existenz keinen Glauben und keine Hilfe gaben. Sie beteiligten sich in vollem Umfang an dem allgemeinen englischen Misstrauen gegenüber unserer Sache und unserem Erfolg und sprachen und handelten eher für den Süden als für unsere Nation. Keiner hat so sehr dazu beigetragen, unsere Geldmärkte zu überschwemmen und das finanzielle Vertrauen in unsere Nationalität zu schwächen, wie George Peabody & Company, und keiner hat mehr Geld mit dieser Operation verdient. All das Geld, das Mr. Peabody so verschwenderisch an unsere Bildungseinrichtungen verteilt, wurde durch die Spekulationen seines Hauses mit unserem Unglück gewonnen."

Außerdem: *New York Times*, 31. Oktober 1866: Reconstruction Carpetbaggers Money Fund. Lightning over the Treasury Building, John Elson, Meador Publishing Co, Boston 41, S. 53, „Die *Bank von England* mit ihren Tochterbanken in Amerika (unter der Herrschaft von J.P. Morgan), die Bank von Frankreich und die Reichsbank von Deutschland bildeten ein ineinandergreifendes und kooperatives Bankensystem, dessen Hauptziel die Ausbeutung des Volkes war." Laut William Guy Carr in *Pawns In The Game*,[60] fand das erste Treffen dieser von Amts wegen tätigen Planer 1773 in der Goldschmiede von Mayer Amschel Bauer in Frankfurt statt. Bauer, der sich nach dem roten Schild, das er über seiner Tür aufhängte, um für sein Geschäft zu werben, den Namen „Rothschild" gab (das rote Schild ist heute

---

[60] William Guy Carr, *Pawns In The Game*, privater Druck, 1956.

das offizielle Wappen der Stadt Frankfurt), war erst dreißig Jahre alt, als er zwölf andere wohlhabende und einflussreiche Männer einlud, ihn in Frankfurt zu treffen. Er wollte sie davon überzeugen, dass sie die Weltrevolutionäre Bewegung finanzieren und kontrollieren könnten, wenn sie sich bereit erklärten, ihre Ressourcen zu bündeln und sie als Handlungsanleitung zu nutzen, um die endgültige Kontrolle über den Reichtum, die natürlichen Ressourcen und die Arbeitskraft der gesamten Welt zu erlangen. Nach dieser Einigung legte Mayer seinen revolutionären Plan dar. Das Projekt würde durch all die Macht unterstützt werden, die mit ihren gebündelten Ressourcen erworben werden konnte.

Durch geschickte Manipulation ihres kombinierten Reichtums wäre es möglich, so ungünstige wirtschaftliche Bedingungen zu schaffen, dass die Massen durch Arbeitslosigkeit an den Rand des Verhungerns gebracht würden... Ihre bezahlten Propagandisten würden Hass- und Rachegefühle gegen die herrschenden Klassen erwecken, indem sie alle wirklichen und angeblichen Fälle von Verschwendung, zügellosem Verhalten, Ungerechtigkeit, Unterdrückung und Verfolgung aufdecken. Sie würden auch Schandtaten erfinden, um andere in Verruf zu bringen, die, wenn man sie in Ruhe ließe, ihren allgemeinen Plänen in die Quere kommen könnten... Rothschild wandte sich einem Manuskript zu und las einen sorgfältig vorbereiteten Aktionsplan vor.

1. Er argumentierte, dass das GESETZ nur eine verdeckte Kraft sei. Er schlussfolgerte, dass es logisch sei, zu folgern: „Nach den Gesetzen der Natur liegt das Recht in der Kraft. '

2. Die politische Freiheit ist eine Idee, keine Tatsache. Um die politische Macht an sich zu reißen, genügte es, den „Liberalismus" zu predigen, damit die Wähler um einer Idee willen einen Teil ihrer Macht und ihrer Vorrechte abgaben, die die Verschwörer dann in ihre eigenen Hände nehmen konnten.

3. Der Redner behauptete, dass die Macht des Goldes die Macht der liberalen Herrscher usurpiert habe... Er wies darauf hin, dass es für den Erfolg seines Plans unerheblich sei, ob die etablierten Regierungen durch äußere oder innere Feinde zerstört

würden, da der Sieger zwangsläufig die Hilfe des „Kapitals" in Anspruch nehmen müsse, das „ganz in unseren Händen liegt".

4. Er argumentierte, dass der Einsatz aller Mittel zur Erreichung des Endziels gerechtfertigt sei, da der Herrscher, der nach dem Moralkodex regiere, kein geschickter Politiker sei, da er sich angreifbar und in einer unsicheren Position befinde.

5. Er behauptete: „Unser Recht liegt in der Gewalt. Das Wort RECHT ist ein abstrakter Gedanke und beweist nichts. Ich finde ein neues RECHT... mit dem Recht des Stärkeren anzugreifen, alle bestehenden Institutionen zu rekonstruieren und der souveräne Herr all derer zu werden, die uns die Rechte an ihrer Macht überlassen haben, indem sie sie uns in ihrem Liberalismus überließen.

6. Die Macht unserer Mittel muss unsichtbar bleiben, bis sie so stark geworden ist, dass keine List oder Gewalt sie untergraben kann.

7. Er fuhr fort, fünfundzwanzig Punkte zu skizzieren.

Nummer 8 befasste sich mit der Verwendung von alkoholischen Getränken, Drogen, moralischer Verderbtheit und allen Lastern zur systematischen Verderbnis der Jugend aller Nationen.

9. Sie hatten das Recht, mit allen Mitteln und ohne zu zögern Eigentum zu beschlagnahmen, wenn sie dadurch Unterwerfung und Souveränität sicherten.

10. Wir waren die Ersten, die den Massen die Parolen Freiheit, Gleichheit und Brüderlichkeit in den Mund gelegt haben, wodurch eine neue Aristokratie entstanden ist. Die Voraussetzung für diese Aristokratie ist der Reichtum, der von uns abhängt.

11. Kriege sollten so geführt werden, dass die beteiligten Nationen auf beiden Seiten weiter in unserer Schuld stehen.

12. Die Kandidaten für öffentliche Ämter sollten unterwürfig und gehorsam gegenüber unseren Geboten sein, damit sie leicht eingesetzt werden können.

13. Propaganda - ihr gemeinsamer Reichtum würde alle öffentlichen Informationskanäle kontrollieren.

14. Panik und finanzielle Depressionen würden letztendlich zu einer Weltregierung führen, einer neuen Ordnung mit einer Weltregierung." Die Familie Rothschild spielt seit zwei Jahrhunderten eine entscheidende Rolle im internationalen Finanzwesen, wie Frederick Morton in The Rothschilds schreibt:

„In den letzten hundertfünfzig Jahren war die Geschichte des Hauses Rothschild in erstaunlichem Maße die Geschichte der Hinterbühne Westeuropas. „38 (Vorwort)... Aufgrund ihres Erfolges bei der Vergabe von Krediten nicht an Einzelpersonen, sondern an Nationen, ernteten sie riesige Gewinne, obwohl, wie Morton schreibt, S. 36, „jemand einmal sagte, dass der Reichtum von Rothschild aus dem Bankrott von Nationen besteht."[61]

E.C. Knuth schreibt in *The Empire of the City*: „Die Tatsache, dass das Haus Rothschild sein Geld in den großen Crashs der Geschichte und in den großen Kriegen der Geschichte verdient hat, also genau in den Zeiten, in denen andere ihr Geld verloren haben, steht außer Frage. „[62]

In der Großen Sowjetischen Enzyklopädie heißt es: „Das deutlichste Beispiel für eine persönliche Verflechtung (internationale Direktorien) auf westeuropäischer Ebene ist die Familie Rothschild. Die Londoner und Pariser Zweige der Rothschilds sind nicht nur durch familiäre Bande, sondern auch durch persönliche Verbindungen in gemeinsam kontrollierten Unternehmen verbunden. „[63] Die Enzyklopädie beschreibt diese Unternehmen weiter als internationale Monopole.

Der Vater der Familie, Mayer Amschel Rothschild, gründete 1743 ein kleines Geschäft als Münzhändler in Frankfurt. Obwohl

---

[61] Frederick Morton, *Die Rothschilds*, Fawcett Publishing Company, N.Y., 1961.
[62] E.C. Knuth, *Empire of the City*, S. 71.
[63] *Große sowjetische Enzyklopädie*, Ausgabe 3, 1973, Macmillan, London, Bd. 14, S. 691

er zuvor unter dem Namen Bauer bekannt war,[64] warb er für seinen Beruf mit einem Schild, das einen Adler auf einem roten Schild darstellte, eine Adaption des Wappens der Stadt Frankfurt, dem er fünf goldene Pfeile hinzufügte, die aus den Krallen ragten und seine fünf Söhne symbolisierten. Wegen dieses Zeichens erhielt er den Namen „Rothschild" oder „Roter Schild". Als der Kurfürst von Hessen ein Vermögen verdiente, indem er hessische Söldner an die Briten vermietete, um die Rebellion in den amerikanischen Kolonien niederzuschlagen, wurde Rothschild dieses Geld zur Anlage anvertraut. Er machte sowohl für sich als auch für den Kurfürsten einen ausgezeichneten Gewinn und zog weitere Kunden an. 1785 zog er in ein größeres Haus in der Judengasse 148, ein fünfstöckiges Haus, das als „The Green Shield" bekannt war und das er mit der Familie Schiff teilte.

Die fünf Söhne gründeten Niederlassungen in den wichtigsten Städten Europas, wobei James in Paris und Nathan Mayer in London die erfolgreichsten waren. Ignatius Balla erzählt uns in The Romance of the Rothschilds[65], wie der Londoner Rothschild sein Vermögen begründete. Er ging nach Waterloo, wo das Schicksal Europas auf dem Spiel stand, sah, dass Napoleon die Schlacht verlor, und eilte zurück nach Brüssel. In Ostende versuchte er, ein Schiff nach England zu mieten, aber wegen eines tobenden Sturms war niemand bereit, hinauszufahren. Rothschild bot 500, dann 700 und schließlich 1.000 Francs für ein Boot. Ein Matrose sagte: „Ich nehme euch für 2000 Francs mit; dann hat meine Witwe wenigstens etwas, wenn wir ertrinken." Trotz des Sturms überquerten sie den Kanal.

Am nächsten Morgen befand sich Rothschild auf seinem üblichen Posten an der Londoner Börse. Allen fiel auf, wie blass und erschöpft er aussah. Plötzlich begann er zu verkaufen und stieß große Mengen an Wertpapieren ab. Sofort brach an der Börse Panik aus. Rothschild verkauft; er weiß, dass wir die Schlacht von Waterloo verloren haben. Rothschild und alle seine

---

[64] „Der ursprüngliche Name von Rothschild war Bauer. „S. 397, Henry Clews, *Twenty-eight years in Wall Street*.
[65] Ignatius Balla, *The Romance of the Rothschilds*, Everleigh Nash, London, 1913

bekannten Agenten warfen weiterhin Wertpapiere auf den Markt. Balla sagt: „Nichts konnte die Katastrophe aufhalten. Zur gleichen Zeit kaufte er in aller Stille alle Wertpapiere durch Geheimagenten auf, die niemand kannte. An einem einzigen Tag hatte er fast eine Million Pfund Sterling gewonnen, was zu dem Spruch führte: 'Die Alliierten haben die Schlacht von Waterloo gewonnen, aber in Wirklichkeit war es Rothschild, der gewonnen hat."[66]

In The Profits of War sagt Richard Lewinsohn: „Die Kriegsgewinne der Rothschilds aus den Napoleonischen Kriegen finanzierten ihre späteren Aktienspekulationen. Unter Metternich stimmte Österreich nach langem Zögern schließlich zu, die finanzielle Führung durch das Haus Rothschild zu übernehmen."[67]

Nach seinem Erfolg bei Waterloo erlangte Nathan Mayer Rothschild die Kontrolle über die Bank of England durch sein Beinahe-Monopol auf Consols und andere Aktien. In Europa wurden mehrere „Zentralbanken" oder Banken mit der Befugnis zur Ausgabe von Geld gegründet: Die Bank von Schweden (1656), die 1661 mit der Ausgabe von Banknoten begann, und die Bank von Amsterdam, die die Machtergreifung Oliver Cromwells in England im Jahr 1649 finanzierte, angeblich aufgrund religiöser Differenzen. Cromwell starb 1657, und der

---

[66] *In der New York Times* vom 1. April 1915 wurde berichtet, dass Baron Nathan Mayer de Rothschild 1914 vor Gericht ging, um Ignatius Balla's Buch mit der Begründung zu unterdrücken, dass die Waterloo-Geschichte über seinen Großvater unwahr und verleumderisch sei. Das Gericht entschied, dass die Geschichte wahr sei, wies Rothschilds Klage ab und verurteilte ihn zur Zahlung aller Kosten. *Die New York Times* stellte in diesem Artikel fest, dass „das Gesamtvermögen der Rothschilds auf 2 Milliarden Dollar geschätzt wird. „In einem früheren Artikel der *New York Times* (27. Mai 1905) wurde darauf hingewiesen, dass Baron Alphonse de Rothschild, das Oberhaupt des französischen Hauses Rothschild, 60 Millionen Dollar in amerikanischen Wertpapieren in seinem Vermögen besaß, obwohl die Rothschilds angeblich nicht auf dem amerikanischen Markt tätig waren. Dies erklärt, warum ihr Agent, J.P. Morgan, bei seinem Tod 1913 nur 19 Millionen Dollar an Wertpapieren in seinem Nachlass besaß, wobei die von Morgan verwalteten Wertpapiere eigentlich seinem Arbeitgeber, Rothschild, gehörten."

[67] Richard Lewinsohn, *The Profits of War*, E.P. Dutton, 1937.

englische Thron wurde mit der Krönung Karls II. im Jahr 1660 wiederhergestellt. Er starb im Jahr 1685. Im Jahr 1689 erlangte dieselbe Gruppe von Bankiers die Macht in England zurück, indem sie König Wilhelm von Oranien auf den Thron setzten. Er revanchierte sich bald bei seinen Geldgebern, indem er das britische Schatzamt anwies, 1.250.000 Pfund von diesen Bankiers zu leihen. Außerdem erteilte er ihnen eine königliche Charta für die Bank von England, die es ihnen erlaubte, die Staatsschulden zu konsolidieren (die gerade durch diesen Kredit entstanden waren) und die Zins- und Tilgungszahlungen durch direkte Besteuerung des Volkes zu sichern. Die Charta verbot privaten Goldschmieden die Lagerung von Gold und die Ausgabe von Quittungen, was den Aktionären der Bank von England ein Geldmonopol verschaffte. Die Goldschmiede waren außerdem verpflichtet, ihr Gold in den Tresoren der Bank von England zu lagern. Nicht nur, dass ihnen das Privileg, Umlaufmittel auszugeben, durch ein Regierungsdekret entzogen wurde, ihr Vermögen wurde nun auch noch denen überlassen, die sie verdrängt hatten.[68]

In seinen „*Cantos*", 46; 27, verweist Ezra Pound auf die einzigartigen Privilegien, die William Paterson in seinem Prospekt für die Charta der Bank von England anpries:

„Sagte Paterson

Sie erhält Zinsen auf alle Gelder, die sie, die Bank, aus dem Nichts schafft." Das „Nichts", auf das hier Bezug genommen wird, ist natürlich die Buchhaltung der Bank, die Geld „erschafft", indem sie vermerkt, dass sie Ihnen eintausend Dollar „geliehen" hat, Geld, das nicht existierte, bevor die Bank den Eintrag vornahm.

Im Jahr 1698 schuldete das britische Schatzamt der Bank of England 16 Millionen Pfund Sterling. Bis 1815 stiegen die Schulden, vor allem durch die Aufzinsung, auf 885 Millionen Pfund Sterling an. Ein Teil dieses Anstiegs war auf die Kriege

---

[68] In den Vereinigten Staaten erließ unsere Regierung, nachdem die Aktionäre des Federal Reserve System 1934 ihre Macht gefestigt hatten, ebenfalls Anordnungen, wonach Privatleute kein Gold lagern oder halten durften.

zurückzuführen, die in dieser Zeit blühten, darunter die napoleonischen Kriege und die Kriege, die England zur Erhaltung seiner amerikanischen Kolonie geführt hatte.

William Paterson (1658-1719) selbst profitierte wenig von „dem Geld, das die Bank aus dem Nichts erschafft", denn er zog sich nach einer politischen Meinungsverschiedenheit ein Jahr nach ihrer Gründung aus der Bank of England zurück. Ein späterer William Paterson wurde einer der Verfasser der Verfassung der Vereinigten Staaten, während der Name weiterlebt, wie die verderbliche Zentralbank selbst.

Paterson sah sich außerstande, mit den Aktionären der Bank of England zusammenzuarbeiten. Viele von ihnen blieben anonym, aber in einer frühen Beschreibung der Bank of England hieß es: „Eine Gesellschaft von etwa 1330 Personen, darunter der König und die Königin von England, die 10.000 Pfund Aktien besaßen, der Herzog von Leeds, der Herzog von Devonshire, der Earl of Pembroke und der Earl of Bradford." Aufgrund des Erfolgs seiner Spekulationen war Baron Nathan Mayer de Rothschild, wie er sich nun nannte, die oberste Finanzmacht in London. Während einer Party in seiner Villa rief er arrogant aus: „Es ist mir egal, welche Marionette auf den Thron von England gesetzt wird, um das Empire zu regieren, über dem die Sonne niemals untergeht. Der Mann, der die Geldversorgung Großbritanniens kontrolliert, kontrolliert das britische Empire, und ich kontrolliere die britische Geldversorgung." Sein Bruder James in Paris hatte ebenfalls eine Vormachtstellung im französischen Finanzwesen erlangt. In Baron Edmond de Rothschild schreibt David Druck: „(James) Rothschilds Vermögen hatte die Marke von 600 Millionen erreicht. Nur ein einziger Mann in Frankreich besaß mehr. Das war der König, dessen Vermögen 800 Millionen betrug. Das Gesamtvermögen aller Bankiers in Frankreich war um 150 Millionen geringer als das von James Rothschild. Dies verlieh ihm natürlich ungeheure Macht, die sogar so weit ging, dass er Regierungen stürzen konnte, wann immer er es wollte. Es ist bekannt, dass er zum Beispiel das Kabinett von Premierminister Thiers stürzte."[69]

Die Expansion Deutschlands unter Bismarck ging einher mit seiner Abhängigkeit von Samuel Bleichroder, Hofbankier des preußischen Kaisers, der seit 1828 als Agent der Rothschilds bekannt war. Der spätere deutsche Reichskanzler Dr. von Bethmann Hollweg war der Sohn von Moritz Bethmann aus Frankfurt, der mit den Rothschilds verheiratet war. Kaiser Wilhelm I. stützte sich auch stark auf Bischoffsheim, Goldschmidt und Sir Ernest Cassel aus Frankfurt, der nach England auswanderte und persönlicher Bankier des Prinzen von Wales, des späteren Edward VII. wurde. Cassels Tochter heiratete Lord Mountbatten, wodurch die Familie eine direkte Beziehung zur heutigen britischen Krone hat.

Josephson[70] stellt fest, dass Philip Mountbatten über die Cassels mit den Meyer-Rothschilds aus Frankfurt verwandt war. Somit hat das englische Königshaus Windsor eine direkte familiäre Beziehung zu den Rothschilds. Als 1901 der Sohn von Königin Victoria, Edward, König Edward VII. wurde, stellte er die Rothschild-Verbindungen wieder her.

Paul Emden sagt in Behind The Throne,

Edwards Vorbereitung auf sein Metier war ganz anders als die seiner Mutter, daher „regierte" er weniger als sie. Dankenswerterweise behielt er die Männer um sich, die ihn in der Zeit des Baus der Bagdadbahn begleitet hatten... Zum Beraterstab kamen Leopold und Alfred de Rothschild, verschiedene Mitglieder der Familie Sassoon und vor allem sein privater Finanzberater Sir Ernest Cassel."[71]

Das enorme Vermögen, das Cassel in relativ kurzer Zeit erwarb, verlieh ihm eine immense Macht, die er nie missbrauchte. Er fusionierte die Firma Vickers Söhne mit der

---

[69] David Druck, *Baron Edmond de Rothschild*, (Privatdruck), N.Y. 1850.

[70] E.M. Josephson, *The Strange Death of Franklin D. Roosevelt*, S. 39, Chedney Press, N.Y. 1948.

[71] Paul Emden, *Behind The Throne*, Hoddard Stoughton, London, 1934.

Naval Construction Company und der Maxim-Nordenfeldt Guns and Ammunition Company, woraus die Weltfirma Vickers Söhne und Maxim entstand. In einer ganz anderen Funktion als Cassel waren Geschäftsleute wie die Rothschilds tätig. Die Firma wurde nach demokratischen Prinzipien geführt, und die verschiedenen Partner mussten alle Mitglieder der Familie sein. Mit großer Gastfreundschaft und in fürstlicher Manier führten sie das Leben von Grandseigneurs, und es war natürlich, dass Edward VII. sie sympathisch fand. Dank ihrer internationalen familiären und noch weiter reichenden geschäftlichen Beziehungen kannten sie die ganze Welt, waren über jeden gut informiert und verfügten über verlässliche Kenntnisse von Dingen, die nicht an der Oberfläche lagen. Diese Verbindung von Finanzen und Politik war von Anfang an ein Markenzeichen der Rothschilds gewesen. Das Haus Rothschild wusste immer mehr, als in den Zeitungen zu lesen war, und noch mehr, als in den Berichten, die im Auswärtigen Amt eintrafen, zu lesen war. Auch in anderen Ländern reichten die Beziehungen der Rothschilds bis hinter den Thron. Erst als in den Nachkriegsjahren zahlreiche diplomatische Publikationen erschienen, erfuhr eine breitere Öffentlichkeit, wie stark die Hand Alfred de Rothschilds die Politik Mitteleuropas in den zwanzig Jahren vor dem Krieg (Erster Weltkrieg) beeinflusste." Mit der Kontrolle über das Geld kam auch die Kontrolle über die Nachrichtenmedien. Kent Cooper, Chef der Associated Press, schreibt in seiner Autobiografie Barriers Down,

„Internationale Bankiers aus dem Hause Rothschild haben sich an den drei führenden europäischen Agenturen beteiligt."[72]

So kauften die Rothschilds die Kontrolle über die internationale Nachrichtenagentur Reuters in London, Havas in Frankreich und Wolf in Deutschland, die die Verbreitung aller Nachrichten in Europa kontrollierten.

In Inside Europe[73] schrieb John Gunther 1936, dass jeder französische Premierminister Ende 1935 eine Kreatur der

---

[72] Kent Cooper, *Barriers Down*, S. 21.
[73] John Gunther, *Inside Europe*, 1936.

Finanzoligarchie war und dass diese Finanzoligarchie von zwölf Regenten beherrscht wurde, von denen sechs Bankiers waren und von Baron Edmond de Rothschild angeführt wurden.

Der eiserne Griff der „London Connection" auf die Medien wurde in einem kürzlich erschienenen Buch von Ben J. Bagdikian The Media Monopoly (Das Medienmonopol) aufgedeckt, das als „ein erschreckender Bericht über die 50 Konzerne, die kontrollieren, was Amerika sieht, hört und liest" beschrieben wird.[74] Bagdikian, der die einflussreichste Zeitschrift der Nation, die Saturday Evening Post, herausgab, bis das Monopol sie plötzlich schloss, deckt die Verflechtungen zwischen den fünfzig Konzernen auf, die die Nachrichten kontrollieren, versäumt es aber, sie zu den fünf Londoner Bankhäusern zurückzuverfolgen, die sie kontrollieren. Er erwähnt, dass CBS mit der Washington Post, Allied Chemical, der Wells Fargo Bank und anderen verflochten ist, sagt dem Leser aber nicht, dass Brown Brothers Harriman CBS kontrolliert, oder dass die Eugene Meyer Familie (Lazard Freres) Allied Chemical und die Washington Post kontrolliert, und Kuhn Loeb Co. die Wells Fargo Bank. Er zeigt die Verflechtung der *New York Times* mit Morgan Guaranty Trust, American Express, First Boston Corporation und anderen, aber er zeigt nicht, wie die Banken verflochten sind. Das Federal Reserve System erwähnt er in seinem gesamten Buch nicht, was durch sein Fehlen auffällt.

Bagdikian dokumentiert, dass das Medienmonopol immer mehr Zeitungen und Zeitschriften einstellt. Washington D.C. ist mit einer einzigen Zeitung, The Post, einzigartig unter den Hauptstädten der Welt. In London gibt es elf Tageszeitungen, in Paris vierzehn, in Rom achtzehn, in Tokio siebzehn und in Moskau neun. Er zitiert eine Studie aus der World Press Encyclopaedia von 1982, wonach die Vereinigten Staaten bei der Anzahl der verkauften Tageszeitungen pro 1.000 Einwohner das Schlusslicht unter den Industrienationen bilden. Schweden führt die Liste mit 572 an, die Vereinigten Staaten liegen mit 287 am Ende. Die Amerikaner misstrauen den Medien wegen ihrer

---

[74] Ben H. Bagdikian, *The Media Monopoly*, Beacon Press, Boston 1983.

notorischen Monopolstellung und Voreingenommenheit. Die Medien drängen einhellig auf höhere Steuern für die arbeitende Bevölkerung, mehr Staatsausgaben, einen Wohlfahrtsstaat mit totalitären Befugnissen, enge Beziehungen zu Russland und eine wütende Denunziation aller, die sich dem Kommunismus widersetzen. Dies ist das Programm der „London Connection". „Sie stellt einen wahnsinnigen Rassismus zur Schau und hat als Motto das Diktum ihrer Hohepriesterin Susan Sontag: „Die weiße Rasse ist das Krebsgeschwür der Geschichte. „Jeder sollte gegen Krebs sein. Das Medienmonopol geht mit seinen Gegnern auf zweierlei Weise um: entweder mit einem Frontalangriff durch Verleumdung, den sich der Durchschnittsbürger nicht leisten kann, oder mit einem eisernen Vorhang des Schweigens, der Standardbehandlung für jede Arbeit, die seine geheimen Aktivitäten aufdeckt.

Obwohl der Rothschild-Plan seit seiner Verkündung im Jahr 1773 keiner einzigen politischen oder wirtschaftlichen Bewegung entspricht, lassen sich wesentliche Teile davon in allen politischen Revolutionen seit diesem Datum erkennen. LaRouche[75] weist darauf hin, daß die Runden Tische den Fabianischen Sozialismus in England förderten, während sie das Naziregime durch ein Round-Table-Mitglied in Deutschland, Dr. Hjalmar Schacht, unterstützten, und daß sie die Naziregierung während des gesamten Zweiten Weltkriegs durch das Round-Table-Mitglied Admiral Canaris unterstützten, während Allen Dulles in der Schweiz eine kollaborierende Geheimdienstoperation für die Alliierten leitete.

---

[75] Lyndon H. LaRouche, Jr., *Dope, Inc.* und New Benjamin Franklin House Publishing Co. in New York, 1978.

KAPITEL 6

DIE LONDONER VERBINDUNG

„Sie sehen also, mein lieber Coningsby, dass die Welt von ganz anderen Persönlichkeiten regiert wird, als es sich diejenigen vorstellen, die nicht hinter den Kulissen stehen."[76] - Disraeli, Premierminister von England während der Regentschaft von Königin Victoria.

Im Jahr 1775 erklärten die amerikanischen Kolonisten ihre Unabhängigkeit von Großbritannien und erlangten ihre Freiheit in der Amerikanischen Revolution. Obwohl sie die politische Freiheit erreichten, erwies sich die finanzielle Unabhängigkeit als schwieriger. Im Jahr 1791 gründete Alexander Hamilton auf Betreiben europäischer Bankiers die erste Bank of the United States, eine Zentralbank mit ähnlichen Befugnissen wie die Bank of England. Die ausländischen Einflüsse, die hinter dieser Bank standen, konnten mehr als ein Jahrhundert später den Federal Reserve Act im Kongress durchsetzen und erhielten damit endlich die zentrale Notenbank für unsere Wirtschaft. Obwohl die Federal Reserve Bank weder eine Bundesbank war, da sie sich im Besitz privater Aktionäre befand, noch eine Zentralbank, da sie dazu bestimmt war, Geld zu schaffen, anstatt es in Reserve zu halten, erlangte sie eine so enorme finanzielle Macht, dass sie nach und nach die vom Volk

---

[76] *Coningsby*, von Disraeli, Longmans Co, London, 1881, S. 252.

gewählte Regierung der Vereinigten Staaten verdrängte. Durch das Federal Reserve System wurde die amerikanische Unabhängigkeit heimlich, aber unbesiegbar in die britische Einflusssphäre zurückgedrängt. So wurde die London Connection zum Schiedsrichter der Politik der Vereinigten Staaten.

Da England nach dem Zweiten Weltkrieg sein Kolonialreich verloren hatte, schien es, als würde sein Einfluss als politische Weltmacht schwinden. Das war im Wesentlichen auch richtig. Das England von 1980 ist nicht das England von 1880. Es beherrscht nicht mehr die Wellen; es ist eine zweitklassige, vielleicht drittklassige Militärmacht, aber paradoxerweise wuchs seine finanzielle Macht, während seine politische und militärische Macht schwand. In Capital City heißt es: „London ist nach fast allen Maßstäben, die man anlegen kann, das führende Finanzzentrum der Welt... In den 1960er Jahren nahm die Dominanz Londons zu..."[77]

Diese Tatsache wird teilweise erklärt:

Daniel Davison, Chef der Londoner Morgan Grenfell, sagte: „Die amerikanischen Banken haben das nötige Geld, die Kunden, das Kapital und die Fähigkeiten mitgebracht, die London zu seiner gegenwärtigen Vormachtstellung verholfen haben... Nur die amerikanischen Banken haben einen Kreditgeber der letzten Instanz. Das Federal Reserve Board der Vereinigten Staaten kann, und tut es auch, *wenn es nötig ist, Dollars schaffen*. Ohne die Amerikaner können die großen Dollar-Geschäfte nicht zustande kommen. Ohne sie wäre London als internationaler Finanzplatz nicht glaubwürdig."[78]

So ist London das Finanzzentrum der Welt, weil es über enorme Kapitalsummen verfügen kann, die vom Federal Reserve Board der Vereinigten Staaten zu seiner Verfügung gestellt werden. Aber wie ist das möglich? Wir haben bereits festgestellt, dass die Geldpolitik der Vereinigten Staaten, die Zinssätze, die

---

[77] McRae und Cairncross, *Capital City*, Eyre Methuen, London, 1963, S. 1.
[78] Ebd., S. 225.

Geldmenge und der Geldwert sowie der Verkauf von Anleihen nicht von der Galionsfigur des Federal Reserve Board of Governors, sondern von der Federal Reserve Bank of New York bestimmt werden. Die vorgebliche Dezentralisierung des Federal Reserve Systems und seiner zwölf ebenso autonomen „regionalen" Banken ist und war eine Täuschung, seit der Federal Reserve Act 1913 in Kraft trat. Dass die Geldpolitik der Vereinigten Staaten ausschließlich von der Federal Reserve Bank of New York ausgeht, ist ein weiterer Trugschluss. Dass die Federal Reserve Bank of New York selbst autonom ist und die Geldpolitik für die gesamten Vereinigten Staaten ohne jegliche Einmischung von außen festlegen kann, ist besonders unwahr.

Wir könnten an diese Autonomie glauben, wenn wir nicht wüssten, dass die Aktienmehrheit der Federal Reserve Bank of New York von drei New Yorker Banken erworben wurde: First National Bank, National City Bank und die National Bank of Commerce. Ein Blick auf die Hauptaktionäre dieser Banken im Jahr 1914 und heute zeigt eine direkte Verbindung zu London.

Im Jahr 1812 nahm die National City Bank ihre Tätigkeit als City Bank auf, und zwar in denselben Räumen, in denen zuvor die Bank of the United States, deren Charta abgelaufen war, ihre Tätigkeit ausgeübt hatte. Sie vertrat viele der gleichen Aktionäre, die nun unter einer legitimen amerikanischen Charta tätig waren. In den frühen 1800er Jahren war der berühmteste Name, der mit der City Bank in Verbindung gebracht wurde, Moses Taylor (1806-1882). Taylors Vater war ein vertraulicher Agent, der für die Astor-Interessen Immobilien kaufte und dabei die Tatsache verbarg, dass Astor der Käufer war. Durch diese Taktik gelang es Astor, viele Farmen und auch viele potenziell wertvolle Immobilien in Manhattan zu erwerben. Obwohl Astors Kapital angeblich aus seinem Pelzhandel stammte, deuten verschiedene Quellen darauf hin, daß er auch ausländische Interessen vertrat. Laut LaRouche[79] erhielt Astor eine stattliche Belohnung dafür, daß er den Briten in den Jahren vor und nach dem Unabhängigkeitskrieg Informationen lieferte und Indianer

---

[79] Lyndon H. LaRouche, *Dope, Inc.* New Benjamin Franklin House Publishing Co., New York 1978.

anstiftete, amerikanische Siedler an der Grenze anzugreifen und zu töten. Er wurde nicht bar bezahlt, sondern erhielt einen Anteil am britischen Opiumhandel mit China. Die Einnahmen aus dieser lukrativen Konzession bildeten die Grundlage für das Astor-Vermögen.

Dank der Verbindung seines Vaters zu den Astors hatte der junge Moses Taylor keine Schwierigkeiten, im Alter von 15 Jahren eine Stelle als Lehrling in einem Bankhaus zu finden. Wie so viele andere auf diesen Seiten fand er seine größten Chancen, als viele andere Amerikaner während einer abrupten Kreditverknappung in Konkurs gingen. Während der Panik von 1837, als mehr als die Hälfte der New Yorker Unternehmen scheiterte, verdoppelte er sein Vermögen. Im Jahr 1855 wurde er Präsident der City Bank. Während der Panik von 1857 profitierte die City Bank vom Konkurs vieler ihrer Konkurrenten. Wie George Peabody und Junius Morgan schien auch Taylor über reichlich Geld zu verfügen, um notleidende Aktien aufzukaufen. Er kaufte fast alle Aktien der Delaware Lackawanna Railroad für 5 Dollar pro Aktie. Sieben Jahre später wurden sie für 240 Dollar pro Aktie verkauft. Moses Taylor war nun fünfzig Millionen Dollar wert.

Im August 1861 wurde Taylor zum Vorsitzenden des Darlehensausschusses zur Finanzierung der Unionsregierung im Bürgerkrieg ernannt. Das Komitee schockierte Lincoln, indem es der Regierung 5.000.000 Dollar zu 12% anbot, um den Krieg zu finanzieren. Lincoln lehnte ab und finanzierte den Krieg durch die Ausgabe der berühmten „Greenbacks" durch das US-Finanzministerium, die durch Gold gedeckt waren. Taylor vergrößerte sein Vermögen während des Krieges weiter, und in seinen späteren Jahren wurde der junge James Stillman sein Protegé. Als Moses Taylor 1882 starb, hinterließ er siebzig Millionen Dollar.[80] Sein Schwiegersohn, Percy Pyne, wurde sein

---

[80] *Die New York Times* berichtete am 24. Mai 1882, dass Moses Taylor 1861 Vorsitzender des Darlehensausschusses der Associated Banks of New York City war. Ihm wurden Wertpapiere im Wert von zweihundert Millionen Dollar anvertraut. Wahrscheinlich ist es mehr als jedem anderen Mann zu verdanken, dass die Regierung 1861 über die Mittel zur Fortsetzung des Krieges verfügte.

Nachfolger als Präsident der City Bank, die inzwischen zur National City Bank geworden war. Pyne war gelähmt und kaum in der Lage, in der Bank zu arbeiten. Neun Jahre lang stagnierte die Bank, da fast ihr gesamtes Kapital aus dem Nachlass von Moses Taylor stammte. William Rockefeller, der Bruder von John D. Rockefeller, hatte sich in die Bank eingekauft und war bestrebt, sie voranzubringen. Er überredete Pyne, 1891 zugunsten von James Stillman zurückzutreten, und schon bald wurde die National City Bank zur wichtigsten Anlaufstelle für die Öleinnahmen der Rockefellers. William Rockefellers Sohn, William, heiratete Elsie, James Stillmans Tochter Isabel. Wie so viele andere im New Yorker Bankwesen hatte auch James Stillman eine britische Verbindung. Sein Vater, Don Carlos Stillman, war während des Bürgerkriegs als britischer Agent und Blockadebrecher nach Brownsville, Texas, gekommen. Durch seine Bankverbindungen in New York war es Don Carlos gelungen, für seinen Sohn einen Ausbildungsplatz in einem Bankhaus zu finden. Als die National City Bank 1914 fast zehn Prozent der Aktien der neu gegründeten Federal Reserve Bank of New York erwarb, besaßen zwei von Moses Taylors Enkeln, Moses Taylor Pyne und Percy Pyne, 15.000 Aktien der National City. Moses Taylors Sohn, H.A.C. Taylor, besaß 7699 Aktien der National City Bank. Der Anwalt der Bank, John W. Sterling von der Firma Shearman and Sterling, besaß ebenfalls 6000 Aktien der National City Bank. James Stillman besaß jedoch 47.498 Aktien, d. h. fast zwanzig Prozent der insgesamt 250.000 Aktien der Bank. [Siehe Schaubild I]

Der zweitgrößte Käufer von Aktien der Federal Reserve Bank of New York im Jahr 1914, die First National Bank, war allgemein als „die Morgan Bank" bekannt, da Morgan im Vorstand vertreten war, obwohl der Gründer der Bank, George F. Baker, 20.000 Aktien besaß und sein Sohn G.F. Baker, Jr. 5.000 Aktien, was fünfundzwanzig Prozent des gesamten Aktienbestands der Bank von 100.000 Aktien entsprach. Die Tochter von George F. Baker Sr. heiratete George F. St. George aus London. Die St. Georges ließen sich später in den Vereinigten Staaten nieder, wo ihre Tochter, Katherine St. George, einige Jahre lang eine prominente Kongressabgeordnete war. Dr. E.M. Josephson schrieb über sie: „Mrs. St. George, eine Cousine ersten Grades von FDR und New Dealer, sagte: 'Die Demokratie ist ein Fehlschlag'. „[81]

Die Tochter von George Baker, Jr., Edith Brevoort Baker, heiratete 1934 den Enkel von Jacob Schiff, John M. Schiff. John M. Schiff ist heute Ehrenvorsitzender der Lehman Brothers Kuhn Loeb Company.

Der dritte große Kauf von Aktien der Federal Reserve Bank of New York im Jahr 1914 war die National Bank of Commerce, die 250.000 Aktien ausgab. J.P. Morgan hielt über seine Mehrheitsbeteiligung an Equitable Life, die 24.700 Aktien hielt, und Mutual Life, die 17.294 Aktien der National Bank of Commerce hielt, über J.P. Morgan and Company (7800 Aktien), J.P. Morgan jr. (1100 Aktien) und Morgans Partner H.P. Davison (1100 Aktien) weitere 10.000 Aktien der National Bank of Commerce. Paul Warburg, ein Gouverneur des Federal Reserve Board of Governors, hielt ebenfalls 3000 Aktien der National Bank of Commerce. Sein Partner Jacob Schiff besaß 1.000 Aktien der National Bank of Commerce. Diese Bank wurde eindeutig von Morgan kontrolliert, der in Wirklichkeit eine Tochtergesellschaft der Junius S. Morgan Company in London und der N.M. Rothschild Company in London war, sowie der Kuhn, Loeb Company, die auch als Hauptvertreter der Rothschilds bekannt war.

Der Finanzier Thomas Fortune Ryan besaß 1914 auch 5100 Aktien der National Bank of Commerce. Sein Sohn, John Barry Ryan, heiratete die Tochter von Otto Kahn, der Partner von Warburg und Schiff in der Kuhn, Loeb Company war. Ryans Enkelin, Virginia Fortune Ryan, heiratete Lord Airlie, den heutigen Chef der J. Henry Schroder Banking Corporation in London und New York.

Ein weiterer Direktor der National Bank of Commerce im Jahr 1914, A.D. Juillard, war Präsident der A.D. Juillard Company, ein Treuhänder der New York Life und des Guaranty

---

[81] E.M. Josephson, *The Strange Death of Franklin D. Roosevelt*, Chedney Press, N.Y. 1948.

Trust, die alle von J.P. Morgan kontrolliert wurden. Juillard hatte auch eine Verbindung nach Großbritannien und war Direktor der North British and Mercantile Insurance Company. Juillard besaß 2000 Aktien der National Bank of Commerce und war außerdem Direktor der Chemical Bank.

In The Robber Barons von Matthew Josephson erzählt Josephson, dass Morgan um 1900 New York Life, Equitable Life und Mutual Life beherrschte, die über ein Vermögen von einer Milliarde Dollar verfügten und fünfzig Millionen Dollar pro Jahr investieren konnten. Er sagt,

„In dieser Kampagne geheimer Allianzen erwarb er (Morgan) die direkte Kontrolle über die National Bank of Commerce; dann erwarb er einen Anteil an der First National Bank und verbündete sich mit dem sehr starken und konservativen Finanzier George F. Baker, der diese Bank leitete; dann verband er durch Aktienbesitz und ineinandergreifende Direktorien andere führende Banken, die Hanover, die Liberty und die Chase, mit den erstgenannten Banken."[82]

Mary W. Harriman, die Witwe von E.H. Harriman, besaß 1914 ebenfalls 5.000 Aktien der National Bank of Commerce. Das Eisenbahnimperium von E.H. Harriman war vollständig von Jacob Schiff von Kuhn, Loeb Company finanziert worden. Levi P. Morton besaß 1914 ebenfalls 1500 Aktien der National Bank of Commerce. Er war der zweiundzwanzigste Vizepräsident der Vereinigten Staaten, ehemaliger US-Minister in Frankreich und Präsident der L.P. Morton Company, New York, Morton-Rose and Company und Morton Chaplin in London. Er war Direktor der Equitable Life Insurance Company, der Home Insurance Company, des Guaranty Trust und des Newport Trust.

Die verblüffende Vorstellung, dass das Federal Reserve System der Vereinigten Staaten in Wirklichkeit von London aus gesteuert wird, wird von den meisten Amerikanern wahrscheinlich beim ersten Hören abgelehnt. Minsky ist jedoch für seine Theorie des „dominanten Rahmens" berühmt

---

[82] Matthew Josephson, *Die Raubritter*, S. 409.

geworden. Er besagt, dass es in jeder bestimmten Situation einen „dominanten Rahmen" gibt, auf den sich alles in dieser Situation bezieht und durch den es interpretiert werden kann. Der „dominante Rahmen" bei den geldpolitischen Entscheidungen des Federal Reserve Systems ist, dass diese Entscheidungen von denjenigen getroffen werden, die am meisten davon profitieren. Auf den ersten Blick scheinen dies die Hauptaktionäre der Federal Reserve Bank of New York zu sein. Wir haben jedoch gesehen, dass diese Aktionäre alle eine „Londoner Verbindung" haben. Die „London-Connection" wird noch deutlicher als die dominierende Macht, wenn wir in The Capital City[83] lesen, dass nur siebzehn Firmen in der City of London, dem Finanzdistrikt Englands, als Merchant Bankers tätig sein dürfen. Sie alle müssen von der Bank of England zugelassen werden. Tatsächlich stammen die meisten Gouverneure der Bank von England aus den Reihen der Partner dieser siebzehn Firmen. Clarke ordnet die siebzehn in der Reihenfolge ihrer Kapitalisierung. Nummer 2 ist die Schroder Bank. Nummer 6 ist Morgan Grenfell, die Londoner Niederlassung des Hauses Morgan und eigentlich dessen dominierender Zweig. Lazard Brothers ist die Nummer 8. N.M. Rothschild ist die Nummer 9. Brown Shipley Company, die Londoner Niederlassung von Brown Brothers Harriman, ist die Nummer 14. Diese fünf Londoner Handelsbanken kontrollieren in Wirklichkeit die New Yorker Banken, die die Mehrheitsbeteiligung an der Federal Reserve Bank of New York besitzen.

Die Kontrolle über die Entscheidungen des Federal Reserve Systems beruht auch auf einer anderen einzigartigen Situation. Jeden Tag treffen sich Vertreter von vier anderen Londoner Bankhäusern in den Büros der N.M. Rothschild Company in London, um den Goldpreis für den jeweiligen Tag festzulegen. Die anderen vier Bankiers sind von der Samuel Montagu Company, die auf der Liste der siebzehn Londoner Handelsbanken an fünfter Stelle steht, Sharps Pixley, Johnson Matheson und Mocatta and Goldsmid.

---

[83] McRae und Cairncross, *Capital City*, Eyre Methuen, London, 1963.

Trotz der riesigen Flut von Papierwährungen und -scheinen, die heute die Welt überschwemmen, muss jede Kreditvergabe irgendwann wieder auf einer - wenn auch noch so geringen - Einlage von Gold in einer Bank irgendwo auf der Welt beruhen. Aufgrund dieses Faktors werden die Londoner Geschäftsbanker mit ihrer Macht, den Goldpreis jeden Tag festzulegen, zu den endgültigen Schiedsrichtern der Geldmenge und des Geldpreises in den Ländern, die sich ihrer Macht beugen müssen. Dazu gehören nicht zuletzt die Vereinigten Staaten.

Kein Beamter der Federal Reserve Bank of New York oder des Federal Reserve Board of Governors kann die Macht über das Geld der Welt ausüben, die diese Londoner Handelsbankiers innehaben. Großbritannien hat zwar an politischer und militärischer Macht eingebüßt, übt aber heute die größte finanzielle Macht aus. Aus diesem Grund ist London das derzeitige Finanzzentrum der Welt.

KAPITEL 7

DIE HITLER-VERBINDUNG

Die J. Henry Schroder Banking Company ist in Capital City[84] auf der Liste der siebzehn Merchant Bankers, die das exklusive Accepting Houses Committee in London bilden, als Nummer 2 in Bezug auf die Kapitalisierung aufgeführt. Obwohl sie in den Vereinigten Staaten fast unbekannt ist, hat sie in unserer Geschichte eine große Rolle gespielt. Wie die anderen auf dieser Liste musste sie zunächst von der Bank of England zugelassen werden. Und wie die Familie Warburg begannen auch die von Schroders ihre Bankgeschäfte in Hamburg, Deutschland. Um die Jahrhundertwende, im Jahr 1900, gründete Baron Bruno von Schroder die Londoner Niederlassung des Unternehmens. Bald darauf, im Jahr 1902, trat Frank Cyril Tiarks in die Firma ein. Tiarks heiratete Emma Franziska von Hamburg und war von 1912 bis 1945 Direktor der Bank of England.

Während des Ersten Weltkriegs spielte die J. Henry Schroder Banking Company eine wichtige Rolle hinter den Kulissen. Kein Historiker hat eine vernünftige Erklärung für den Beginn des Ersten Weltkriegs. Erzherzog Ferdinand wurde in Sarajewo von Gavril Princeps ermordet, Österreich verlangte von Serbien eine Entschuldigung, und Serbien schickte die Entschuldigungsnote. Trotzdem erklärte Österreich den Krieg, und bald schlossen sich die anderen europäischen Nationen an. Sobald der Krieg begonnen hatte, stellte sich heraus, dass es nicht einfach war, ihn aufrechtzuerhalten. Das Hauptproblem bestand darin, dass es

---

[84] McRae und Cairncross, *Capital City*, Eyre Methuen, London, 1963.

Deutschland an Lebensmitteln und Kohle mangelte, und ohne Deutschland konnte der Krieg nicht fortgesetzt werden. John Hamill erklärt in The Strange Career of Mr. Hoover[85], wie das Problem gelöst wurde.[86] Er zitiert aus der Nordeutschen Allgemeinen Zeitung vom 4. März 1915: „Die Gerechtigkeit verlangt jedoch, dass die herausragende Rolle, die die deutschen Behörden in Belgien bei der Lösung dieses Problems gespielt haben, bekannt gemacht wird. Die Initiative ging von ihnen aus, und nur dank ihrer ständigen Beziehungen zum amerikanischen Hilfskomitee konnte die Versorgungsfrage gelöst werden. „Hamill unterstreicht: „Dafür wurde das belgische Hilfskomitee gegründet - um Deutschland mit Lebensmitteln zu versorgen." Die belgische Hilfskommission wurde von Emile Francqui, dem Direktor einer großen belgischen Bank, der Societe Generale, und einem Londoner Bergbaupromoter, einem Amerikaner namens Herbert Hoover, organisiert, der mit Francqui in eine Reihe von Skandalen verwickelt war, die zu berühmten Gerichtsverfahren wurden, insbesondere der Skandal um die Kaiping Coal Company in China, der den Boxeraufstand ausgelöst haben soll, dessen Ziel die Vertreibung aller ausländischen Geschäftsleute aus China war. Hoover war wegen eines Urteils gegen ihn vom Handel an der Londoner Börse ausgeschlossen worden, und sein Partner Stanley Rowe war für zehn Jahre ins Gefängnis gekommen. Mit diesem Hintergrund wurde Hoover als ideale Wahl für eine Karriere in der humanitären Arbeit bezeichnet.

Obwohl sein Name in den Vereinigten Staaten nicht bekannt ist, war Emile Francqui die treibende Kraft hinter Herbert Hoovers Aufstieg zum Reichtum. Hamill (Seite 156) identifiziert Francqui als den Leiter zahlreicher Gräueltaten, die an Eingeborenen im Kongo begangen wurden. „Für jede Patrone, die sie ausgaben, mussten sie die Hand eines Mannes

---

[85] John Hamill, *The Strange Career of Mr. Hoover*, William Faro, New York, 1931.
[86] Exemplare von Hamills Buch wurden von Regierungsbeamten systematisch ausfindig gemacht und vernichtet, weil es am Vorabend der Wiederwahlkampagne von Präsident Hoover veröffentlicht wurde.

einbringen". Francquis erschreckende Bilanz könnte die Quelle für die später gegen deutsche Soldaten in Belgien erhobene Anklage gewesen sein, sie hätten Frauen und Kindern die Hände abgehackt, eine Behauptung, die sich als unbegründet erwies. Hamill sagt auch, dass Francqui „die Amerikaner 1901 um die Eisenbahnkonzession Hankow-Canton in China betrogen hat und sich gleichzeitig für den Fall bereithielt, dass Hoover weitere Hilfe bei der „Einnahme" der Kaiping-Kohleminen brauchte. Es handelt sich um den Menschenfreund, der während des Weltkriegs die alleinige Verantwortung für die Verteilung der belgischen „Hilfsgüter" trug, für die Hoover den Einkauf und die Verschiffung übernahm. Francqui war zusammen mit Hoover Direktor der Chinese Engineering and Mining Company (Kaiping-Minen), über die Hoover 200.000 chinesische Sklavenarbeiter in den Kongo transportierte, um in Francquis Kupferminen zu arbeiten." Hamill schreibt auf Seite 311: „Francqui eröffnete die Büros des Belgischen Hilfswerks in seiner Bank, der Societe Generale, als Ein-Mann-Show mit einem Genehmigungsschreiben des deutschen Generalgouverneurs von der Goltz vom 16. Oktober 1914."

In der New York Herald Tribune vom 18. Februar 1930, die vom Kongressabgeordneten Louis McFadden am 26. Februar 1930 im Repräsentantenhaus zitiert wurde, hieß es: „Einer der beiden belgischen Direktoren in der Bank für Internationalen Zahlungsausgleich wird Emile Francqui von der Societe Generale sein, der sowohl dem Young- als auch dem Dawes-Plan-Ausschuss angehörte. Das Direktorium der internationalen Bank wird keine schillerndere Persönlichkeit haben als Emile Francqui, ehemaliger Finanzminister, Veteran des Kongo und Chinas... er wird als der reichste Mann Belgiens und unter den zwölf reichsten Männern Europas eingestuft." Trotz seiner Bekanntheit wird Francqui *im New York Times* Index in den zwei Jahrzehnten vor seinem Tod nur wenige Male erwähnt. Am 3. Oktober 1931 zitiert *die New York Times* Le Peuple aus Brüssel, dass Francqui die Vereinigten Staaten besuchen würde. „Als ein Freund von Präsident Hoover wird Monsieur Francqui es nicht versäumen, dem Präsidenten einen Besuch abzustatten." Am 30. Oktober 1931 berichtete *die New York Times* über diesen Besuch mit der Schlagzeile „Hoover-Francqui Gespräch war inoffiziell". „Es wurde erklärt, dass Herr Francqui den Dienstagabend als persönlicher Gast des Präsidenten verbrachte und dass sie inoffiziell über allgemeine Weltfinanzprobleme sprachen. Herr Francqui war ein Mitarbeiter von Präsident Hoover während dessen Dienstes in Belgien während des Krieges. Ihr Besuch hatte keine offizielle Bedeutung. Herr Francqui ist ein Privatmann und nicht in offizieller Mission tätig." Die Geschäftsbeziehungen zwischen Hoover und Francqui, die Gegenstand umfangreicher Gerichtsverfahren in London waren, werden nicht erwähnt. Bei dem Francqui-Besuch ging es wahrscheinlich um Hoovers Moratorium für deutsche Kriegsschulden, das die Finanzwelt in Erstaunen versetzte. Am 15. Dezember 1931 informierte der Vorsitzende McFadden das Haus über eine Meldung im Public Ledger von Philadelphia vom 24. Oktober 1931: „GERMAN REVEALS HOOVER'S SECRET. Der amerikanische Präsident stand bereits im Dezember 1930 in intimen Verhandlungen mit der deutschen Regierung über einen einjährigen Schuldenerlass." McFadden fuhr fort: „Hinter der Hoover-Ankündigung steckten viele Monate eiliger und heimlicher Vorbereitungen sowohl in Deutschland als auch in den Wall-Street-Büros der deutschen Bankiers. Deutschland mußte wie ein Schwamm mit amerikanischem Geld durchtränkt werden. Mr. Hoover selbst musste gewählt werden, denn dieser Plan begann, bevor er Präsident wurde. Hätten die deutschen internationalen Bankiers der Wall Street - d.h. Kuhn Loeb Company, J. & W. Seligman, Paul Warburg, J. Henry Schroder - und ihre Satelliten diese Aufgabe nicht zu erledigen gehabt, wäre Herbert Hoover nie zum Präsidenten der Vereinigten Staaten gewählt worden. Die Wahl Hoovers zum Präsidenten erfolgte durch den Einfluss der Gebrüder Warburg, Direktoren der großen Bank Kuhn Loeb Company, die die Kosten für seine Wahl trugen. Im Gegenzug für diese Zusammenarbeit versprach Hoover, ein Moratorium für die deutschen Schulden zu verhängen. Hoover versuchte, Kreugers Darlehen an Deutschland in Höhe von 125 Millionen Dollar von der Anwendung des Hoover-Moratoriums auszunehmen. Die Art von Kreugers Betrug wurde hier im Januar bekannt, als er seinen Freund Hoover im Weißen Haus besuchte." Nicht nur Hoover empfing Francqui im Weißen Haus, sondern auch Ivar Kreuger, den berühmtesten Betrüger des zwanzigsten Jahrhunderts.

Als Francqui am 13. November 1935 starb, würdigte ihn *die New York Times* als „den Kupferkönig des Kongo... Herr Francqui, der im letzten Jahr diktatorische Macht über den Belgier erlangt hatte, hielt ihn während einer Krise auf dem Goldstandard. Im Jahr 1891 führte er eine Expedition in den Kongo und gewann ihn für König Leopold. Als sehr wohlhabender Mann, der zu den zwölf reichsten Männern Europas zählte, sicherte er sich enorme Kupfervorkommen. Er war 1926 Staatsminister und 1934 Finanzminister. Es war sein ganzer Stolz, dass er für seine Dienste für die Regierung nie einen Rappen annahm. Als Generalkonsul in Shanghai sicherte er sich wertvolle Konzessionen, insbesondere die Kaiping-Kohleminen und die Eisenbahnkonzession für die Tientsin-Eisenbahn. Er war Gouverneur der Societe Generale de Belgique, des Lloyd Royal Belge und Regent der Banque Nationale de Belgique." Die *Times* erwähnt Francquis Geschäftspartnerschaften mit Hoover nicht. Wie Francqui lehnte auch Hoover eine Vergütung für „Regierungsdienste" ab, und als Handelsminister und als Präsident der Vereinigten Staaten führte er sein Gehalt an die Regierung zurück.

Am 13. Dezember 1932 brachte der Vorsitzende McFadden eine Resolution zur Anklageerhebung gegen Präsident Hoover wegen schwerer Verbrechen und Vergehen ein, die viele Seiten umfasst, darunter die Verletzung von Verträgen, die unrechtmäßige Verschwendung der finanziellen Ressourcen der Vereinigten Staaten und die Ernennung von Eugene Meyer zum Mitglied des Federal Reserve Board. Der Entschließungsantrag wurde eingereicht und vom Repräsentantenhaus nie behandelt.

In seiner Kritik an Hoovers Moratorium für deutsche Kriegsschulden hatte McFadden auf Hoovers „deutsche" Hintermänner verwiesen. Obwohl alle Hauptakteure der „Londoner Verbindung" aus Deutschland stammten, die meisten von ihnen aus Frankfurt, agierten sie zu der Zeit, als sie Hoovers Kandidatur für die Präsidentschaft der Vereinigten Staaten unterstützten, von London aus, wie Hoover selbst während des größten Teils seiner Karriere.

Das Hoover-Moratorium war auch nicht dazu gedacht, Deutschland zu „helfen", denn Hoover war nie „pro-deutsch" gewesen. Das Moratorium für die deutschen Kriegsschulden war notwendig, damit Deutschland Mittel für die Wiederbewaffnung hatte. Im Jahr 1931 sahen die wirklich vorausschauenden Diplomaten den Zweiten Weltkrieg voraus, und es konnte keinen Krieg ohne einen „Aggressor" geben.

Hoover hatte als Geheimagent für die Rothschilds auch eine Reihe von Bergbauprojekten in verschiedenen Teilen der Welt durchgeführt und war dafür mit einer Direktorenstelle in einem der wichtigsten Rothschild-Unternehmen, den Rio-Tinto-Minen in Spanien und Bolivien, belohnt worden. Francqui und Hoover stürzten sich in die scheinbar unmögliche Aufgabe, Deutschland während des Ersten Weltkriegs zu versorgen. Ihr Erfolg wurde in der Nordeutschen Allgemeinen Zeitung vom 13. März 1915 gewürdigt, in der vermerkt wurde, dass nun große Mengen an Lebensmitteln per Eisenbahn aus Belgien eintrafen. Aus Schmollers Jahrbuch für Gesetzgebung, Verwaltung und politische Ökonomie für das Jahr 1916 geht hervor, dass in jenem Jahr eine Milliarde Pfund Fleisch, anderthalb Milliarden Pfund Kartoffeln, anderthalb Milliarden Pfund Brot und einhunderteinundzwanzig Millionen Pfund Butter von Belgien nach Deutschland verschifft wurden. Eine patriotische Britin, die mehrere Jahre lang ein kleines Krankenhaus in Belgien betrieben hatte, Edith Cavell, schrieb am 15. April 1915 an den Nursing Mirror in London und beschwerte sich darüber, dass die „Belgian Relief"-Lieferungen nach Deutschland verschifft wurden, um die deutsche Armee zu versorgen. Die Deutschen hielten Fräulein Cavell für unbedeutend und schenkten ihr keine Beachtung, aber der britische Geheimdienst in London war über Fräulein Cavells Entdeckung entsetzt und verlangte von den Deutschen, sie als Spionin zu verhaften.

Sir William Wiseman, Leiter des britischen Geheimdienstes und Partner der Firma Kuhn Loeb, befürchtete, dass der Fortbestand des Krieges auf dem Spiel stand, und teilte den

Deutschen heimlich mit, dass Miss Cavell hingerichtet werden müsse.

Die Deutschen verhafteten sie widerwillig und beschuldigten sie, Kriegsgefangenen zur Flucht verholfen zu haben. Die übliche Strafe für dieses Vergehen war eine dreimonatige Haftstrafe, aber die Deutschen beugten sich den Forderungen von Sir William Wiseman und erschossen Edith Cavell und schufen damit einen der wichtigsten Märtyrer des Ersten Weltkriegs.

Nachdem Edith Cavell aus dem Weg geräumt war, wurde die „Belgian Relief"-Operation fortgesetzt, obwohl sich 1916 erneut deutsche Abgesandte an Londoner Beamte wandten und mitteilten, dass sie nicht glaubten, dass Deutschland seine militärischen Operationen fortsetzen könne, und zwar nicht nur wegen der Nahrungsmittelknappheit, sondern auch wegen finanzieller Probleme. Es wurden weitere „Nothilfen" geschickt, und Deutschland führte den Krieg bis November 1918 fort. Zwei von Hoovers wichtigsten Mitarbeitern waren Prentiss Gray, ein ehemaliger Holzverlader von der Westküste, und Julius H. Barnes, ein Getreideverkäufer aus Duluth. Beide Männer wurden nach dem Krieg Partner der J. Henry Schroder Banking Corporation in New York und erwarben ein großes Vermögen, vor allem mit Getreide und Zucker.

Mit dem Kriegseintritt der Vereinigten Staaten erhielten Barnes und Gray wichtige Posten in der neu geschaffenen U.S. Food Administration, die ebenfalls Herbert Hoover unterstellt wurde. Barnes wurde von 1917 bis 1918 Präsident der Grain Corporation der US-Lebensmittelbehörde, und Gray war Chef des Seetransports. Ein weiterer Partner von J. Henry Schroder, G. A. Zabriskie, wurde zum Leiter des U.S. Sugar Equalization Board ernannt. Auf diese Weise kontrollierte die London Connection durch ihre Getreide- und Zucker-" Zaren" während des Ersten Weltkriegs alle Lebensmittel in den Vereinigten Staaten. Trotz zahlreicher Beschwerden über Korruption und Skandale in der US-Lebensmittelbehörde wurde niemand jemals angeklagt. Nach dem Krieg stellten die Partner der J. Henry Schroder Company fest, dass ihnen nun der größte Teil der kubanischen Zuckerindustrie gehörte. Ein Partner, M.E. Rionda, war Präsident der Cuba Cane Corporation und Direktor der Manati Sugar Company, der American British and Continental Corporation und anderer Firmen. Baron Bruno von Schroder, Seniorpartner der Firma, war Direktor der North British and Mercantile Insurance Company. Sein Vater, Baron Rudolph von Schroder aus Hamburg, war zusammen mit F.C. Tiarks, der ebenfalls der Firma Schroder angehörte, Direktor der Sao Paulo Coffee Ltd, einer der größten brasilianischen Kaffeegesellschaften.[87]

Nach dem Krieg wurde Zabriskie, der als Vorsitzender des U.S. Sugar Equalization Board der Zuckerzar der Vereinigten Staaten gewesen war, Präsident mehrerer der größten Backunternehmen der Vereinigten Staaten: Empire Biscuit, Southern Baking Corporation, Columbia Baking und andere Firmen.

Als seinen wichtigsten Assistenten in der US-Lebensmittelbehörde wählte Hoover Lewis Lichtenstein Strauss, der bald Partner der Firma Kuhn Loeb werden sollte und die Tochter von Jerome Hanauer von Kuhn Loeb heiratete. Während seiner bedeutenden humanitären Tätigkeit bei der Belgian Relief Commission, der U.S. Food Administration und nach dem Krieg bei der American Relief Administration war Hoovers engster Mitarbeiter ein gewisser Edgar Rickard, geboren in Pontgibaud, Frankreich. Im Who's Who heißt es, er sei „im Weltkrieg Verwaltungsassistent von Herbert Hoover in allen Kriegs- und Nachkriegsorganisationen gewesen, einschließlich der Hilfskommission für Belgien. Außerdem war er von 1914 bis 1924 Mitglied der U.S. Food Administration". Er blieb einer von Hoovers engsten Freunden, und normalerweise machten die Rickards und Hoovers gemeinsam Urlaub. Nachdem Hoover unter Coolidge Handelsminister wurde, berichtet Hamill, dass

---

[87] *Die New York Times* schrieb am 11. Oktober 1923: „Frank C. Tiarks, Gouverneur der Bank von England, wird zwei Wochen hier verbringen, um die Eröffnung der Bankhausfiliale von J. Henry Schroder aus London vorzubereiten." „

Hoover seinem Freund die Hazeltine-Radio-Patente übertrug, die ihm eine Million Dollar pro Jahr an Lizenzgebühren einbrachten.

1928 beschloss „the London Connection", Herbert Hoover als Präsidentschaftskandidaten der Vereinigten Staaten aufzustellen. Es gab nur ein Problem: Obwohl Herbert Hoover in den Vereinigten Staaten geboren worden war und somit laut Verfassung für das Amt des Präsidenten in Frage kam, hatte er nie eine Geschäfts- oder Wohnadresse in den Vereinigten Staaten, da er kurz nach seinem College-Abschluss in Stanford ins Ausland gegangen war. So kam es, dass Herbert Hoover während seines Wahlkampfes für die Präsidentschaft als amerikanische Adresse die Suite 2000, 42 Broadway, New York, angab, die das Büro von Edgar Rickard war. Die Suite 2000 wurde auch von dem Getreidemagnaten und Partner der J. Henry Schroder Banking Corporation, Julius H. Barnes, genutzt.

Nachdem Herbert Hoover zum Präsidenten der Vereinigten Staaten gewählt worden war, bestand er darauf, einen der alten Londoner Hasen, Eugene Meyer, zum Gouverneur des Federal Reserve Board zu ernennen. Meyers Vater war einer der Partner von Lazard Freres in Paris und Lazard Brothers in London gewesen. Meyer war während des Ersten Weltkriegs zusammen mit Baruch einer der mächtigsten Männer in den Vereinigten Staaten gewesen, ein Mitglied des berühmten Triumvirats, das eine unvergleichliche Macht ausübte: Meyer als Vorsitzender der War Finance Corporation, Bernard Baruch als Vorsitzender des War Industries Board und Paul Warburg als Gouverneur des Federal Reserve System.

Ein langjähriger Kritiker von Eugene Meyer, der Vorsitzende des Banken- und Währungsausschusses des Repräsentantenhauses, Louis McFadden, wurde in der *New York Times* vom 17. Dezember 1930 mit einer Rede im Plenum des Repräsentantenhauses zitiert, in der er Hoovers Ernennung von Meyer angriff und ihm vorwarf, er vertrete die Interessen der Rothschilds und sei Verbindungsmann zwischen der französischen Regierung und J.P. Morgan. Am 18. Dezember berichtet die Times, dass „Herbert Hoover zutiefst besorgt ist" und dass McFaddens Rede „ein unglückliches Ereignis" sei. „Am

20. Dezember kommentierte die Times auf der redaktionellen Seite unter der Überschrift „McFadden Again" : „Die Rede sollte die Bestätigung von Mr. Meyer als Leiter der Federal Reserve durch den Senat sicherstellen. Die Rede war inkohärent, wie es die Reden von Herrn McFadden gewöhnlich sind." Wie *die Times* voraussagte, wurde Meyer vom Senat gebührend bestätigt.

Die J. Henry Schroder Corporation begnügte sich nicht damit, einen Freund im Weißen Haus zu haben, sondern stürzte sich bald in weitere internationale Abenteuer, die nichts weniger als die Vorbereitung des Zweiten Weltkriegs zum Ziel hatten. Dies sollte geschehen, indem sie zu einem entscheidenden Zeitpunkt die Finanzierung der Machtübernahme Adolf Hitlers in Deutschland sicherstellte. Obwohl eine ganze Reihe von Magnaten für die Finanzierung Hitlers verantwortlich gemacht werden, darunter Fritz Thyssen, Henry Ford und J.P. Morgan, stellten sie und andere in den 1920er Jahren Millionen von Dollar für seine politischen Kampagnen zur Verfügung, ebenso wie für andere, die ebenfalls Chancen auf den Sieg hatten, aber verschwanden und von denen nie wieder etwas zu hören war. Im Dezember 1932 schien es vielen Beobachtern der deutschen Szene unausweichlich, dass auch Hitler bereit war, in die Vergessenheit zu schlittern. Obwohl er in den nationalen Kampagnen gut abgeschnitten hatte, hatte er das gesamte Geld aus seinen üblichen Quellen ausgegeben und war nun hoch verschuldet. In seinem Buch Aggression berichtet Otto Lehmann-Russbeldt, dass „Hitler am 4. Januar 1933 zu einem Treffen in der Schroder Bank in Berlin eingeladen wurde. Die führenden Industriellen und Bankiers Deutschlands halfen Hitler über seine finanziellen Schwierigkeiten hinweg und ermöglichten ihm, die enormen Schulden zu begleichen, die er im Zusammenhang mit dem Unterhalt seiner Privatarmee gemacht hatte. Im Gegenzug versprach er, die Macht der Gewerkschaften zu brechen. Am 2. Mai 1933 löst er sein Versprechen ein."[88]

---

[88] Otto Lehmann-Russbeldt, *Aggression*, Hutchinson & Co, Ltd, London, 1934, S. 44.

Bei dem Treffen am 4. Januar 1933 waren die Brüder Dulles, John Foster Dulles und Allen W. Dulles von der New Yorker Anwaltskanzlei Sullivan and Cromwell, die die Schroder Bank vertrat, anwesend. Die Dulles-Brüder tauchten häufig bei wichtigen Treffen auf. Sie hatten die Vereinigten Staaten auf der Pariser Friedenskonferenz (1919) vertreten; John Foster Dulles starb als Eisenhowers Außenminister, während Allen Dulles viele Jahre lang die Central Intelligence Agency leitete. Ihre Apologeten haben nur selten versucht, die Teilnahme der Dulles-Brüder an dem Treffen zu verteidigen, bei dem Hitler zum deutschen Bundeskanzler ernannt wurde, und ziehen es vor, so zu tun, als hätte es nie stattgefunden. Ein Biograph, Leonard Mosley, umgeht dies bei Dulles, wenn er feststellt,

„Beide Brüder hatten viel Zeit in Deutschland verbracht, wo Sullivan und Cromwell in den frühen 1930er Jahren ein beträchtliches Interesse hatten, da sie mehrere Provinzregierungen, einige große Industriekonzerne, eine Reihe großer amerikanischer Unternehmen mit Interessen im Reich und einige reiche Einzelpersonen vertreten hatten."[89]

Allen Dulles wurde später ein Direktor der J. Henry Schroder Company. Weder er noch J. Henry Schroder standen im Verdacht, Pro-Nazi oder Pro-Hitler zu sein; die unausweichliche Tatsache war, dass, wenn Hitler nicht Kanzler von Deutschland wurde, die Wahrscheinlichkeit gering war, dass ein Zweiter Weltkrieg in Gang kommen würde, der Krieg, der ihre Gewinne verdoppeln würde.[90]

In der Großen Sowjetischen Enzyklopädie heißt es: „Das Bankhaus Gebr. Schroder (es war Hitlers Bankier) wurde 1846 gegründet; seine Partner sind heute die Barone von Schroeder,

---

[89] Leonard Mosley, *Dulles*, Dial Publishing Co., New York 1978, S. 88.

[90] Ezra Pound erklärte in einer Sendung von Radio Rom am 18. April 1943: „... und die Männer in Amerika, die mit diesem Krieg nicht zufrieden sind, haben bereits den nächsten im Visier. Die Zeit zum Einspruch ist jetzt."

die mit Niederlassungen in den Vereinigten Staaten und England verbunden sind."[91]

Der Finanzredakteur der Londoner Zeitung „The Daily Herald" schrieb am 30. September 1933 über „Mr. Normans Entscheidung, den Nazis die Unterstützung der Bank (von England) zu geben". John Hargrave sagt in seiner Biographie über Montagu Norman,[92]

„Es ist ziemlich sicher, dass Norman alles tat, was er konnte, um dem Hitlerismus zu helfen, politische Macht zu erlangen und zu erhalten, indem er von seiner Hochburg in der Threadneedle Street aus auf finanzieller Ebene operierte." [d.h. Bank of England.--Ed.]

Baron Wilhelm de Ropp, ein Journalist, dessen engster Freund Major F.W. Winterbotham, Chef des Luftnachrichtendienstes des britischen Geheimdienstes, war, brachte den Nazi-Philosophen Alfred Rosenberg nach London und stellte ihn Lord Hailsham, dem Kriegsminister, Geoffrey Dawson, dem Herausgeber der *Times*, und Norman, dem Gouverneur der Bank of England, vor.

Nach dem Gespräch mit Norman traf Rosenberg mit dem Vertreter der Schroder Bank in London zusammen. Der geschäftsführende Direktor der Schroder Bank, F.C. Tiarks, war auch Direktor der Bank of England. Hargrave sagt (S. 217): „Anfang 1934 versammelte sich eine ausgewählte Gruppe von Finanziers der Stadt in Normans Zimmer hinter den fensterlosen Wänden, Sir Robert Kindersley, Partner von Lazard Brothers, Charles Hambro, F.C.

---

[91] *The Great Soviet Encyclopaedia*, Macmillan, London, 1973, Band 2, S. 620.

[92] *Die New York Times* schrieb am 11. Oktober 1944: „Senator Claude Pepper kritisierte John Foster Dulles, den außenpolitischen Berater von Gouverneur Dewey, für seine Verbindung zur Anwaltskanzlei Sullivan and Cromwell und dafür, dass er Hitler 1933 finanziell unterstützt hatte. Pepper beschrieb das Treffen zwischen Franz von Papen und Hitler am 4. Januar 1933 in Baron Schroders Haus in Köln, und von diesem Zeitpunkt an konnten die Nazis ihren Marsch zur Macht fortsetzen."

Tiarks, Sir Josiah Stamp, (ebenfalls Direktor der Bank von England). Gouverneur Norman spricht über die politische Lage in Europa. Eine neue Macht hatte sich etabliert, eine große „stabilisierende Kraft", nämlich Nazi-Deutschland. Norman rät seinen Mitarbeitern, Hitler in ihre Pläne zur Finanzierung Europas einzubeziehen. Es gab keinen Widerstand." In *Wall Street and the Rise of Hitler* schreibt Antony C. Sutton: „Der Nazi-Baron Kurt von Schroeder fungierte 1944, als der Zweite Weltkrieg im Gange war und die Vereinigten Staaten sich im Krieg mit Deutschland befanden, als Kanal für die Gelder der ITT, die an Heinrich Himmlers SS-Organisation geleitet wurden."[93] Kurt von Schroeder, geboren 1889, war Teilhaber des 1788 gegründeten Kölner Bankhauses J.H. Stein & Co. Nach der Machtergreifung der Nationalsozialisten im Jahr 1933 wurde von Schroeder zum deutschen Vertreter bei der Bank für Internationalen Zahlungsausgleich ernannt. Der Kilgore-Ausschuss stellte 1940 fest, dass Schröders Einfluss auf die Hitler-Regierung so groß war, dass er Pierre Laval zum Chef der französischen Regierung während der Nazi-Besetzung ernannte. Der Kilgore-Ausschuss listete mehr als ein Dutzend wichtiger Titel auf, die Kurt von Schroeder in den 1940er Jahren innehatte, darunter Präsident der Deutschen Reichsbahn, Reichswirtschaftsrat, SS-Hauptgruppenführer, Rat der Reichspost, Deutsche Reichsbank und andere führende Banken und Industriekonzerne. Schroeder gehörte dem Vorstand aller Tochtergesellschaften von International Telephone and Telegraph in Deutschland an.

1938 wurde die Londoner Schroder Bank der deutsche Finanzagent in Großbritannien. Die New Yorker Niederlassung von Schroder war 1936 mit den Rockefellers als Schroder, Rockefeller, Inc. in der Wall Street 48 zusammengelegt worden. Carlton P. Fuller von Schroder war Präsident dieser Firma, und Avery Rockefeller war Vizepräsident. Er war jahrelang hinter den Kulissen Partner von J. Henry Schroder gewesen und hatte die Baufirma Bechtel Corporation gegründet, deren Mitarbeiter

---

[93] Antony C. Sutton, *Wall Street And The Rise Of Hitler*, 76 Press, Seal Beach, California, 1976, S. 79.

(beurlaubt) jetzt eine führende Rolle in der Reagan-Regierung spielen, als Verteidigungsminister und Außenminister.

Ladislas Farago berichtet in seinem Buch *Das Spiel der Füchse* ([94]), dass Baron William de Ropp, ein Doppelagent, in den Tagen vor dem Zweiten Weltkrieg bis in die höchsten Ränge vorgedrungen war und Hitler sich auf de Ropp als seinen vertraulichen Berater in britischen Angelegenheiten verließ. Es war de Ropps Rat, dem Hitler folgte, als er sich weigerte, in England einzumarschieren.

Victor Perlo schreibt in The Empire of High Finance:

„Die Hitler-Regierung machte die Londoner Schroder Bank zu ihrem Finanzagenten in Großbritannien und Amerika. Hitlers persönliches Bankkonto war beim J.M. Stein Bankhaus, der deutschen Tochtergesellschaft der Schroder Bank. F.C. Tiarks von der britischen J. Henry Schroder Company war Mitglied der Anglo-German Fellowship mit zwei weiteren Partnern als Mitgliedern und einer korporativen Mitgliedschaft."[95]

Die Geschichte geht viel weiter, als Perlo vermutet. J. Henry Schroder war der Gründer der Anglo-German Fellowship, des englischen Pendants zur America-First-Bewegung, und zog auch Patrioten an, die ihr Land nicht in einen unnötigen Krieg mit Deutschland verwickelt sehen wollten. In den 1930er Jahren, bis zum Ausbruch des Zweiten Weltkriegs, steckten die Schroders Geld in die Anglo-German Fellowship, mit dem Ergebnis, dass Hitler davon überzeugt war, in England eine große pro-deutsche fünfte Kolonne zu haben, die aus vielen prominenten Politikern und Finanziers bestand. In den 1930er Jahren gab es in England zwei unterschiedliche politische Gruppierungen: die Kriegspartei unter der Führung von Winston Churchill, der wütend forderte, dass England gegen Deutschland in den Krieg ziehen sollte, und die Appeasement-Partei unter der Führung von Neville Chamberlain. Nach München glaubte Hitler, dass die

---

[94] Ladislas Farago, *Das Spiel der Füchse*, 1973

[95] Victor Perlo, *The Empire of High Finance*, International Publishers, 1957, S. 177.

Chamberlain-Gruppe die vorherrschende Partei in England sei und Churchill ein kleiner Hetzer. Da seine eigenen Geldgeber, die Schroders, die Appeasement-Partei unterstützten, glaubte Hitler, dass es keinen Krieg geben würde. Er ahnte nicht, dass die Hintermänner der Appeasement-Partei, nachdem Chamberlain seinen Zweck, Hitler zu täuschen, erfüllt hatte, Chamberlain zur Seite schieben und Churchill zum Premierminister machen würden. Nicht nur Chamberlain, sondern auch Hitler verließ München in dem Glauben, dass es „Frieden in unserer Zeit" geben würde." Dass es den Schroders gelungen ist, Hitler diesen Glauben vorzugaukeln, erklärt einige der rätselhaftesten Fragen des Zweiten Weltkriegs. Warum ließ Hitler zu, dass die britische Armee aus Dünkirchen abzog und nach Hause zurückkehrte, obwohl er sie hätte auslöschen können? Entgegen dem verzweifelten Rat seiner Generäle, die der englischen Armee den Gnadenstoß versetzen wollten, hielt sich Hitler zurück, weil er seine angeblich große Anhängerschaft in England nicht verprellen wollte. Aus demselben Grund weigerte er sich, in England einzumarschieren, als er militärisch überlegen war, weil er glaubte, dies sei nicht nötig, da die deutsch-englische Gemeinschaft bereit war, mit ihm Frieden zu schließen. Die Flucht von Rudolf Hess nach England war ein Versuch, die Friedensbereitschaft der Schroder-Gruppe zu bestätigen und ein gemeinsames Band gegen die Sowjets zu knüpfen. Rudolf Heß sitzt noch heute, viele Jahre nach dem Krieg, im Gefängnis, weil er im Falle seiner Freilassung aussagen würde, dass er nach England geflogen ist, um mit den Mitgliedern der Anglo-German Fellowship, also der Schroder-Gruppe, Kontakt aufzunehmen und den Krieg zu beenden.[96]

---

[96] Die folgenden Berichte stammen aus der *New York Times*: 21. Oktober 1945: „Eine Sendung im Luxemburger Radio sagte heute Abend, dass Baron Kurt von Schroder, ehemaliger Bankier, der den Aufstieg der Nazi-Partei mitfinanziert hat, in einem amerikanischen Gefangenenlager erkannt und verhaftet wurde. „1. November 1945, „Hauptquartier der britischen Armee: Baron Kurt von Schroder, 55-jähriger Bankier und Freund von Heinrich Himmler, wird in Düsseldorf festgehalten, bis über seine Anklage als Kriegsverbrecher entschieden ist, so die offizielle Mitteilung der Militärregierung heute. „29.

Falls jemand meint, dies sei alles nur alte Geschichte, die nichts mit der heutigen politischen Szene zu tun hat, stellen wir den Namen John Lowery Simpson aus Sacramento, Kalifornien, vor. Obwohl er zum ersten Mal im Who's Who in America für 1952 erscheint, gibt Herr Simpson an, dass er unter Herbert Hoover in der Kommission für Hilfsmaßnahmen in Belgien von 1915 bis 1917, in der U.S. Food Administration von 1917 bis 1918, in der American Relief Commission von 1919 und bei der P.N. Gray Company in Wien von 1919 bis 1921 tätig war. Gray war Chef des Seetransports der US-Lebensmittelbehörde, was es ihm ermöglichte, nach dem Krieg seine eigene Reederei zu gründen. Wie andere Hoover-Humanitäter wurde auch Simpson Mitglied der J. Henry Schroder Banking Company (Adolf Hitlers persönliche Bankiers) und der J. Henry Schroder Trust Company. Er wurde auch Partner der Schroder-Rockefeller Company, als diese Investmentgesellschaft ein Bauunternehmen unterstützte, das zum größten der Welt wurde, die Firma Bechtel Incorporated. Simpson war Vorsitzender des Finanzausschusses von Bechtel Company, Bechtel International und Canadian Bechtel. Simpson gab an, dass er während des Zweiten Weltkriegs als Berater für die Bechtel-McCone-Interessen in der Kriegsproduktion tätig war. Er war Mitglied der Alliierten Kontrollkommission in Italien 1943-44. Er heiratete Margaret Mandell, die aus der Kaufmannsfamilie stammte, nach der das Col. Edward Mandell House benannt wurde, und er unterstützte eine kalifornische Persönlichkeit, zunächst bei der Wahl zum Gouverneur und dann zum Präsidenten. Infolgedessen haben Simpson und die J. Henry Schroder Company nun den

---

Februar 1948: „Die Gesellschaft zur Verhütung des Dritten Weltkrieges forderte gestern eine sofortige Untersuchung der Frage, warum der deutsche Nazi-Bankier Kurt von Schroder nicht als Kriegsverbrecher vor ein alliiertes Militärgericht gestellt wurde. Unter Hinweis darauf, dass von Schroder im November letzten Jahres von einem deutschen Entnazifizierungsgericht in Bielefeld in der britischen Zone zu drei Monaten Gefängnis und einer Geldstrafe von 1500 Reichsmark verurteilt wurde, sagte C. Monteith Gilpin, Sekretär der Gesellschaft, dass die Frage gestellt werden sollte, warum von Schroder der alliierten Justiz entkommen konnte und warum unsere eigenen Beamten nicht gefordert haben, dass von Schroder von einem alliierten Militärtribunal verurteilt wird. Von Schroder ist genauso schuldig wie Hitler oder Göring. „'

ehemaligen Bechtel-Mitarbeiter Caspar Weinberger als Verteidigungsminister in ihren Reihen. Als Außenminister dient ihnen George Pratt Schultz, ebenfalls ein Angestellter von Bechtel, der zufällig ein Erbe von Standard Oil ist und damit die Verbindungen zwischen den Unternehmen Schroder und Rockefeller bekräftigt. Die „konservative" Reagan-Administration hat also einen Verteidigungsminister, der aus der Firma Schroder kommt, einen Außenminister, der aus der Firma Schroder-Rockefeller kommt, und einen Vizepräsidenten, dessen Vater Seniorpartner bei Brown Brothers Harriman war.

Die Heritage Foundation war auch ein wichtiger Faktor in der Politikgestaltung der Reagan-Regierung. Jetzt stellt sich heraus, dass die Heritage Foundation Teil des Netzwerks des Tavistock-Instituts ist, das vom britischen Geheimdienst geleitet wird. Die Finanzentscheidungen werden immer noch in der Bank of England getroffen, und wer ist der Chef der Bank of England? Sir Gordon Richardson, Vorsitzender der J. Henry Schroder Co. in London und New York von 1962 bis 1972, als er Gouverneur der Bank von England wurde. Die „London Connection" saß noch nie so fest im Sattel der Regierung der Vereinigten Staaten.

Am 3. Juli 1983 meldete *die New York Times*, dass Gordon Richardson, seit zehn Jahren Gouverneur der Bank of England, durch Robert Leigh-Pemberton, Vorsitzender der National Westminster Bank, ersetzt wurde. Die Liste der Direktoren der National Westminster Bank liest sich wie ein Who's Who der britischen herrschenden Klasse. Dazu gehören der Vorsitzende Lord Aldenham, der auch Vorsitzender der Handelsbank Antony Gibbs & Son ist, eine der siebzehn privilegierten Firmen, die von der Bank of England gechartert wurden; Sir Walter Barrie, Vorsitzender des British Broadcasting System; F.E. Harmer, Gouverneur der London School of Economics, der Ausbildungsstätte der internationalen Bankiers, und Vorsitzender der New Zealand Shipping Company; Sir E.C. Mieville, Privatsekretär des Königs von England 1937-45; Marquess of Salisbury, Lord Cecil, Lordsiegelbewahrer (die Cecils gelten seit dem Mittelalter als eine der drei herrschenden Familien Englands); Lord Leathers, Baron of Purfleet, Minister für Kriegstransport 1941-45, Vorsitzender der William Cory

Group of Companies; Sir W.H. Coates und W.J. Worboys von Imperial Chemical Industries (das englische DuPont); Earl of Dudley, Vorsitzender von British Iron & Steel, Sir W. Benton Jones, Vorsitzender von United Steel und vielen anderen Stahlunternehmen; Sir G.E. Schuster, Bank of New Zealand; East India Coal Company; A. d'A. Willis, Ashanti Goldfields und viele Banken, Teeunternehmen und andere Firmen; V.W. Yorke, Vorsitzender von Mexican Railways Ltd.

Richardson, ehemaliger Vorsitzender von Schroders mit einer New Yorker Tochtergesellschaft, die Aktien der Federal Reserve Bank of New York hält, wurde durch den Vorsitzenden von National Westminster mit einer Tochtergesellschaft in New York ersetzt, die Aktien der Federal Reserve Bank of New York hält. Robert Leigh Pemberton, ein Direktor der Equitable Life Assurance Society (J.P. Morgan), heiratete die Tochter der Marchioness of Exeter (der Familie Cecil Burghley). Dadurch bleibt die Kontrolle der Londoner Verbindung ununterbrochen in Kraft.

Die Liste der derzeitigen Direktoren der J. Henry Schroder Bank and Trust zeigt den anhaltenden internationalen Einfluss seit dem Ersten Weltkrieg. George A. Braga ist auch Direktor der Czarnikow-Rionda Company, Vizepräsident der Francisco Sugar Company, Präsident der Manati Sugar Company und Vizepräsident der New Tuinicui Sugar Company. Seine Verwandte, Rionda B. Braga, ist Präsidentin der Francisco Sugar Company und Vizepräsidentin der Manati Sugar Company. Die Kontrolle der Schroders über den Zucker geht auf die US-Lebensmittelbehörde unter Herbert Hoover und Lewis L. Strauss von Kuhn, Loeb, Company während des Ersten Weltkriegs zurück. Die Anwälte der Schroders sind die Firma Sullivan und Cromwell. John Foster Dulles von dieser Firma war bei der historischen Vereinbarung zur Finanzierung Hitlers anwesend und war später Außenminister in der Eisenhower-Regierung. Alfred Jaretzki, Jr. von Sullivan and Cromwell ist auch Direktor der Manati Sugar Company und der Francisco Sugar Company.

Ein weiterer Direktor von J. Henry Schroder ist Norris Darrell, Jr., geboren in Berlin, Deutschland, Partner von Sullivan and Cromwell und Direktor der Schroder Trust Company. Bayless Manning, Partner der Wall-Street-Anwaltskanzlei Paul, Weiss, Rifkind und Wharton, ist ebenfalls Direktor von J. Henry Schroder. Er war von 1971 bis 1977 Präsident des Council on Foreign Relations und ist Chefredakteur der Yale Law Review.

Paul H. Nitze, der prominente „Abrüstungsverhandler" für die Regierung der Vereinigten Staaten, ist Direktor von Schroder's Inc. Er ist mit Phyllis Pratt verheiratet, einer Erbin des Standard Oil Vermögens, deren Vater das Haus der Familie Pratt, in dem sich der Rat für Auswärtige Beziehungen befindet, gestiftet hat.

KAPITEL 8

DER ERSTE WELTKRIEG

„Geld ist die schlimmste aller Schmuggelwaren." - William Jennings Bryan

Heute ist klar, dass es ohne das Federal Reserve System vielleicht keinen Weltkrieg gegeben hätte. Eine seltsame Abfolge von Ereignissen, von denen keines zufällig war, hatte sich ereignet. Ohne Theodore Roosevelts „Bull Moose" -Kandidatur wäre der beliebte Präsident Taft wiedergewählt worden, und Woodrow Wilson wäre in die Bedeutungslosigkeit zurückgekehrt.[97] Wäre Wilson nicht gewählt worden, hätten wir vielleicht keinen Federal Reserve Act gehabt, und der Erste Weltkrieg hätte vermieden werden können. Die europäischen Nationen waren durch die Politik der Zentralbanken, die ihre Regierungsentscheidungen diktierten, dazu veranlasst worden, große stehende Armeen zu unterhalten. Im April 1887 hatte das Quarterly Journal of Economics darauf hingewiesen:

„Ein detaillierter Überblick über die öffentlichen Schulden in Europa zeigt Zins- und Tilgungszahlungen in Höhe von 5.343

---

[97] ANMERKUNG: S.34. „House offenbarte mir in einem vertraulichen Moment: 'Wilson wurde von Teddy Roosevelt gewählt. *The Strangest Friendship in History, Woodrow Wilson and Col. House,* George Sylvester Viereck, Liveright, N.Y. 1932.

Millionen Dollar jährlich (fünfeindrittel Milliarden). Die Schlußfolgerung von Herrn Neymarck ist ähnlich wie die von Herrn Atkinson. Die Finanzen Europas sind so verwickelt, dass sich die Regierungen fragen können, ob ein Krieg mit all seinen schrecklichen Chancen nicht der Aufrechterhaltung eines so unsicheren und kostspieligen Friedens vorzuziehen ist. Wenn die militärischen Vorbereitungen Europas nicht in einem Krieg enden, können sie durchaus mit dem Bankrott der Staaten enden. Oder, wenn solche Torheiten weder zum Krieg noch zum Ruin führen, dann weisen sie mit Sicherheit auf eine industrielle und wirtschaftliche Revolution hin." Von 1887 bis 1914 hielt dieses prekäre System schwer bewaffneter, aber bankrotter europäischer Nationen an, während die Vereinigten Staaten weiterhin eine Schuldnernation waren, die zwar Geld aus dem Ausland lieh, aber nur wenige internationale Kredite vergab, weil sie keine Zentralbank oder „Kreditmobilisierung" besaß. Das von den Rothschilds entwickelte System nationaler Kredite diente der Finanzierung der europäischen Kämpfe im neunzehnten Jahrhundert, da sie über Rothschild-Filialen in mehreren Ländern verteilt waren. Um 1900 war es offensichtlich, dass sich die europäischen Länder keinen großen Krieg leisten konnten. Sie verfügten zwar über große stehende Heere, eine allgemeine Wehrpflicht und moderne Waffen, aber ihre Volkswirtschaften konnten die enormen Ausgaben nicht tragen. Das Federal Reserve System nahm 1914 seine Tätigkeit auf und zwang das amerikanische Volk, den Alliierten 25 Milliarden Dollar zu leihen, die nicht zurückgezahlt wurden, obwohl den New Yorker Bankiers erhebliche Zinsen gezahlt wurden. Das amerikanische Volk war gezwungen, Krieg gegen das deutsche Volk zu führen, mit dem wir keinerlei politische oder wirtschaftliche Differenzen hatten. Außerdem waren die Vereinigten Staaten die größte Nation der Welt, die aus Deutschen bestand; fast die Hälfte ihrer Bürger war deutscher Abstammung, und Deutsch war mit knapper Mehrheit als Landessprache abgewählt worden.[98] Der deutsche Botschafter in der Türkei, Baron Wangeheim, fragte den amerikanischen

---

[98] 1787 Verfassungskonvent.

Botschafter in der Türkei, Henry Morgenthau, warum die Vereinigten Staaten beabsichtigten, in Deutschland Krieg zu führen. „Wir Amerikaner", antwortete Morgenthau, der für die Gruppe der Harlemer Immobilienunternehmer sprach, deren Vorsitzender er war, „ziehen für ein moralisches Prinzip in den Krieg. „J.P. Morgan erhielt die Erlöse aus dem First Liberty Loan, um 400.000.000 Dollar zurückzuzahlen, die er Großbritannien zu Beginn des Krieges geliehen hatte. Zur Deckung dieses Kredits waren gemäß den Bestimmungen des Aldrich-Vreeland-Gesetzes über die Ausgabe von Schuldverschreibungen gegen Wertpapiere 68.000.000 $ ausgegeben worden, das einzige Mal, dass diese Bestimmung angewandt wurde. Sobald die Federal Reserve Banks ihre Tätigkeit aufnahmen, wurden die Anleihen zurückgezogen und durch Federal Reserve Notes ersetzt.

In den Jahren 1915 und 1916 hielt Wilson den Bankiers, die für ihn das Weiße Haus gekauft hatten, die Treue, indem er weiterhin Kredite an die Alliierten vergab. Sein Außenminister William Jennings Bryan protestierte ständig und erklärte: „Geld ist die schlimmste aller Schmuggelwaren. „Bis 1917 hatten die Morgans und Kuhn, Loeb Company anderthalb Milliarden Dollar an Krediten an die Alliierten vergeben. Die Bankiers finanzierten auch eine Reihe von „Friedens"-Organisationen, die darauf hinarbeiteten, uns in den Weltkrieg zu verwickeln. Die Commission for Relief in Belgium fabrizierte Gräuelgeschichten gegen die Deutschen, während eine Carnegie-Organisation, die League to Enforce Peace, in Washington für unseren Kriegseintritt agitierte. Daraus wurde später die Carnegie Endowment for International Peace, die in den 1940er Jahren von Alger Hiss geleitet wurde. Ein Schriftsteller[99] behauptete, er habe noch nie eine „Friedensbewegung" gesehen, die nicht in einem Krieg geendet hätte.

Der US-Botschafter in Großbritannien, Walter Hines Page, beschwerte sich, dass er sich den Posten nicht leisten konnte, und erhielt von Cleveland H. Dodge, dem Präsidenten der National

---

[99] ANMERKUNG: Emmett Tyrell, Jr., *Richmond Times Dispatch*, 15. Februar 1983 „Auf jede Friedensbewegung dieses Jahrhunderts ist ein Krieg gefolgt."

City Bank, fünfundzwanzigtausend Dollar pro Jahr als Taschengeld. H.L. Mencken beschuldigte Page 1916 ganz offen, ein britischer Agent zu sein, was ungerecht war. Page war lediglich ein Vertreter der Bankiers.

Am 5. März 1917 schickte Page einen vertraulichen Brief an Wilson. „Ich denke, dass der Druck dieser herannahenden Krise die Möglichkeiten der Morgan Financial Agency für die britische und französische Regierung übersteigt... Die größte Hilfe, die wir den Alliierten geben könnten, wäre ein Kredit. Solange wir nicht in den Krieg mit Deutschland eintreten, kann unsere Regierung natürlich keine solche direkte Kreditgewährung vornehmen." Die Rothschilds waren besorgt über die Fähigkeit Deutschlands, den Krieg fortzusetzen, trotz des finanziellen Chaos, das durch ihre Agenten, die Warburgs, die den Kaiser finanzierten, und Paul Warburgs Bruder Max, der als Chef des deutschen Geheimdienstes Lenins Zug genehmigte, die Linien zu passieren und die bolschewistische Revolution in Russland durchzuführen, verursacht wurde. Nach Angaben des Unterstaatssekretärs der Marine, Franklin D. Roosevelt, hatte sich die amerikanische Schwerindustrie ein Jahr lang auf den Krieg vorbereitet. Sowohl das Heeres- als auch das Marineministerium kauften seit Anfang 1916 in großen Mengen Kriegsgüter ein. Cordell Hull merkt in seinen Memoiren an:

„Der Konflikt erzwang die Weiterentwicklung des Einkommensteuerprinzips. Das Einkommenssteuergesetz, das auf die einzige große unversteuerte Einnahmequelle abzielte, war in letzter Minute erlassen worden, um die Anforderungen des Krieges zu erfüllen. Der Konflikt trug auch dazu bei, dass das Federal Reserve System in Kraft gesetzt werden konnte, ebenfalls in letzter Minute."[100]

Man kann sich fragen: Für wen kam das zur rechten Zeit? Sicherlich nicht für das amerikanische Volk, das keinen Bedarf an einer „Mobilisierung von Krediten" für einen europäischen Krieg oder an der Einführung einer Einkommenssteuer zur

---

[100] Cordell Hull, *Memoirs*, Macmillan, New York, 1948, V. 1, Seite 76.

Finanzierung eines Krieges hatte. Hulls Erklärung gewährt einen seltenen Einblick in die Machenschaften unserer „Staatsdiener".

In den Anmerkungen des Journal of Political Economy, Oktober 1917, heißt es:

„Die Auswirkungen des Krieges auf das Geschäft der Federal Reserve Banks haben einen immensen Ausbau des Personals dieser Banken mit einem entsprechenden Anstieg der Ausgaben erforderlich gemacht. Ohne natürlich in der Lage zu sein, eine so frühe und umfangreiche Nachfrage nach ihren Diensten in diesem Zusammenhang vorherzusehen, hatten die Verfasser des Federal Reserve Act vorgesehen, dass die Federal Reserve Banks als Finanzagenten der Regierung handeln sollten." Die Bankiers hatten seit 1887 darauf gewartet, dass die Vereinigten Staaten einen Zentralbankplan verabschiedeten, damit sie einen europäischen Krieg zwischen den Nationen finanzieren konnten, die sie bereits mit Rüstungs- und „Verteidigungs" -Programmen in den Ruin getrieben hatten. Die anspruchsvollste Funktion des Zentralbankmechanismus ist die Kriegsfinanzierung.

Am 13. Oktober 1917 hielt Woodrow Wilson eine wichtige Rede, in der er erklärte:

„Es ist offensichtlich zwingend erforderlich, dass eine vollständige Mobilisierung der Bankreserven der Vereinigten Staaten erfolgt. Die Last und das Privileg (der alliierten Kredite) müssen von allen Bankinstituten des Landes getragen werden. Ich glaube, dass die Zusammenarbeit der Banken in dieser Zeit eine patriotische Pflicht ist, und dass die Mitgliedschaft im Federal Reserve System ein deutlicher und wichtiger Beweis für Patriotismus ist." E.W. Kemmerer schreibt: „Als fiskalische Vertreter der Regierung leisteten die Federal Reserve Banks den Nationen nach unserem Eintritt in den Krieg Dienste von unschätzbarem Wert. Sie leisteten einen großen Beitrag zur Erhaltung unserer Goldressourcen, zur Regulierung unseres Devisenhandels und zur Zentralisierung unserer finanziellen Energien. Es schaudert einen, wenn man daran denkt, was hätte passieren können, wenn der Krieg uns mit unserem früheren dezentralisierten und antiquierten Bankensystem vorgefunden hätte." Kemmerers Schaudern ignoriert die Tatsache, dass wir, wenn wir „unser antiquiertes Bankensystem" beibehalten hätten, nicht in der Lage gewesen wären, den Weltkrieg zu finanzieren oder selbst als Teilnehmer einzutreten.

Woodrow Wilson selbst glaubte nicht an seinen Kreuzzug zur Rettung der Welt für die Demokratie. Später schrieb er: „Der Weltkrieg war eine Frage der wirtschaftlichen Rivalität." Als er von Senator McCumber zu den Umständen unseres Kriegseintritts befragt wurde, wurde Wilson gefragt: „Glauben Sie, dass wir in diesen Krieg eingetreten wären, wenn Deutschland keine Kriegshandlung oder keine Unrechtshandlung gegen unsere Bürger begangen hätte?" „Ich glaube schon", antwortete Wilson.

„Glaubst du, wir wären trotzdem reingekommen?", fuhr McCumber fort.

„Ich schon", sagte Wilson.

In seiner Kriegsbotschaft von 1917 zollte Wilson den Kommunisten in Russland, die damit beschäftigt waren, die Mittelschicht in diesem unglücklichen Land abzuschlachten, eine unglaubliche Anerkennung.

„Die wunderbaren und ermutigenden Dinge, die in den letzten Wochen in Russland geschehen sind, haben unsere Hoffnung auf den künftigen Frieden in der Welt gestärkt. Hier ist ein geeigneter Partner für eine Liga der Ehre."[101]

Wilsons Lobgesang auf ein blutrünstiges Regime, das inzwischen sechsundsechzig Millionen seiner Einwohner auf barbarischste Weise ermordet hat, entlarvt seine wahren Sympathien und seine wahren Hintermänner, die Bankiers, die die Blutsäuberung in Russland finanziert hatten. Als die kommunistische Revolution in Frage gestellt schien, schickte Wilson seinen persönlichen Abgesandten Elihu Root mit hundert Millionen Dollar aus seinem Special Emergency War Fund nach Russland, um das stürzende bolschewistische Regime zu retten.

---

[101] Public Papers of Woodrow Wilson, Dodd & Baker, v.5, S. 12-13.

Die Dokumentation über die Beteiligung der Firma Kuhn, Loeb am Aufbau des Kommunismus in Russland ist viel zu umfangreich, um hier zitiert zu werden, aber wir fügen eine kurze Erwähnung hinzu, die typisch für die Literatur zu diesem Thema ist. In seinem Buch „Zarismus und Revolution" schreibt General Arsene de Goulevitch,

„Herr Bakmetiev, der verstorbene kaiserliche russische Botschafter in den Vereinigten Staaten, erzählt uns, dass die Bolschewiken nach ihrem Sieg zwischen 1918 und 1922 600 Millionen Rubel in Gold an die Firma Kuhn, Loeb überwiesen haben." Nach unserem Eintritt in den Ersten Weltkrieg übergab Woodrow Wilson die Regierung der Vereinigten Staaten an ein Triumvirat seiner Wahlkampfunterstützer, Paul Warburg, Bernard Baruch und Eugene Meyer. Baruch wurde zum Leiter des War Industries Board ernannt, das über alle Fabriken in den Vereinigten Staaten verfügte. Eugene Meyer wurde zum Leiter der War Finance Corporation ernannt, die für das Kreditprogramm zur Finanzierung des Krieges zuständig war. Paul Warburg übernahm die Kontrolle über das Bankensystem der Nation.[102]

Da die überwältigende Stimmung der amerikanischen Bevölkerung in den Jahren 1915 und 1916 anti-britisch und pro-deutsch war, sahen unsere britischen Verbündeten die herausragende Rolle von Paul Warburg und der Firma Kuhn, Loeb in der Kriegsführung mit einer gewissen Besorgnis. Sie waren beunruhigt über seine hohe Position in der Verwaltung, weil sein Bruder Max Warburg zu dieser Zeit als Leiter des deutschen Geheimdienstes fungierte. Am 12. Dezember 1918 lautete der Bericht des Marinegeheimdienstes der Vereinigten Staaten über Herrn Warburg wie folgt:

„WARBURG, PAUL: New York City. Deutscher, eingebürgerter Staatsbürger, 1911 wurde er vom Kaiser 1912 ausgezeichnet, war stellvertretender Vorsitzender des Federal Reserve Board. Verwaltete große Summen, die von Deutschland

---

[102] ANMERKUNG: *New York Times*, 10. August 1918; „Mr. (Paul) Warburg war der Autor des Plans zur Gründung der War Finance Corporation."

für Lenin und Trotzki bereitgestellt wurden. Hat einen Bruder, der Leiter des Spionagesystems in Deutschland ist." Seltsamerweise ist dieser Bericht, der schon viel früher, während des Krieges mit Deutschland, verfasst worden sein muss, erst auf den 12. Dezember 1918 datiert. NACH der Unterzeichnung des Waffenstillstands. Er enthält auch nicht die Information, dass Paul Warburg im Mai 1918 aus dem Federal Reserve Board zurückgetreten ist, was darauf hindeutet, dass er vor Mai 1918 erstellt wurde, als Paul Warburg theoretisch wegen der Kontrolle des deutschen Geheimdienstes durch seinen Bruder wegen Hochverrats hätte angeklagt werden können.

Paul Warburgs Bruder Felix in New York war Direktor der Preußischen Lebensversicherungsgesellschaft in Berlin und hätte es vermutlich nicht gerne gesehen, wenn zu viele seiner Versicherungsnehmer im Krieg gefallen wären. Am 26. September 1920 erwähnte *die New York Times* in ihrem Nachruf auf Jacob Schiff in Bezug auf Kuhn, Loeb and Company: „Während des Weltkrieges standen einige ihrer Mitglieder in ständigem Kontakt mit der Regierung in beratender Funktion. Sie nahmen an den Konferenzen teil, die im Hinblick auf die Organisation und Gründung des Federal Reserve Systems abgehalten wurden." Der Nachruf von 1920 enthüllte zum ersten Mal, dass Jacob Schiff, wie die Warburgs, auch zwei Brüder in Deutschland während des Ersten Weltkriegs hatte, Philip und Ludwig Schiff aus Frankfurt am Main, die ebenfalls als Bankiers für die deutsche Regierung tätig waren! Dieser Umstand sollte nicht auf die leichte Schulter genommen werden, denn auf beiden Seiten des Atlantiks handelte es sich bei den besagten Bankiers um obskure Personen, die keinen Einfluss auf die Kriegsführung hatten. Im Gegenteil, die Partner von Kuhn und Loeb bekleideten während des Ersten Weltkriegs in den Vereinigten Staaten die höchsten Regierungsämter, während in Deutschland Max und Fritz Warburg sowie Philip und Ludwig Schiff in den höchsten Gremien der Regierung saßen. Aus den Memoiren von Max Warburg: „Der Kaiser schlug heftig mit dem Daumen auf den

Tisch und rief: 'Müssen Sie immer Recht haben? ', hörte sich dann aber aufmerksam Max' Meinung zu Finanzfragen an. „[103]

Im Juni 1918 schrieb Paul Warburg eine private Notiz an Woodrow Wilson: „Ich habe zwei Brüder in Deutschland, die Bankiers sind. Sie dienen jetzt natürlich ihrem Land nach besten Kräften, so wie ich meinem diene."[104]

Weder Wilson noch Warburg betrachteten die Situation als besorgniserregend, und Paul Warburg beendete seine Amtszeit im Gouverneursrat der Federal Reserve, während der Erste Weltkrieg weiter tobte.

Der Hintergrund von Kuhn, Loeb & Company wurde im „Truth Magazine", herausgegeben von George Conroy, aufgedeckt:

„Herr Schiff ist Chef des großen Privatbankhauses Kuhn, Loeb & Co., das die Rothschild-Interessen auf dieser Seite des Atlantiks vertritt. Er wurde als Finanzstratege bezeichnet und ist seit Jahren der Finanzminister der großen unpersönlichen Macht, die als Standard Oil bekannt ist.

Er war Hand in Hand mit den Harrimans, den Goulds und den Rockefellers bei all ihren Eisenbahnunternehmen und wurde zur dominierenden Macht in der Eisenbahn- und Finanzwelt Amerikas.

Louis Brandeis wurde aufgrund seiner großen Fähigkeiten als Anwalt und aus anderen Gründen, die später noch erläutert werden, von Schiff als das Instrument ausgewählt, mit dem er sein Ziel in Neuengland zu erreichen hoffte. Seine Aufgabe war es, das Vertrauen der Öffentlichkeit in das New-Haven-System zu erschüttern und einen Preisverfall der Wertpapiere zu bewirken, so dass sie auf dem Markt für die Zerstörer zum Kauf angeboten werden konnten."[105]

---

[103] Max Warburg, *Lebenserinnerungen von Max Warburg*, Berlin, 1936.
[104] David Farrar, *Die Warburgs*, Michael Joseph, Ltd, London, 1974.
[105] „Truth Magazine", George Conroy, Herausgeber, Boston, Ausgabe vom 16. Dezember 1912.

Wir erwähnen hier den Anwalt von Schiff, Brandeis, weil die erste freie Stelle am Obersten Gerichtshof der Vereinigten Staaten, die Woodrow Wilson besetzen durfte, an den Anwalt von Kuhn, Loeb, Brandeis, vergeben wurde.

Nicht nur, dass die US-Lebensmittelbehörde von Hoovers Direktor Lewis Lichtenstein Strauss geleitet wurde, der durch seine Heirat mit Alice Hanauer, der Tochter des Teilhabers Jerome Hanauer, in die Kuhn-Loeb-Gesellschaft eingeheiratet hatte, sondern auch im kritischsten Bereich, dem militärischen Nachrichtendienst, war Sir William Wiseman, Chef des britischen Geheimdienstes, ein Partner von Kuhn, Loeb & Company. Er arbeitete am engsten mit Wilsons Alter Ego, Oberst House, zusammen. „Zwischen House und Wiseman gab es bald nur noch wenige politische Geheimnisse, und aus ihrem gegenseitigen Verständnis resultierte in hohem Maße unsere enge Zusammenarbeit mit den Briten."[106]

Ein Beispiel für die Zusammenarbeit von House mit Wiseman war ein vertrauliches Abkommen, das House aushandelte und in dem sich die Vereinigten Staaten verpflichteten, auf der Seite der Alliierten in den Ersten Weltkrieg einzutreten. Zehn Monate vor der Wahl, die Wilson 1916 ins Weiße Haus zurückbrachte, „weil er uns aus dem Krieg herausgehalten hat", handelte Oberst House im Auftrag Wilsons ein Geheimabkommen mit England und Frankreich aus, in dem sich die Vereinigten Staaten verpflichteten, auf Seiten der Alliierten zu intervenieren. Am 9. März 1916 billigte Wilson diese Verpflichtung formell.[107]

Nichts könnte die Doppelzüngigkeit des Wesens von Woodrow Wilson eindringlicher veranschaulichen als seine landesweite Kampagne mit dem Slogan „Er hat uns aus dem Krieg herausgehalten", obwohl er zehn Monate zuvor versprochen hatte, uns auf der Seite Englands und Frankreichs in den Krieg zu ziehen. Dies erklärt, warum er von denjenigen, die

---

[106] Edward M. House, *The Intimate Papers of Col. House*, herausgegeben von Charles Seymour, Bd. II, S. 399. Houghton, Mifflin Co.

[107] George Sylvester Viereck, *Die seltsamste Freundschaft der Geschichte, Woodrow Wilson und Col. House*, S. 106.

die Fakten seiner Karriere kennen, mit solcher Verachtung betrachtet wurde. H.L. Mencken schrieb, Wilson sei „das perfekte Modell des christlichen Schurken", und wir sollten „seine Knochen ausgraben und daraus Würfel machen." Nach Angaben *der New York Times* hieß es in Paul Warburgs Rücktrittsschreiben, dass es Einwände gegeben habe, weil er einen Bruder im Schweizer Geheimdienst habe. *Die New York Times* hat diese offensichtliche Unwahrheit nie korrigiert, vielleicht weil die Kuhn, Loeb Company eine Mehrheitsbeteiligung an ihren Aktien besaß. Max Warburg war kein Schweizer, und obwohl er während seiner Amtszeit als Chef des deutschen Geheimdienstes wahrscheinlich mit dem Schweizer Geheimdienst in Kontakt gekommen war, konnte kein verantwortlicher Redakteur der *New York Times die* Tatsache ignorieren, dass Max Warburg Deutscher war, dass sein Familienbankhaus in Hamburg ansässig war und dass er eine Reihe hoher Positionen in der deutschen Regierung bekleidete. Er vertrat Deutschland auf der Friedenskonferenz von Versailles und blieb bis 1939 friedlich in Deutschland, in einer Zeit, in der Angehörige seiner Religion verfolgt wurden. Um während des herannahenden Krieges, als Bomben auf Deutschland fielen, keinen Schaden zu erleiden, durfte Max Warburg mit unversehrtem Vermögen nach New York segeln.

Zu Beginn des Ersten Weltkriegs war die Firma Kuhn, Loeb an der Übertragung der deutschen Schifffahrtsinteressen auf andere Stellen beteiligt. Sir Cecil Spring-Rice, britischer Botschafter in den Vereinigten Staaten, schrieb in einem Brief an Lord Grey:

„Eine andere Sache ist die Frage der Flaggenübernahme der Hamburg Amerika Schiffe. Das Unternehmen ist praktisch eine deutsche Regierungsangelegenheit. Die Schiffe werden für Regierungszwecke eingesetzt, der Kaiser selbst ist ein großer Aktionär, ebenso wie das große Bankhaus Kuhn, Loeb Company. Ein Mitglied dieses Hauses (Warburg) ist in eine sehr verantwortungsvolle Position in New York berufen worden, obwohl er gerade erst eingebürgert wurde. Er hat mit dem Finanzminister zu tun, der der Schwiegersohn des Präsidenten ist. Er ist es, der im Namen der Hamburg Amerika Shipping Company verhandelt."[108]

Am 13. November 1914 schrieb Spring-Rice in einem Brief an Sir Valentine Chirol, (S. 241, V. 2)

„Ich habe heute erfahren, dass *die New York Times* praktisch von Kuhn, Loeb und Schiff, einem besonderen Schützling des (deutschen) Kaisers, erworben worden ist. Warburg, der mit Kuhn, Loeb und Schiff fast verwandt ist, ist ein Bruder des bekannten Warburg von Hamburg, dem Partner von Ballin (Hamburg) Amerika-Linie), ist ein Mitglied des Federal Reserve Board oder vielmehr DAS Mitglied. Er kontrolliert praktisch die Finanzpolitik der Regierung, und Paish & Blackett (England) hatten hauptsächlich mit ihm zu verhandeln. Natürlich war es genau so, als würde man mit Deutschland verhandeln. Alles, was gesagt wurde, war deutsches Eigentum." Oberst Garrison schrieb in Roosevelt, Wilson und das Federal Reserve Law, dass „durch das Bankhaus der Kuhn Loeb Company eine mächtige Waffe in die Hände des deutschen Kaisers über das Schicksal der amerikanischen Wirtschaft und der amerikanischen Bürger gelegt worden wäre."[109]

Garrison bezog sich dabei auf die Hamburg-Amerika-Affäre.

Es erschien seltsam, dass Woodrow Wilson es für notwendig hielt, die Nation in die Hände von drei Männern zu legen, deren persönliche Geschichte von rücksichtsloser Spekulation und persönlichem Gewinnstreben geprägt war, oder dass er während des Krieges mit Deutschland einen 1911 eingebürgerten deutschen Einwanderer, den Sohn eines Einwanderers aus Polen und den Sohn eines Einwanderers aus Frankreich als Personen höchsten Vertrauens fand. Bernard Baruch erregte erstmals 1890 an der Wall Street Aufmerksamkeit, als er für A.A. Housman & Co. arbeitete.

---

[108] Briefe und Freundschaften von Sir Cecil Spring-Rice, S. 219-220.
[109] Col. Elisha Garrison, Roosevelt, *Wilson and the Federal Reserve Law*, Christopher Publishing House, Boston, 1931, S. 260.

Im Jahr 1896 fusionierte er die sechs wichtigsten Tabakunternehmen der Vereinigten Staaten zur Consolidated Tobacco Company und zwang James Duke und den American Tobacco Trust, sich an dieser Kombination zu beteiligen. Der zweite große von Baruch gegründete Trust brachte die Kupferindustrie in die Hände der Familie Guggenheim, die sie seitdem kontrolliert. Baruch arbeitete mit Edward H. Harriman zusammen, der der Frontmann von Schiff bei der Kontrolle des amerikanischen Eisenbahnsystems für die Familie Rothschild war. Baruch und Harriman kombinierten auch ihre Talente, um die Kontrolle über das New Yorker Nahverkehrssystem zu erlangen, das sich seither in einer gefährlichen finanziellen Lage befindet.

1901 gründete Baruch zusammen mit seinem Bruder Herman die Firma Baruch Brothers, Bankiers, in New York. 1917, als Baruch zum Vorsitzenden des War Industries Board ernannt wurde, wurde der Name in Hentz Brothers geändert.

In seiner Aussage vor dem Nye-Ausschuss am 13. September 1937 erklärte Bernard Baruch: „Alle Kriege haben einen wirtschaftlichen Ursprung. „So viel zu den religiösen und politischen Meinungsverschiedenheiten, die speziell als Ursache für Kriege angepriesen wurden.[110]

Einem Bericht des Magazins „New Yorker" zufolge machte Baruch während des Ersten Weltkriegs an einem einzigen Tag einen Gewinn von siebenhundertfünfzigtausend Dollar, nachdem in Washington ein falsches Friedensgerücht in Umlauf gebracht worden war. Im „Who's Who" erwähnt Baruch, dass er Mitglied der Kommission war, die während des Ersten Weltkriegs alle Einkäufe für die Alliierten abwickelte. Er gab das Geld der amerikanischen Steuerzahler in Höhe von zehn Milliarden Dollar pro Jahr aus und war auch das dominierende Mitglied des

---

[110] HINWEIS: Baruch erklärte in dieser Aussage auch: „Ich habe während des Krieges drei große Investitionen getätigt: Alaska Juneau Gold Mining Company (mit Partner Eugene Meyer), Texas Gulf Sulphur und Atolia Mining Company (Wolfram). „Rep. Mason, Illinois, teilte dem Repräsentantenhaus am 21. Februar 1921 mit, dass Baruch während des Krieges mehr als 50 Millionen Dollar mit Kupfer verdient hat.

Munitions Price-Fixing Committee. Er legte die Preise fest, zu denen die Regierung Kriegsmaterial kaufte. Es wäre naiv anzunehmen, dass die Aufträge nicht an Firmen gingen, an denen er und seine Mitarbeiter mehr als nur ein höflicher Interessendiktator über amerikanische Hersteller waren.[111]

Bei den Anhörungen des Nye-Ausschusses im Jahr 1935 sagte Baruch aus: „Präsident Wilson gab mir ein Schreiben, in dem er mich ermächtigte, jeden Industriezweig oder jedes Werk zu übernehmen. Es gab Richter Gary, den Präsidenten von United States Steel, mit dem wir Probleme hatten, und als ich ihm diesen Brief zeigte, sagte er: 'Ich schätze, wir werden das in Ordnung bringen müssen', und er hat es in Ordnung gebracht." Einige Mitglieder des Kongresses waren neugierig auf Baruchs Qualifikation, in Kriegszeiten über Leben und Tod der amerikanischen Industrie zu entscheiden. Er war kein Fabrikant und hatte nie in einer Fabrik gearbeitet. Als er vor einen Kongressausschuss geladen wurde, erklärte Bernard Baruch, sein Beruf sei „Spekulant". Ein Wall-Street-Zocker war zum Zar der amerikanischen Industrie ernannt worden.

---

[111] Baruch wählte als stellvertretenden Vorsitzenden des War Industries Board einen befreundeten Wall-Street-Spekulanten, Clarence Dillon (Lapowitz). Siehe Biographien.

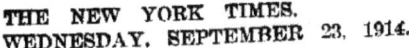
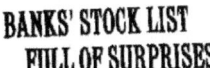

Faksimile eines Artikels, der in der New York Times vom 23. September 1914 erschien. Aufgeführt sind die Hauptaktionäre der fünf New Yorker Banken, die 40% der 203.053 Aktien der Federal Reserve Bank of New York bei der Gründung des Systems im Jahr 1914 erworben haben. Auf diese Weise erlangten sie die Kontrolle über die Federal Reserve Bank und haben sie seitdem inne.

Am Dienstag, den 26. Juli 1983, haben die fünf größten überlebenden Banken von New York City ihren Anteil an der Federal Reserve Bank of New York auf 53% der Aktien erhöht.

EUSTACE MULLINS

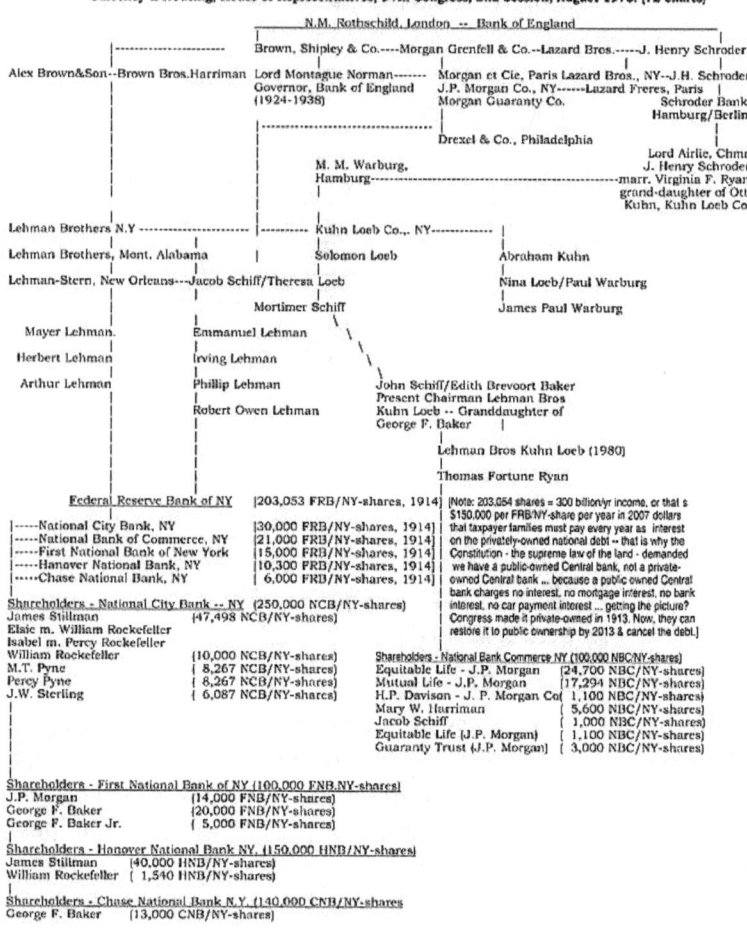

TABELLE I

Schaubild I zeigt die geradlinige Verbindung zwischen den Rothschilds und der Bank of England sowie den Londoner Bankhäusern, die über ihren Besitz von Bankaktien und ihre Tochterunternehmen in New York letztlich die Federal Reserve Banks kontrollieren. Die beiden wichtigsten Rothschild-Vertreter in New York, J.P. Morgan Co. und Kuhn, Loeb & Co., waren die Firmen, die die Konferenz auf Jekyll Island ins Leben riefen, auf der der Federal Reserve Act entworfen wurde, die die anschließende erfolgreiche Kampagne zur Verabschiedung des Plans durch den Kongress leiteten und die 1914 die entscheidenden Anteile an der Federal Reserve Bank of New York erwarben. Die wichtigsten Vertreter dieser Firmen wurden 1914 in den Gouverneursrat der Federal Reserve und in den Federal Advisory Council berufen.

1914 veranlassten einige (bluts- oder geschäftsverwandte) Familien, die die Mehrheit der Aktien bestehender Banken (z. B. in New York City) besaßen, diese Banken zum Kauf von Mehrheitsbeteiligungen an den Regionalbanken der Federal Reserve.

Eine Prüfung der Diagramme und des Textes im Bericht des House Banking Committee vom August 1976 und der aktuellen Aktionärsliste der 12 regionalen Federal Reserve Banks zeigt dieselbe Familienkontrolle.

Baruchs früherer Partner, Eugene Meyer (Alaska-Juneau Gold Mining Co.), behauptete später, Baruch sei ein Schwachkopf gewesen und Meyer habe mit seinen familiären Bankverbindungen (Lazard Freres) Baruchs Investmentkarriere gelenkt. Diese Behauptungen erschienen in der Jubiläumsausgabe der Washington Post vom 4. Juni 1983 mit einem Abschiedsgruß von Meyers Herausgeber Al Friendly: „Jeder Journalist in Washington, Meyer eingeschlossen, wusste, dass Bernard M. Baruch ein selbstherrlicher Schwindler war." Das dritte Mitglied des Triumvirats, Eugene Meyer, war der Sohn eines Partners im internationalen Bankhaus Lazard Freres in Paris und New York. In My Own Story erklärt Baruch, wie Meyer Leiter der War Finance Corporation wurde. „Zu Beginn des Ersten Weltkriegs", sagt er, „suchte ich Eugene Meyer, Jr. auf, der ein Mann von höchster Integrität war und den Wunsch hegte, der Öffentlichkeit zu dienen. "[112]

Die Nation hat sehr unter Personen gelitten, die sich in den Dienst der Öffentlichkeit stellen wollten, denn ihre Wünsche gingen oft weit über ihre Leidenschaft für ein Amt hinaus.

---

[112] Bernard Baruch, *Meine eigene Geschichte*, Henry-Holt Company, New York, 1957, S. 194.

Tatsächlich hatten Meyer und Baruch 1915 ein Unternehmen in Alaska betrieben, die Alaska-Juneau Gold Mining Company, und sie hatten auch bei anderen Finanzplänen zusammengearbeitet. Meyers Familienunternehmen Lazard Freres war auf den internationalen Goldhandel spezialisiert.

Eugene Meyers Leitung der War Finance Corporation ist eine der erstaunlichsten Finanzoperationen, die jemals in diesem Land teilweise aufgezeichnet wurden. Wir sagen „teilweise aufgezeichnet", weil spätere Untersuchungen des Kongresses ergaben, dass die Bücher jede Nacht geändert wurden, bevor sie für die Untersuchung am nächsten Tag eingebracht wurden. Louis McFadden, Vorsitzender des Banken- und Währungsausschusses des Repräsentantenhauses, war an zwei Untersuchungen gegen Meyer beteiligt, 1925 und 1930, als Meyer als Gouverneur des Federal Reserve Board vorgeschlagen wurde. Das Select Committee to Investigate the Destruction of Government Bonds (Sonderausschuss zur Untersuchung der Vernichtung von Staatsanleihen) legte am 2. März 1925 den Bericht Nr. 1635 vor: „Duplicate bonds amounting to 2314 pairs and duplicate coupons amounting to 4698 pairs ranging in den Denominations from $50 to $10,000 have been redeemed to July 1, 1924. Einige dieser Duplikate sind auf Irrtümer und andere auf Betrug zurückzuführen." Diese Untersuchungen erklären vielleicht, warum Eugene Meyer am Ende des Ersten Weltkriegs die Kontrolle über die Allied Chemical and Dye Corporation und später über die einflussreichste Zeitung des Landes, die Washington Post, erwerben konnte. Die Vervielfältigung von Anleihen, „eine für die Regierung, eine für mich", in Stückelungen von je 10.000 Dollar, brachte eine ordentliche Summe ein.

p. 6 dieser Anhörungen. „Diese Transaktionen des Schatzamtes vor dem 20. Juni 1920 (einschließlich der Abrechnungen für Käufe und Verkäufe), die von der War Finance Corporation (Eugene Meyer, Geschäftsführer) durchgeführt wurden, wurden größtenteils vom Geschäftsführer der War Finance Corporation geleitet, und die Abrechnungen mit dem Schatzamt wurden hauptsächlich von ihm mit dem Assistant Secretary of the Treasury vorgenommen, und aus den Büchern geht hervor, dass die Grundlage des von der Regierung gezahlten Preises für Anleihen im Wert von über 1,894 Millionen Dollar ($1,894,000,000.00), die das Schatzamt über die War Finance Corporation erwarb, nicht dem Marktpreis und nicht den Kosten der Anleihe zuzüglich Zinsen entsprach, und die Elemente, die in die Abrechnung einflossen, werden in der Korrespondenz nicht offengelegt. Der Geschäftsführer der War Finance Corporation erklärte, dass er und ein stellvertretender Finanzminister (Jerome J. Hanauer, Partner von Kuhn, Loeb Co., dessen Tochter mit Lewis L. Strauss verheiratet war) den Preis vereinbart hatten und dass es sich lediglich um eine willkürliche Zahl handelte, die von einem stellvertretenden Finanzminister für die von der War Finance Corporation erworbenen Anleihen festgelegt wurde.

Während des Zeitraums dieser Transaktionen und bis vor kurzem unterhielt der Geschäftsführer der War Finance Corporation, Eugene Meyer, Jr. in seiner privaten Eigenschaft ein Büro in der Wall Street Nr. 14, New York City, und verkaufte über die War Finance Corporation Anleihen im Wert von etwa 70 Millionen Dollar an die Regierung, kaufte über die War Finance Corporation auch Anleihen im Wert von etwa 10 Millionen Dollar und genehmigte die Rechnungen für die meisten, wenn nicht alle, dieser Anleihen in seiner offiziellen Eigenschaft als Geschäftsführer der War Finance Corporation.

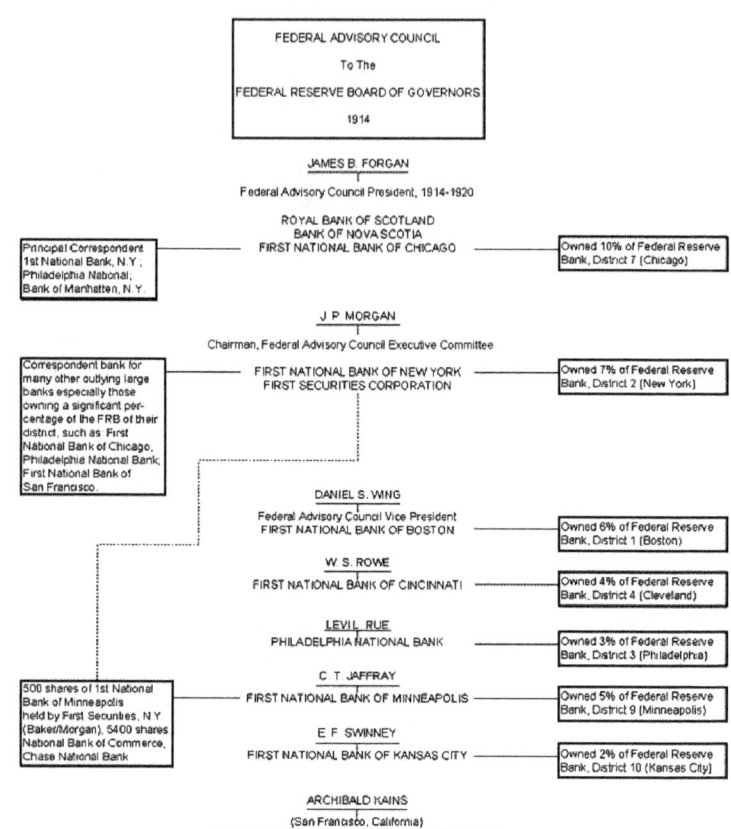

CHART II

Dieses Schaubild zeigt die Verflechtungen zwischen den Bankdirektoren, die sich aus dem Hintergrund der Beamten ergeben, die 1914 zu den ersten Mitgliedern des Federal Advisory Council gewählt wurden. Es handelte sich um dieselben Bankiers, die 1910 bei der Konferenz auf Jekyll Island und während der Kampagne zur Verabschiedung des Federal Reserve Act durch den Kongress 1913 anwesend oder vertreten waren. Diese Vertreter repräsentierten die größten Aktienbestände der New Yorker Banken, die die Mehrheit der Aktien der Federal Reserve Bank of New York erwarben, und waren auch die wichtigsten Korrespondenzbanken der Banken in anderen Federal Reserve Distrikten, die wiederum ihre Vertreter für den Federal Advisory Council wählten.

Als diese soeben erwähnten Transaktionen dem Ausschuss in öffentlicher Sitzung offengelegt wurden, erschien der Geschäftsführer vor dem Ausschuss und erklärte, dass für diese Transaktionen Provisionen gezahlt wurden, die wiederum an die vom Geschäftsführer ausgewählten Makler weitergegeben wurden, die die von seinem Maklerhaus erteilten Aufträge ausführten, Unmittelbar nach dieser Offenlegung gegenüber dem Ausschuss beauftragte der Geschäftsführer die Wirtschaftsprüfer Ernst und Ernst mit der Prüfung der Bücher der War Finance Corporation, die nach Abschluss der Prüfung dieser Bücher dem Ausschuss berichteten, dass alle Gelder, die das Maklerhaus des Geschäftsführers erhalten hatte, verbucht worden waren.

Während die bereits erwähnten Wirtschaftsprüfer gleichzeitig mit der Prüfung durch den Ausschuss ihre nächtliche Untersuchung durchführten, stellte Ihr Ausschuss fest, dass in den Büchern, die diese Transaktionen abdeckten, Änderungen vorgenommen wurden, und als der Schatzmeister der War Finance Corporation darauf aufmerksam gemacht wurde, gab er dem Ausschuss gegenüber zu, dass Änderungen vorgenommen wurden. In welchem Umfang diese Bücher während des Prozesses geändert wurden, konnte der Ausschuss nicht feststellen. Nach Juni 1921 wurden Wertpapiere im Wert von etwa 10 Milliarden Dollar vernichtet."

errata

A lot of people during my presidency ...and, during both Presidents Bush, attack the Bush Dynasty ...because, *they* co-owned Hamburg Amerika shipping company. Horse-pucky. History says, the financial panic of 1897 forced Union Pacific Railroad into bankruptcy. So, in 1898, Edward H. Harriman and Robert Lovett bought that railroad for 110 million dollars, in a deal brokered by New York-based Kuhn Loeb

Die J. Henry Schroder Banking Company umfasst die gesamte Geschichte des zwanzigsten Jahrhunderts, so auch das Programm (Belgian Relief Commission), das Deutschland von 1915-1918 versorgte und Deutschland 1916 davon abhielt, den Frieden zu suchen; die Finanzierung Hitlers im Jahr 1933, um den Zweiten Weltkrieg zu ermöglichen; die Unterstützung der

Präsidentschaftskampagne von Herbert Hoover; und selbst in der Gegenwart dienen zwei der wichtigsten Führungskräfte ihrer Tochtergesellschaft, der Bechtel Corporation, als Verteidigungsminister und Außenminister in der Reagan-Regierung.

Sir Gordon Richardson, Gouverneur der Bank of England (die vom Haus Rothschild kontrolliert wird), ist seit 1973 Chef der Bank of England. Er war Vorsitzender von J. Henry Schroder, New York, und der Schroder Banking Corporation, New York, sowie der Lloyd's Bank of London und von Rolls Royce. Er hat eine Residenz am Sutton Place in New York City und kann als Leiter der „London Connection" als der einflussreichste Banker der Welt bezeichnet werden.

Es war Eugene Meyers *Washington Post* (unter der Leitung seiner Tochter Katherine Graham), die später einen Präsidenten der Vereinigten Staaten aus dem Weißen Haus vertreiben sollte, mit der Begründung, er habe von einem Einbruch gewusst. Was sollen wir von den Enthüllungen über die Duplizierung von Anleihen im Wert von Hunderten von Millionen Dollar während Meyers Tätigkeit als Direktor der War Finance Corporation halten, von der Verfälschung der Bücher während einer Untersuchung des Kongresses und von der Tatsache, dass Meyer aus dieser Situation mit vielen Millionen Dollar hervorging, mit denen er die Allied Chemical Corporation, die *Washington Post* und andere Immobilien kaufte? Übrigens verwaltet Lazard Brothers, das Bankhaus von Meyers Familie, persönlich das Vermögen vieler unserer politischen Persönlichkeiten, einschließlich des Vermögens der Familie Kennedy.

Neben diesen Männern, Warburg, Baruch und Meyer, kamen nach 1917 zahlreiche Partner, Angestellte und Satelliten von J.P. Morgan Co. und Kuhn, Loeb Co. nach Washington, um die Geschicke des amerikanischen Volkes zu lenken.

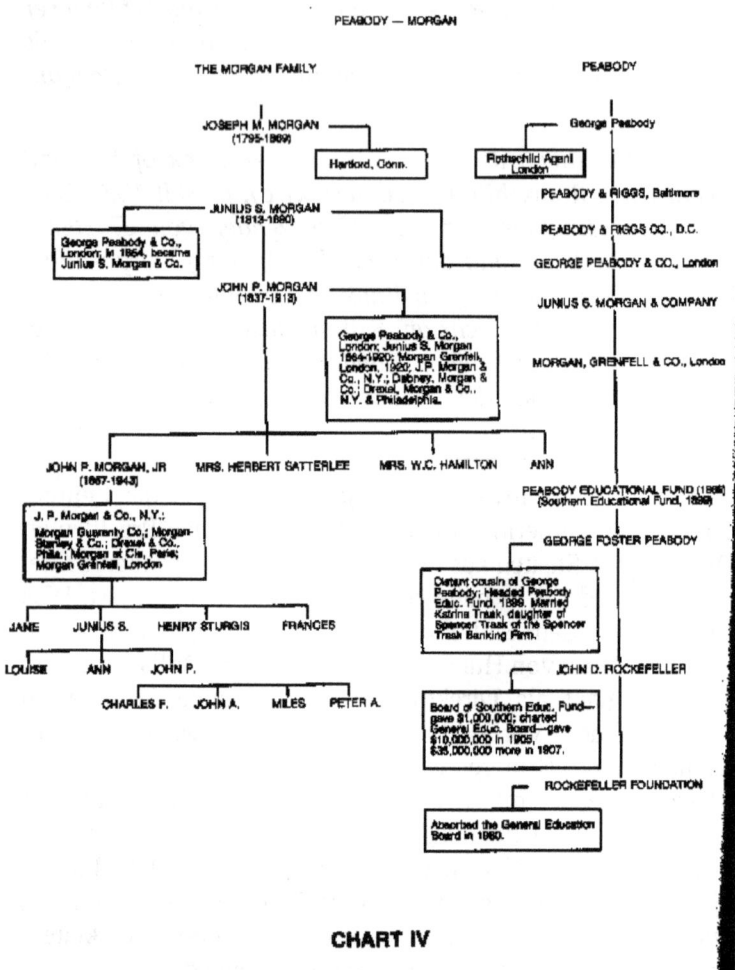

CHART IV

Das Peabody-Morgan-Diagramm zeigt die Londoner Verbindung dieser prominenten Bankunternehmen, die seit ihrer Gründung ihren Hauptsitz in London haben. Das Peabody-Vermögen gründete 1865 einen Bildungsfonds, der später von John D. Rockefeller 1905 in das General Educational Board übernommen wurde, das wiederum 1960 in der Rockefeller Foundation aufging.

Die Liberty Loans, die Anleihen an unsere Bürger verkauften, fielen nominell in die Zuständigkeit des Finanzministeriums der Vereinigten Staaten unter der Leitung von Wilsons Finanzminister William G. McAdoo, dem Kuhn, Loeb Co. 1902 die Leitung der Hudson-Manhattan Railway Co. übertragen hatte. Paul Warburg hatte den größten Teil der Firma Kuhn Loeb Co. während des Krieges bei sich in Washington. Jerome Hanauer, Partner bei Kuhn, Loeb Co., war stellvertretender Finanzminister und zuständig für Liberty Loans. Die beiden Unterstaatssekretäre des Finanzministeriums während des Krieges waren S. Parker Gilbert und Roscoe C. Leffingwell. Sowohl Gilbert als auch Leffingwell kamen von der Anwaltskanzlei Cravath und Henderson ins Finanzministerium und kehrten zu dieser Kanzlei zurück, nachdem sie ihren Auftrag für Kuhn, Loeb Co. im Finanzministerium erfüllt hatten. Cravath und Henderson waren die Anwälte von Kuhn Loeb Co. Gilbert und Leffingwell erhielten später Partnerschaften bei J.P. Morgan Co. Die Kuhn, Loeb Company, die größten Eigentümer von Eisenbahnbesitz in diesem Land und in Mexiko, schützten ihre Interessen während des Ersten Weltkriegs, indem sie Woodrow Wilson veranlassten, eine United States Railroad Administration einzurichten. Der Generaldirektor war William McAdoo, Comptroller of the Currency. Warburg ersetzte diese Einrichtung im Jahr 1918 durch eine straffere Organisation, die er Federal Transportation Council nannte. Zweck dieser beiden Organisationen war es, Streiks gegen die Kuhn, Loeb Company während des Krieges zu verhindern, falls die Eisenbahner versuchen sollten, einen Teil der Millionen Dollar an Kriegsgewinnen, die Kuhn, Loeb von der Regierung der Vereinigten Staaten erhielt, in Form von Löhnen zu erhalten.

Zu den wichtigen Bankiers, die während des Krieges in Washington anwesend waren, gehörte Herbert Lehman von der rasch aufstrebenden Firma Lehman Brothers, Bankers, New York. Lehman wurde umgehend in den Generalstab der Armee berufen und erhielt den Rang eines Oberst.

Die Lehmans hatten bereits Erfahrung mit der „Gewinnmitnahme aus dem Krieg", einer Doppeldeutigkeit und einer von Baruchs Lieblingsausdrücken. In *„Men Who Rule*

America" schreibt Arthur D. Howden Smith über die Lehmans während des Bürgerkriegs: „Sie waren oft Agenten, Vermittler für beide Seiten, Vermittler für vertrauliche Mitteilungen und Abwickler der vielen illegalen Baumwoll- und Drogengeschäfte für die Konföderation, Informationslieferanten für den Norden. Mit Mayer in Montgomery, der ersten Hauptstadt der Konföderation, Henry in New Orleans und Emanuel in New York waren die Lehmans in einer idealen Lage, um jede sich bietende Gelegenheit zum Profit zu nutzen. Sie scheinen nur wenige Gelegenheiten ausgelassen zu haben. "[113]

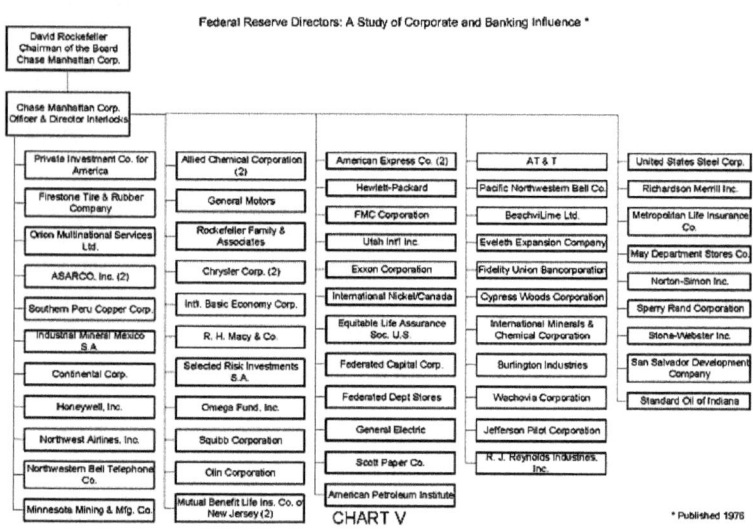

Das Schaubild von David Rockefeller zeigt die Verbindung zwischen der Federal Reserve Bank of New York, Standard Oil of Indiana, General Motors und Allied Chemical Corporation (Familie Eugene Meyer) und Equitable Life (J.P. Morgan).

Weitere Ernennungen während des Ersten Weltkriegs waren folgende:

---

[113] Arthur D. Howden Smith, *Men Who Rule America*, Bobbs Merrill, N.Y. 1935, S. 112.

J.W. McIntosh, Direktor des Armour meat-packing trust, der 1918 zum Chef der Subsistenzabteilung der US-Armee ernannt wurde. Später wurde er Comptroller of the Currency während der Coolidge-Regierung und von Amts wegen Mitglied des Federal Reserve Board.

Während der Harding-Administration leistete er seinen Beitrag als Finanzdirektor für die Schifffahrtsbehörde der Vereinigten Staaten, als diese Schiffe für ein Hundertstel ihrer Kosten an die Dollar Lines verkaufte und die Dollar Line dann mit ihren Zahlungen in Verzug geriet. Nach seinem Ausscheiden aus dem öffentlichen Dienst wurde J.W. McIntosh Partner bei der J.W. Wollman Co. in New York, einem Börsenmakler.

W.P.G. Harding, Gouverneur des Federal Reserve Board, war unter Eugene Meyer auch geschäftsführender Direktor der War Finance Corporation.

George R. James, Mitglied des Federal Reserve Board in den Jahren 1923-24, war Leiter der Baumwollabteilung des War Industries Board gewesen.

Henry P. Davison, Seniorpartner der J.P. Morgan Co., wurde 1917 zum Leiter des Amerikanischen Roten Kreuzes ernannt, um die Kontrolle über die dreihundertsiebzig Millionen Dollar Bargeld zu erhalten, die von der amerikanischen Bevölkerung in Form von Spenden gesammelt wurden.

Ronald Ransom, Bankier aus Atlanta und Gouverneur des Federal Reserve Board unter Roosevelt in den Jahren 1938-39, war 1918 der für den Auslandsdienst zuständige Direktor des Amerikanischen Roten Kreuzes gewesen.

John Skelton Williams, Comptroller of the Currency, wurde zum nationalen Schatzmeister des Amerikanischen Roten Kreuzes ernannt.

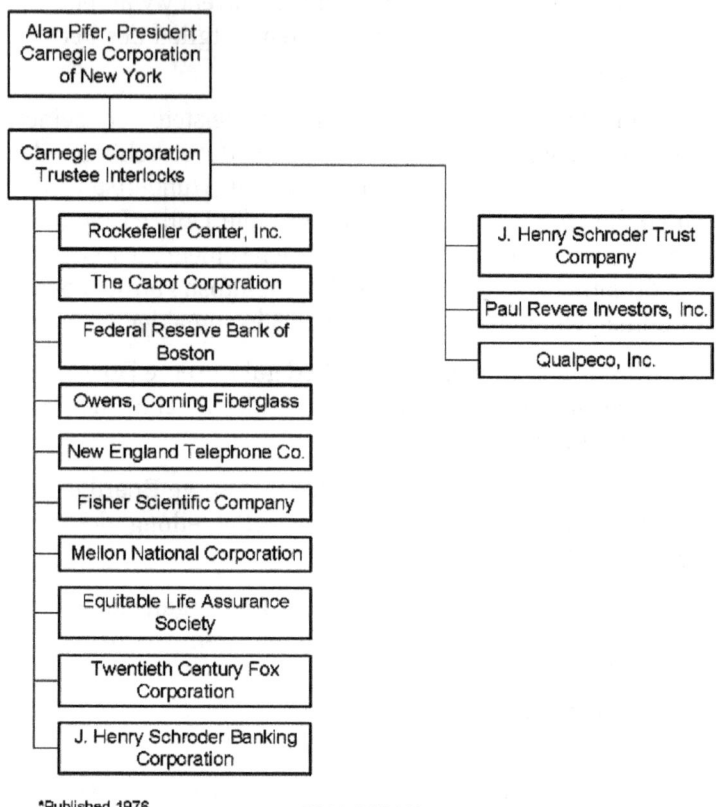

Federal Reserve Directors: A Study of Corporate and Banking Influence *

*Published 1976

CHART VI

Dieses Diagramm zeigt die Verflechtungen zwischen der Federal Reserve Bank of New York, der J. Henry Schroder Banking Corp, der J. Henry Schroder Trust Co, dem Rockefeller Center, Inc. der Equitable Life Assurance Society (J.P. Morgan) und der Federal Reserve Bank of Boston.

Präsident Woodrow Wilson, der große Liberale, der den Federal Reserve Act unterzeichnete und Deutschland den Krieg erklärte, hatte eine merkwürdige Karriere für einen Mann, der heute als Verteidiger des einfachen Volkes verehrt wird. Sein wichtigster Unterstützer in seinen beiden Kampagnen für die Präsidentschaft war Cleveland H. Dodge von Kuhn Loeb, der die National City Bank of New York kontrollierte. Dodge war auch Präsident der Winchester Arms Company und der Remington Arms Company. Während der gesamten politischen Laufbahn des großen Demokraten stand er Präsident Wilson sehr nahe. Wilson hob das Embargo für Waffenlieferungen nach Mexiko am 12. Februar 1914 auf, so dass Dodge Waffen und Munition im Wert von einer Million Dollar an Carranza liefern und die mexikanische Revolution fördern konnte. Die Kuhn, Loeb Co., der die mexikanische Eisenbahn gehörte, war mit der Verwaltung von Huerta unzufrieden geworden und hatte ihn hinausgeworfen.

Als das britische Flottenhilfsschiff Lusitania 1915 versenkt wurde, war es mit Munition aus Dodges Fabriken beladen. Dodge wurde Vorsitzender des „Survivors of Victims of the Lusitania Fund" (Fonds für die Überlebenden der Opfer der Lusitania), der so viel dazu beitrug, die Öffentlichkeit gegen Deutschland aufzuwiegeln. Dodge war auch dafür berüchtigt, dass er professionelle Gangster gegen Streikende in seinen Fabriken einsetzte, doch der liberale Wilson scheint sich daran nie gestört zu haben.

Ein weiterer Hinweis auf Wilsons eigentümlichen Liberalismus findet sich in Chaplins Buch Wobbly, in dem erzählt wird, wie Wilson das Wort „REFUSED" (abgelehnt) auf das Gnadengesuch des alternden und kränkelnden Eugene Debs kritzelte, der wegen „Reden und Schreiben gegen den Krieg" ins Gefängnis von Atlanta eingeliefert worden war. Die Anklage, wegen der Debs verurteilt wurde, lautete „mündliche und schriftliche Anprangerung des Krieges". Dies war Hochverrat an der Wilson-Diktatur, und Debs wurde ins Gefängnis gesteckt. Als Vorsitzender der Sozialistischen Partei kandidierte Debs vom Gefängnis in Atlanta aus für die Präsidentschaft, der einzige Mann, dem dies je gelang, und erhielt mehr als eine Million Stimmen. Es war eine Ironie des Schicksals, dass Debs' Führung der Socialist Party, die damals den Wunsch vieler Amerikaner nach einer ehrlichen Regierung vertrat, in die kränklichen Hände von Norman Thomas fiel, einem ehemaligen Studenten und Bewunderer von Woodrow Wilson an der Princeton University.

Unter Thomas' Führung stand die Sozialistische Partei für nichts mehr und verlor immer mehr an Einfluss und Ansehen.

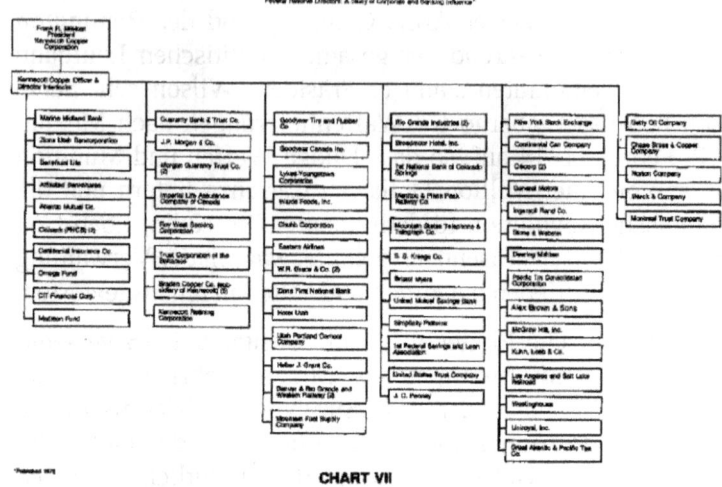

CHART VII

Dieses Schaubild zeigt die Verflechtungen der Federal Reserve Bank of New York mit der Citibank, der Guaranty Bank and Trust Co. (J.P. Morgan), der J.P. Morgan Co., der Morgan Guaranty Trust Co., Alex Brown & Sons (Brown Brothers Harriman), Kuhn Loeb & Co., Los Angeles and Salt Lake RR (kontrolliert von Kuhn Loeb Co.) und Westinghouse (kontrolliert von Kuhn Loeb Co.).

Wilson engagierte sich weiterhin stark für die bolschewistische Revolution, ebenso wie House und Wiseman. Band 3, S. 421 der Intimen Papiere von House enthält ein Telegramm von Sir William Wiseman an House aus London vom 1. Mai 1918, in dem er eine Intervention der Alliierten auf Einladung der Bolschewiki vorschlägt, um die bolschewistischen Streitkräfte zu organisieren.

Oberstleutnant Norman Thwaites schreibt in seinen Memoiren „Velvet and Vinegar" (Samt und Essig): „In den Jahren 1917-20, als heikle Entscheidungen zu treffen waren, habe ich mich oft mit Mr. (Otto) Kahn beraten, dessen ruhiges

Urteilsvermögen und fast unheimliche Weitsicht in Bezug auf politische und wirtschaftliche Tendenzen sich als äußerst hilfreich erwiesen. Ein weiterer bemerkenswerter Mann, mit dem ich eng verbunden war, ist Sir William Wiseman, der die britische Delegation auf der Friedenskonferenz in amerikanischen Angelegenheiten beriet und während des Krieges Verbindungsoffizier zwischen der amerikanischen und der britischen Regierung war. In seinen Beziehungen zur Downing Street war er eher der Oberst des Hauses dieses Landes."[114]

Im Sommer 1917 ernannte Woodrow Wilson Oberst House zum Leiter der amerikanischen Kriegsmission bei der Interalliierten Kriegskonferenz, der ersten amerikanischen Mission bei einem europäischen Rat in der Geschichte. House wurde kritisiert, weil er seinen Schwiegersohn Gordon Auchincloss zu seinem Assistenten für diese Mission ernannt hatte. Paul Cravath, der Anwalt der Firma Kuhn, Loeb, war der dritte Verantwortliche für die amerikanische Kriegsmission. Sir William Wiseman leitete die amerikanische Kriegsmission bei ihren Konferenzen. In Die seltsamste Freundschaft der Geschichte schreibt Viereck,

„Nach dem Eintritt Amerikas in den Krieg war Wiseman laut Northcliffe der einzige Mann, der jederzeit Zugang zum Colonel und zum Weißen Haus hatte. Wiseman mietete eine Wohnung in dem Haus, in dem der Colonel lebte. David Lawrence bezeichnete das Haus in der Fifty-Third Street (New York City) scherzhaft als „American No. 10 Downing St...".

---

[114] Oberstleutnant Norman Thwaites, Velvet and Vinegar, Grayson Co., London, 1932.

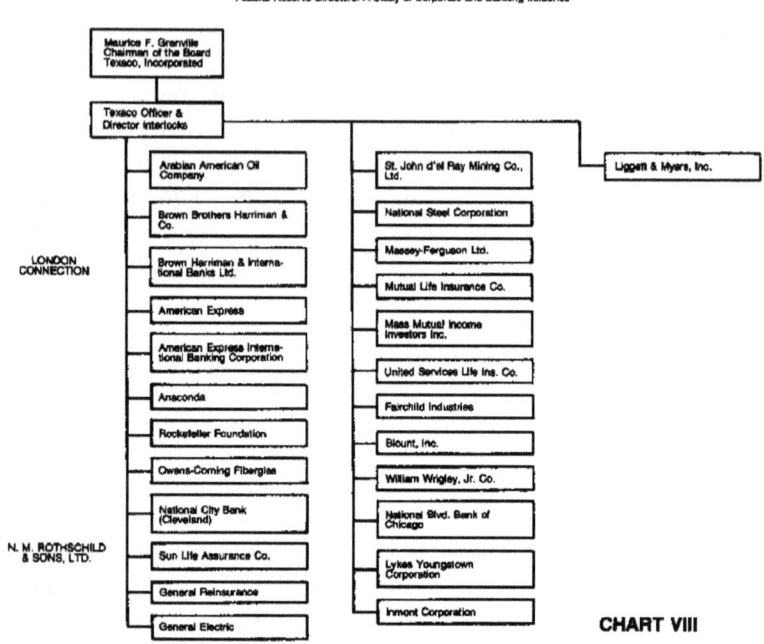

Diese Grafik zeigt die Verbindung zwischen der Federal Reserve Bank of New York, Brown Brothers Harriman, Sun Life Assurance Co. (N.M. Rothschild and Sons) und der Rockefeller Foundation.

Oberst House hatte einen speziellen Code, der nur mit Sir William Wiseman verwendet wurde. Oberst House war Bush, die Morgans waren Haslam, und Trotzki war Keble. „[115]

So hatten diese beiden „inoffiziellen" Berater der britischen und der amerikanischen Regierung einen Code nur füreinander, den niemand sonst verstehen konnte. Noch seltsamer war die Tatsache, dass der internationale kommunistische Spionageapparat viele Jahre lang das Buch von Oberst House,

---

[115] George Sylvester Viereck, Die seltsamste Freundschaft der Geschichte, Woodrow Wilson und Col. House, Liveright, N.Y. 1932, S. 172.

Philip Dru, Administrator, als offizielles Codebuch verwendete. Francois Coty schreibt,

„Gorodin, Lenins Agent in China, soll ein Exemplar des von Oberst House, Philip Dru, Administrator, herausgegebenen Buches bei sich gehabt haben, und ein Code-Experte, der in China lebte, erzählte diesem Autor, dass der Zweck des ständigen Zugangs von Gorodin zu diesem Buch darin bestand, es zur Kodierung und Dekodierung von Nachrichten zu verwenden."[116]

Nach dem Waffenstillstand stellte Woodrow Wilson die amerikanische Delegation für die Friedenskonferenz zusammen und schiffte sich nach Paris ein. Im Großen und Ganzen handelte es sich um eine äußerst sympathische Gruppe, die sich aus den Bankiers zusammensetzte, die Wilsons Politik stets geleitet hatten. Er wurde begleitet von Bernard Baruch, Thomas W. Lamont von J.P. Morgan Co., Albert Strauss von den Bankiers J & W Seligman, der von Wilson als Ersatz für Paul Warburg in den Gouverneursrat der Federal Reserve gewählt worden war, J.P. Morgan und den Morgan-Anwälten Frank Polk und John W. Davis. Begleitet wurden sie von Walter Lippmann, Felix Frankfurter, Richter Brandeis und anderen interessierten Parteien. In Masons Biografie über Brandeis heißt es: „Im Juni 1919 traf sich Brandeis in Paris mit Freunden wie Paul Warburg, Col. House, Lord Balfour, Louis Marshall und Baron Edmond de Rothschild." Baron Edmond de Rothschild diente den führenden Mitgliedern der amerikanischen Delegation als freundlicher Gastgeber und überließ ihnen sogar seine Pariser Villa, während die weniger wichtigen Mitglieder im eleganten Hotel Crillon bei Oberst House und seinem persönlichen Stab von 201 Bediensteten ausharren mussten.

---

[116] Francois Coty, Den Schleier wegreißen, Paris, 1940.

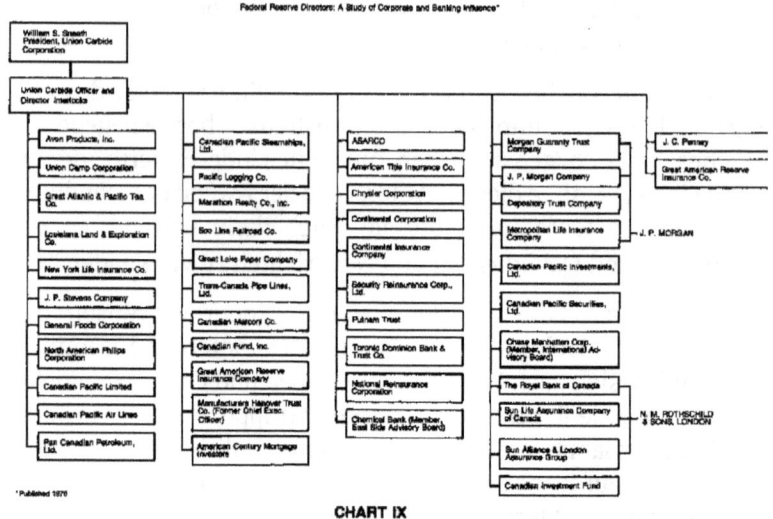

CHART IX

Dieses Schaubild zeigt die Verflechtungen zwischen der Federal Reserve Bank of New York und J.P. Morgan Co., Morgan Guaranty Trust Co. sowie den Rothschild-Tochtergesellschaften Royal Bank of Canada, Sun Life Assurance Co. of Canada, Sun Alliance und London Assurance Group.

Baruch sagte später vor dem Graham-Ausschuss des Senatsausschusses für auswärtige Beziehungen aus: „Ich war Wirtschaftsberater bei der Friedensmission.

GRAHAM: Haben Sie den Präsidenten dort häufig beraten?

BARUCH: Wann immer er mich um Rat fragte, gab ich ihn. Ich hatte etwas mit den Reparationsklauseln zu tun. Ich war der amerikanische Kommissar für das, was man die Wirtschaftsabteilung nannte. Ich war Mitglied des Obersten Wirtschaftsrates und zuständig für Rohmetalle.

GRAHAM: Haben Sie im Rat mit den Herren gesessen, die den Vertrag ausgehandelt haben?

BARUCH: Ja, Sir, ab und zu.

GRAHAM: Alle, außer den Treffen, an denen die Fünf teilgenommen haben? (Die Fünf sind die Führer der fünf verbündeten Nationen).

BARUCH: Und häufig auch diese." Paul Warburg begleitete Wilson in der amerikanischen Kommission für die Friedensverhandlungen als sein Hauptfinanzberater. Er war angenehm überrascht, an der Spitze der deutschen Delegation seinen Bruder Max Warburg zu finden, der Carl Melchior, ebenfalls von der M.M. Warburg Company, William Georg von Strauss, Franz Urbig und Mathias Erzberger mitbrachte.

Thomas W. Lamont schreibt in seinen privat gedruckten Memoiren Across World Frontiers: „Der deutschen Delegation gehörten zwei deutsche Bankiers der Firma Warburg an, die ich zufällig ein wenig kannte und mit denen ich mich gerne informell unterhielt, denn sie schienen sich ernsthaft zu bemühen, einen für die Alliierten akzeptablen Reparationsvorschlag zu machen. "[117] Lamont war auch erfreut, Sir William Wiseman, den Chefberater der britischen Delegation, zu sehen.

Die Bankiers auf der Konferenz überzeugten Wilson, dass sie eine internationale Regierung brauchten, um ihre internationalen Währungsoperationen zu erleichtern. Bd. IV, S. 52, Intimate Papers of Col. House zitiert eine Nachricht von Sir William Wiseman an Lord Reading vom 16. August 1918: „Der Präsident hat zwei Hauptprinzipien im Auge: Es muss einen Völkerbund geben, und er muss schlagkräftig sein." Wilson, der in einer Fantasiewelt zu leben schien, war schockiert, als die amerikanischen Bürger ihn während seiner Kampagne ausbuhten, damit sie ihre hart erkämpfte Unabhängigkeit an eine internationale Diktatur abtreten, die vielen als solche erschien. Er verfiel daraufhin in eine Depression und zog sich in sein Schlafzimmer zurück. Seine Frau verschloss sofort die Türen des Weißen Hauses gegen Oberst House, und vom 25. September 1919 bis zum 13. April 1920 regierte sie die Vereinigten Staaten mit Hilfe eines vertrauten Freundes, ihres „militärischen Adjutanten", Oberst Rixey Smith. Da die Öffentlichkeit von

---

[117] Thomas W. Lamont, Across World Frontiers, (Privatdruck) 1950, S. 138.

ihren Beratungen ausgeschlossen war, wusste niemand, wer von den beiden als Präsident und wer als Vizepräsident fungierte.

Die Bewunderer von Woodrow Wilson wurden jahrzehntelang von Bernard Baruch angeführt, der erklärte, Woodrow Wilson sei der größte Mann, den er je gekannt habe. Wilsons Ernennung zum Mitglied des Federal Reserve Board und die Verantwortung dieses Gremiums für die Finanzierung des Ersten Weltkriegs sowie Wilsons Übergabe der Vereinigten Staaten an das Triumvirat der Einwanderer während des Krieges ließen ihn als den wichtigsten Einzelverursacher des Ruins in der amerikanischen Geschichte erscheinen.

Es ist kein Wunder, dass Woodrow Wilson nach seiner missglückten Europareise, bei der er auf den Straßen von den Franzosen ausgepfiffen und verhöhnt und in den Sälen von Versailles von Orlando und Clemenceau verhöhnt wurde, nach Hause zurückkehrte und sich in sein Bett legte. Der Anblick der Zerstörung und des Todes in Europa, für die er direkt verantwortlich war, war vielleicht ein größerer Schock, als er ertragen konnte. Der italienische Minister Pentaleoni brachte die Gefühle der europäischen Völker zum Ausdruck, als er schrieb, dass:

„Woodrow Wilson ist eine Art Pecksniff, der jetzt unter allgemeiner Verachtung verschwunden ist." Es ist das Pech Amerikas, dass unsere subventionierte Presse und unser Bildungssystem sich der Verehrung eines Mannes verschrieben haben, der an der Verursachung von so viel Tod und Leid in der Welt mitgewirkt hat.

In diesen entscheidenden Jahren erlitt das Finanzkartell nur geringe Rückschläge. Am 12. Februar 1917 berichtete *die New York Times*: „Die fünf Mitglieder des Federal Reserve Board wurden von Charles A. Lindbergh, republikanisches Mitglied des Banken- und Währungsausschusses des Repräsentantenhauses, im Plenum des Repräsentantenhauses angeklagt. Laut Lindbergh „begann die Verschwörung 1906, als der verstorbene J.P. Morgan, Paul M. Warburg, ein gegenwärtiges Mitglied des Federal Reserve Board, die National City Bank und andere Bankunternehmen „konspirierten", um eine

Währungsgesetzgebung im Interesse des Großkapitals und die Ernennung eines speziellen Gremiums zur Verwaltung eines solchen Gesetzes zu erreichen, um Industriesklaven der Massen zu schaffen, die genannten Verschwörer haben sich verschworen und verschwören sich jetzt, um das Federal Reserve Board so verwalten zu lassen, dass die Verschwörer alle Arten von Großunternehmen koordinieren und sich selbst die Kontrolle über das Großkapital sichern können, um alle Konzerne zu einem großen Trust zur Beschränkung und Kontrolle von Handel und Gewerbe zu verschmelzen. „Die Entschließung zur Amtsenthebung wurde vom Repräsentantenhaus nicht behandelt.

Die New York Times berichtete am 10. August 1918: „Mr. Warburgs Amtszeit ist abgelaufen und er ist freiwillig aus dem Federal Reserve Board ausgeschieden. „Die frühere Andeutung, dass Herr Warburg das Federal Reserve Board verließ, weil er einen Bruder im Geheimdienst eines fremden Landes, nämlich Deutschlands, hatte, mit dem wir uns im Krieg befanden, war also nicht der Grund für seinen Rücktritt. Auf jeden Fall verließ er die Federal Reserve Administration nicht, da er sofort J.P. Morgans Sitz im Federal Advisory Council übernahm, von wo aus er das Federal Reserve System in den nächsten zehn Jahren weiter verwaltete.

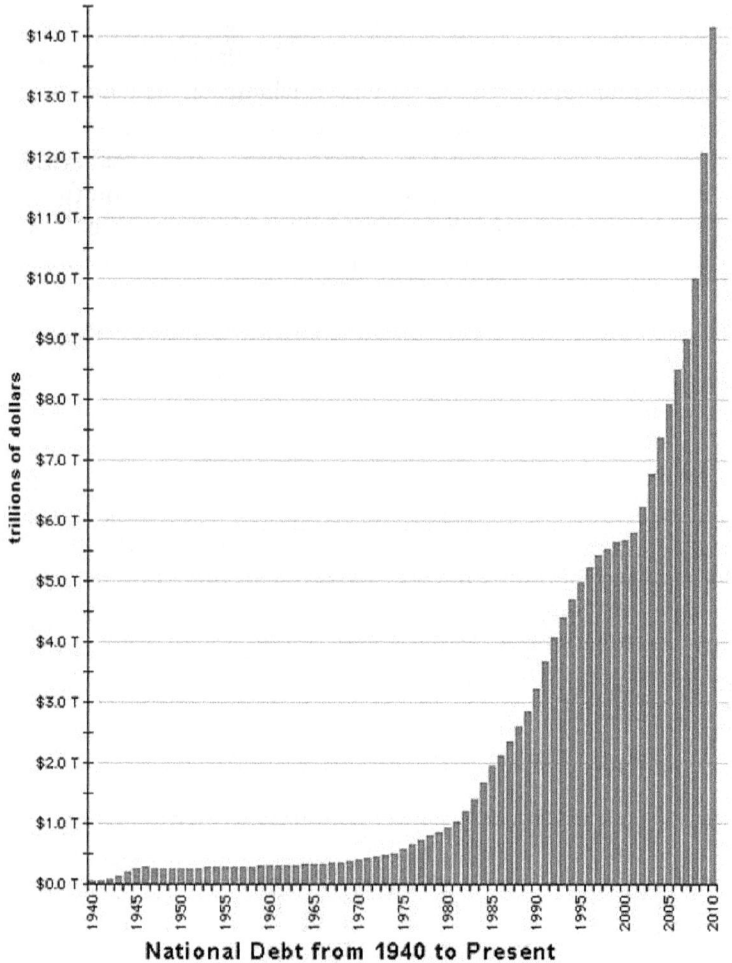

National Debt from 1940 to Present

Source: U.S. National Debt Clock
http://www.brillig.com/debt_clock/

KAPITEL 9

DIE LANDWIRTSCHAFTLICHE DEPRESSION

Als Paul Warburg 1918 aus dem Federal Reserve Board of Governors zurücktrat, wurde sein Platz von Albert Strauss eingenommen, einem Partner des internationalen Bankhauses J & W Seligman. Dieses Bankhaus hatte große Interessen in Kuba und Südamerika und spielte eine wichtige Rolle bei der Finanzierung der zahlreichen Revolutionen in diesen Ländern. Am meisten Aufsehen erregte es 1933 bei der Untersuchung des Finanzausschusses des Senats, als herauskam, dass J & W Seligman Juan Leguia, dem Sohn des peruanischen Präsidenten, 415.000 Dollar Bestechungsgeld gegeben hatte, um dieses Land zur Annahme eines Kredits zu bewegen.

Eine unvollständige Liste der Verwaltungsratsmandate von Albert Strauss laut „Who's Who" zeigt, dass er war: Vorstandsvorsitzender der Cuba Cane Sugar Corporation; Direktor der Brooklyn Manhattan Transit Co, Coney Island Brooklyn RR, New York Rapid Transit, Pierce-Arrow, Cuba Tobacco Corporation und der Eastern Cuba Sugar Corporation.

Gouverneur Delano trat im August 1918 zurück, um Oberst in der Armee zu werden. Der Krieg endete am 11. November 1918.

William McAdoo wurde 1918 durch Carter Glass als Finanzminister abgelöst. Sowohl Strauss als auch Glass waren bei der geheimen Sitzung des Federal Reserve Board am 18. Mai

1920 anwesend, als die Agrarkrise von 1920-21 ermöglicht wurde.

Eine der größten Lügen über den Federal Reserve Act, als er 1913 angepriesen wurde, war sein Versprechen, sich um die Landwirte zu kümmern. Tatsächlich hat es sich nie um irgendjemanden gekümmert, außer um ein paar große Banker. Prof. O.M.W. Sprague, Wirtschaftswissenschaftler aus Harvard, schrieb im Quarterly Journal of Economics vom Februar 1914:

„Der Hauptzweck des Federal Reserve Act ist es, sicherzustellen, dass in diesem Land immer ein Angebot an Geld und Krediten zur Verfügung steht, um ungewöhnliche Bankanforderungen zu erfüllen." Diese Formulierung hilft dem Landwirt in keiner Weise.

Der Erste Weltkrieg hatte diesem Land einen allgemeinen Wohlstand beschert, wie die Aktien der Schwerindustrie an der New Yorker Börse in den Jahren 1917-1918, der Anstieg der zirkulierenden Geldmenge und die enormen Bankabrechnungen während des gesamten Jahres 1918 zeigten. Es war die Aufgabe des Federal Reserve Systems, die riesigen Geld- und Kreditmengen, die während dieser Zeit des Wohlstands ihrer Kontrolle entgangen waren, zurückzubekommen. Dies geschah durch die landwirtschaftliche Depression von 1920-21.

Die Operationen des Offenmarktausschusses der Federal Reserve in den Jahren 1917-18, als Paul Warburg noch Vorsitzender war, zeigen eine enorme Zunahme der Ankäufe von Bank- und Handelsakzepten. Auch der Ankauf von Staatspapieren der Vereinigten Staaten nahm unter der Leitung des fähigen Eugene Meyer, Jr. stark zu. Ein großer Teil der Börsenspekulationen im Jahr 1919, bei Kriegsende, als der Markt sehr unruhig war, wurde mit Geldern finanziert, die bei den Federal Reserve Banks mit Staatspapieren als Sicherheiten aufgenommen wurden. Auf diese Weise hat das Federal Reserve System die Depression herbeigeführt, indem es zunächst die Inflation verursachte und dann den Diskontsatz anhob und das Geld teuer machte.

Im Jahr 1914 waren die Zinssätze der Federal Reserve Bank von sechs auf vier Prozent gesunken, hatten 1916 einen weiteren Tiefstand von drei Prozent erreicht und waren bis 1920 auf diesem Niveau geblieben. Der Grund für den niedrigen Zinssatz war die Notwendigkeit, die milliardenschweren Liberty Loans zu begeben. Zu Beginn jedes Liberty Loan Drive stellte die Federal Reserve Board über ihre Offenmarktoperationen hundert Millionen Dollar auf dem New Yorker Geldmarkt zur Verfügung, um einen Bargeldimpuls für den Drive zu geben. Die wichtigste Aufgabe der Freiheitsanleihen bestand darin, den Anstieg des Geldumlaufs aufzufangen, der durch die große Menge an Geld und Krediten während des Krieges verursacht wurde. Den Arbeitern wurden hohe Löhne gezahlt, und die Landwirte erhielten die höchsten Preise für ihre Erzeugnisse, die sie je erzielt hatten. Diese beiden Gruppen häuften Millionen von Dollar in bar an, die sie nicht in Freiheitsanleihen investierten. Dieses Geld befand sich nicht mehr in den Händen der Wall Street-Gruppe, die das Geld und den Kredit der Vereinigten Staaten kontrollierte. Sie wollten es zurück, und so kam es zur Agrarkrise von 1920-21.

Ein großer Teil des Geldes war in kleinen Landbanken im Mittleren Westen und im Westen deponiert, die sich geweigert hatten, dem Federal Reserve System beizutreten, da die Farmer und Rancher dieser Regionen keinen guten Grund sahen, warum sie einer Gruppe internationaler Finanziers die Kontrolle über ihr Geld überlassen sollten. Die Hauptaufgabe des Federal Reserve Systems bestand darin, diese kleinen Landbanken zu zerschlagen und das Geld, das während des Krieges an die Farmer ausgezahlt worden war, zurückzubekommen, d.h. sie zu ruinieren, und das tat es auch.

Zunächst wurde ein Federal Farm Loan Board eingerichtet, das die Landwirte ermutigte, ihr angespartes Geld mit langfristigen Krediten in Land zu investieren, was die Landwirte auch gerne taten. Dann ließ man die Inflation in diesem Land und in Europa 1919 und 1920 ihren Lauf nehmen. Der Zweck der Inflation in Europa war es, einen großen Teil der Kriegsschulden zu tilgen, die die Alliierten dem amerikanischen Volk schuldeten, und ihr Zweck in diesem Land war es, die überschüssigen Gelder einzuziehen, die an die Werktätigen in Form von höheren Löhnen und Produktionsprämien verteilt worden waren. Da die Preise immer höher stiegen, wurde das Geld, das die Arbeiter angesammelt hatten, immer weniger wert, was für sie einen ungerechten Abfluss bedeutete, während sich die besitzenden Klassen durch die Inflation bereicherten, da der Wert von Grund und Boden sowie von Industriegütern enorm stieg. Die Arbeiter verarmten also faktisch, aber die Bauern, die als Klasse sparsamer waren und sich besser selbst versorgten, mussten härter behandelt werden.

G.W. Norris sagte im „Collier's Magazine" vom 20. März 1920: „Man munkelt, dass zwei Mitglieder des Federal Reserve Board im Dezember 1919 ein klares Gespräch mit einigen New Yorker Bankern und Finanziers geführt haben. Unmittelbar danach kam es zu einem bemerkenswerten Rückgang der Transaktionen an der Börse und zu einer Einstellung von Unternehmensförderungen. Es wird davon ausgegangen, dass in anderen Teilen des Landes bereits Maßnahmen in die gleiche Richtung ergriffen wurden, als Beweise für den Missbrauch des Federal Reserve Systems zur Förderung der Spekulation mit Grundstücken und Rohstoffen auftauchten."

Senator Robert L. Owen, Vorsitzender des Banken- und Währungsausschusses des Senats, sagte bei den Anhörungen des Senats zum Thema Silber im Jahr 1939 aus, dass:

„Zu Beginn des Jahres 1920 waren die Landwirte äußerst wohlhabend. Sie zahlten ihre Hypotheken ab und kauften auf Veranlassung der Regierung eine Menge neues Land - sie hatten sich dafür Geld geliehen - und dann wurden sie durch eine plötzliche Schrumpfung des Kredits und der Währung, die 1920 stattfand, in den Bankrott getrieben. Was 1920 geschah, war genau das Gegenteil von dem, was eigentlich hätte geschehen müssen. Anstatt den durch den Krieg entstandenen Überschuss an Krediten über Jahre hinweg zu liquidieren, traf sich das Federal Reserve Board zu einer Sitzung, die der Öffentlichkeit nicht bekannt gegeben wurde. Sie trafen sich am 18. Mai 1920, und es war eine Geheimsitzung. Die Sitzung dauerte den ganzen Tag; das Protokoll umfasst sechzig Druckseiten und ist im

Senatsdokument 310 vom 19. Februar 1923 enthalten. Die Direktoren der Klasse A, des Federal Reserve Advisory Council, waren anwesend, aber die Direktoren der Klasse B, die Wirtschaft, Handel und Landwirtschaft vertraten, waren nicht anwesend. Die Direktoren der Klasse C, die das Volk der Vereinigten Staaten vertraten, waren nicht anwesend und wurden auch nicht zur Teilnahme eingeladen.

Nur die Großbanker waren da, und ihre Arbeit an diesem Tag führte zu einer Kreditverknappung, die im nächsten Jahr das Nationaleinkommen um fünfzehn Milliarden Dollar verringerte, Millionen von Menschen aus dem Erwerbsleben warf und den Wert von Grundstücken und Ranches um zwanzig Milliarden Dollar reduzierte." Carter Glass, der 1920 als Finanzminister dem Vorstand angehörte, schrieb in seiner Autobiographie Adventure in Constructive Finance, die 1928 veröffentlicht wurde: „Reporter waren natürlich nicht anwesend, wie sie es auch nicht hätten sein sollen und wie sie es bei keiner Vorstandssitzung einer Bank auf der Welt sind."[118]

Es war Carter Glass, der sich darüber beklagte, dass, wenn ein von Senator LaFollette vorgeschlagener Änderungsantrag zum Federal Reserve Act von 1913 angenommen würde, der vorsah, dass kein Mitglied des Federal Reserve Board Beamter, Direktor oder Aktionär einer Bank, Treuhandgesellschaft oder Versicherungsgesellschaft sein dürfe, wir am Ende Mechaniker und Landarbeiter im Board hätten. Sicherlich hätten Mechaniker und Landarbeiter dem Land nicht mehr Schaden zufügen können als Glass, Strauss und Warburg bei der geheimen Sitzung des Federal Reserve Board.

Senator Brookhart aus Iowa bezeugte, dass Paul Warburg, der auch Präsident des Bundesbeirats war, auf dieser geheimen Sitzung einen Beschluss fassen ließ, einen fünfköpfigen Ausschuss zur Interstate Commerce Commission zu schicken und eine Erhöhung der Eisenbahntarife zu verlangen. Als Chef der Kuhn, Loeb Co., der der größte Teil der Eisenbahnstrecken in den Vereinigten Staaten gehörte, fehlten ihm bereits die

---

[118] Carter Glass, Adventure in Constructive Finance, Doubleday, N.Y. 1928.

riesigen Gewinne, die die Regierung der Vereinigten Staaten während des Krieges gezahlt hatte, und er wollte dem amerikanischen Volk neue Preiserhöhungen aufzwingen.

Senator Brookhart sagte außerdem aus, dass:

„Ich ging in das Büro von Myron T. Herrick in Paris und erzählte ihm, dass ich dorthin gekommen war, um das Genossenschaftswesen zu studieren. Er sagte zu mir: 'Wenn Sie sich die Länder Europas ansehen, werden Sie feststellen, dass die Vereinigten Staaten das einzige zivilisierte Land der Welt sind, das seinen Bürgern per Gesetz verbietet, ein Genossenschaftssystem zu gründen. Ich fuhr nach New York und sprach mit etwa zweihundert Menschen. Nachdem ich über Zusammenarbeit gesprochen und auf meinen Zug gewartet hatte - ich erwähnte nicht speziell das genossenschaftliche Bankwesen, es ging um Zusammenarbeit im Allgemeinen - rief mich ein Mann zur Seite und sagte: „Ich denke, Paul Warburg ist der größte Finanzier, den wir je hervorgebracht haben. Er glaubt viel mehr an Ihre genossenschaftlichen Ideen, als Sie glauben, und wenn Sie jemanden zum Thema Kooperation konsultieren wollen, dann ist er der richtige Ansprechpartner, denn er glaubt an Sie und Sie können sich auf ihn verlassen.' Wenige Minuten später wurde ich auf Herrn Warburg selbst zugesteuert, und er sagte zu mir: 'Sie haben völlig Recht mit dieser Kooperationsidee. Ich möchte Sie wissen lassen, dass die großen Bankiers hinter Ihnen stehen. Ich möchte Sie das jetzt wissen lassen, damit Sie nicht irgendetwas mit Genossenschaftsbanking anfangen und sie gegen Sie aufbringen. ' Ich sagte: 'Herr Warburg, ich habe bereits einen Änderungsantrag zum Lant-Gesetz vorbereitet und werde morgen einen solchen vorlegen, der die Gründung von genossenschaftlichen Nationalbanken erlaubt. ' Das war das Zwischenkreditgesetz, das damals anhängig war, um die Gründung von genossenschaftlichen Nationalbanken zu genehmigen. Das war alles, was ich mit Herrn Warburg besprochen habe, und seitdem haben wir kein weiteres Gespräch mehr geführt." Herr Wingo sagte aus, dass den Herstellern und Händlern im April, Mai, Juni und Juli 1920 eine sehr starke Erhöhung der Kredite gewährt wurde. Damit sollte die Kreditverknappung überbrückt werden, die die amerikanischen Landwirte ruinieren sollte, denen in dieser Zeit jeder Kredit verweigert wurde.

Bei den Anhörungen des Senats im Jahr 1923 nannte Eugene Meyer, Jr. einen Hauptgrund für die Anhebung des Zinssatzes auf 7% für landwirtschaftliche und viehwirtschaftliche Papiere durch das Federal Reserve Board:

„Ich glaube", sagte er, „dass eine Menge Ärger vermieden worden wäre, wenn eine größere Anzahl der in Frage kommenden Nicht-Mitglieds-Banken Mitglieder des Federal Reserve Systems gewesen wären." Meyer wies zu Recht auf diesen Umstand hin. Der Zweck der Aktion des Direktoriums war es, die staatlichen und gemeinschaftlichen Landaktienbanken zu brechen, die sich standhaft geweigert hatten, ihre Freiheit der vom System errichteten Bankendiktatur zu überlassen. Kemmerer hatte 1919 im ABC des Federal Reserve System geschrieben, dass:

„Die Tendenz wird in Richtung Vereinheitlichung und Vereinfachung gehen, die dadurch erreicht wird, dass die staatlichen Institutionen in zunehmender Zahl zu Aktionären und Einlegern der Reservebanken werden." Die staatlichen Banken hatten jedoch nicht geantwortet.

Die Senatsanhörungen von 1923 zur Untersuchung der Ursachen der Agrarkrise von 1920-21 waren von der amerikanischen Bevölkerung gefordert worden. Das vollständige Protokoll der geheimen Sitzung des Federal Reserve Board vom 18. Mai 1920 war im „Manufacturers' Record" aus Baltimore, Maryland, einer Zeitschrift für die Interessen der kleinen Südstaatenhersteller, abgedruckt worden.

Benjamin Strong, Gouverneur der Federal Reserve Bank of New York und enger Freund von Montagu Norman, dem Gouverneur der Bank of England, behauptete bei diesen Anhörungen:

„Das Federal Reserve System hat mehr für den Landwirt getan, als ihm bisher bewusst geworden ist." Emmanuel Goldenweiser, Forschungsdirektor des Gouverneursrats, behauptete, dass die Anhebung des Diskontsatzes eine reine

Anti-Inflationsmaßnahme sei, aber er konnte nicht erklären, warum diese Anhebung ausschließlich für Landwirte und Arbeiter gedacht war, während das System gleichzeitig die Hersteller und Händler schützte, indem es ihnen höhere Kredite zusicherte.

Die letzte Stellungnahme zur Verursachung der Agrarkrise von 1920-21 durch die Federal Reserve Board stammt von William Jennings Bryan. Im „Hearst's Magazine" vom November 1923 schrieb er:

„Die Federal Reserve Bank, die der größte Schutz für den Landwirt hätte sein sollen, ist zu seinem größten Feind geworden. Die Deflationierung der Landwirte war ein vorsätzlich begangenes Verbrechen."

KAPITEL 10

DIE GELDSCHÖPFER

Der Leitartikel der *New York Times* vom 18. Januar 1920 enthielt eine interessante Bemerkung über das Federal Reserve System. Der nicht identifizierte Verfasser, vielleicht Paul Warburg, erklärte: „Die Federal Reserve ist eine Quelle des Kredits, nicht des Kapitals. „Dies ist eine der aufschlussreichsten Aussagen, die jemals über das Federal Reserve System gemacht wurden. Sie besagt, dass das Federal Reserve System niemals etwas zu unserer Kapitalstruktur oder zur Kapitalbildung beitragen wird, weil es organisiert ist, um Kredit zu produzieren, um Geld für Kreditgeld und Spekulationen zu schaffen, anstatt Kapitalmittel für die Verbesserung von Handel und Industrie bereitzustellen. Einfach ausgedrückt, würde Kapitalisierung die Bereitstellung von Banknoten bedeuten, die durch ein Edelmetall oder einen anderen Rohstoff gedeckt sind. Reservescheine sind ungesicherte Papiere, die gegen Zinsen verliehen werden.

Am 25. Juli 1921 erklärte Senator Owen auf der Leitartikelseite der *New York Times*: „Das Federal Reserve Board ist die gigantischste Finanzmacht der ganzen Welt. Anstatt diese große Macht so zu nutzen, wie es der Federal Reserve Act vorsieht, hat der Vorstand... diese Macht an die Banken delegiert und das Gewicht seines Einflusses auf die Unterstützung der deutschen Inflationspolitik geworfen. „Der Senator, dessen Name auf dem Gesetz stand, sah, dass es nicht wie versprochen funktionierte.

Nach der Agrarkrise von 1920-21 setzte das Federal Reserve Board of Governors acht Jahre lang auf die schnelle

Kreditexpansion der New Yorker Bankiers, eine Politik, die in der Großen Depression von 1929-31 gipfelte und dazu beitrug, die Wirtschaftsstruktur der Welt zu lähmen. Paul Warburg war im Mai 1918 zurückgetreten, nachdem das Währungssystem der Vereinigten Staaten von einer anleihegesicherten Währung auf eine Währung umgestellt worden war, die auf Geschäftspapieren und den Aktien der Federal Reserve Banks basierte. Warburg kehrte zu seinem Fünfhunderttausend-Dollar-Job bei Kuhn, Loeb Company zurück, bestimmte aber weiterhin die Politik des Federal Reserve Systems als Präsident des Federal Advisory Council und als Vorsitzender des Executive Committee des American Acceptance Council.

Von 1921 bis 1929 organisierte Paul Warburg drei der größten Trusts in den Vereinigten Staaten: die International Acceptance Bank, die größte Akzeptanzbank der Welt, die Agfa Ansco Film Corporation mit Sitz in Belgien und die I.G. Farben Corporation, deren amerikanische Niederlassung Warburg als I.G. Chemical Corporation gründete. Auch die Westinghouse Corporation gehört zu seinen Schöpfungen.

In den frühen 1920er Jahren spielte das Federal Reserve System die entscheidende Rolle beim Wiedereintritt Russlands in die internationale Finanzstruktur. Winthrop und Stimson waren weiterhin die Korrespondenten zwischen russischen und amerikanischen Bankiers, und Henry L. Stimson leitete die Verhandlungen, die nach der Wahl Roosevelts 1932 mit der Anerkennung der Sowjetunion endeten. Dies war eine Enttäuschung, denn wir hatten schon lange zuvor die Austauschbeziehungen mit den russischen Finanziers wieder aufgenommen.

Das Federal Reserve System begann 1920 mit dem Ankauf russischen Goldes, und die russische Währung wurde an den Börsen akzeptiert. Laut Colonel Ely Garrison in seiner Autobiographie und laut dem Bericht des US-Marinegeheimdienstes über Paul Warburg wurde die russische Revolution von den Rothschilds und Warburgs finanziert, wobei ein Mitglied der Warburg-Familie die von Lenin und Trotzki 1918 in Stockholm verwendeten Gelder bei sich trug.

In einem Artikel in der englischen Monatszeitschrift „Fortnightly" vom Juli 1922 heißt es:

„Im vergangenen Jahr wurde praktisch jede einzelne kapitalistische Institution wiederhergestellt. Das gilt für die Staatsbank, das private Bankwesen, die Börse, das Recht, Geld in unbegrenzter Höhe zu besitzen, das Erbrecht, das Wechselsystem und andere Institutionen und Praktiken, die mit der Führung der privaten Industrie und des Handels verbunden sind. Ein großer Teil der ehemals verstaatlichten Industrien befindet sich heute in halbselbstständigen Trusts." Die Organisation mächtiger Konzerne in Russland unter dem Deckmantel des Kommunismus ermöglichte den Erhalt großer Mengen an finanzieller und technischer Hilfe aus den Vereinigten Staaten. Die russische Aristokratie war ausgelöscht worden, weil sie zu ineffizient war, um einen modernen Industriestaat zu führen. Die internationalen Finanziers stellten Mittel für Lenin und Trotzki bereit, um das zaristische Regime zu stürzen und Russland im Ersten Weltkrieg zu halten. Peter Drucker, der Sprecher der Oligarchie in Amerika, erklärte 1948 in einem Artikel in der Saturday Evening Post, dass:

„RUSSLAND IST DAS IDEAL DER PLANWIRTSCHAFT, AUF DIE WIR UNS ZUBEWEGEN." In Russland wurde erst dann ausreichend Geld ausgegeben, um den Bedarf der Wirtschaft zu decken, nachdem eine Regierung an die Macht gekommen war, die die absolute Kontrolle über das Volk hatte. In den 1920er Jahren gab Russland große Mengen an sogenanntem „Inflationsgeld" aus, einer verwalteten Währung. In demselben „Fortnightly" -Artikel (vom Juli 1922) wird festgestellt, dass:

Da der wirtschaftliche Druck das „System astronomischer Dimensionen" der Währung hervorgebracht hat, kann er es niemals zerstören. Für sich genommen ist das System in sich geschlossen, logisch perfektioniert, sogar intelligent. Und es kann nur durch den Zusammenbruch oder die Zerstörung des politischen Gebäudes, das es schmückt, untergehen." „Auch Fortnightly" bemerkte 1929, dass:

„Seit 1921 unterscheidet sich das tägliche Leben des sowjetischen Bürgers nicht von dem des amerikanischen Bürgers, und das sowjetische Regierungssystem ist wirtschaftlicher." Admiral Koltschak, der Anführer der weißrussischen Armeen, wurde von den internationalen Bankiers unterstützt, die britische und amerikanische Truppen nach Sibirien schickten, um einen Vorwand für den Druck von Koltschak-Rubel zu haben. Im Jahr 1920 manipulierten die Bankiers an der Londoner Börse den alten zaristischen Rubel, den Kerenski-Rubel und den Koltschak-Rubel, wobei der Wert aller drei je nach den Bewegungen der alliierten Truppen, die Koltschak unterstützten, schwankte. Koltschak war auch im Besitz beträchtlicher Mengen an Gold, das von seinen Armeen beschlagnahmt worden war. Nach seiner Niederlage verschwand eine Zugladung dieses Goldes in Sibirien. Bei den Senatsanhörungen zum Federal Reserve System im Jahr 1921 wurde bekannt, dass das System dieses Gold erhalten hatte. Der Kongressabgeordnete Dunbar befragte Gouverneur W.P.G. Harding vom Federal Reserve Board wie folgt:

DUNBAR: „Mit anderen Worten, Russland schickt viel Gold an die europäischen Länder, die es ihrerseits an uns schicken?" HARDING: „Dies geschieht, um für die in diesem Land gekauften Waren zu bezahlen und um einen Dollarwechsel zu schaffen." DUNBAR: „Und gleichzeitig kam das Gold aus Russland über Europa?" HARDING: „Es wird vermutet, dass ein Teil davon Kolchak-Gold ist, das über Sibirien kommt, aber das geht die Federal Reserve Banks nichts an. Der Finanzminister hat die Prüfstelle angewiesen, kein Gold anzunehmen, das nicht das Münzzeichen einer befreundeten Nation trägt." Es ist nicht klar, was Gouverneur Harding mit „einer befreundeten Nation" meinte. Im Jahr 1921 befanden wir uns mit keinem Land im Krieg, aber der Kongress begann bereits, die internationalen Goldgeschäfte des Federal Reserve Systems in Frage zu stellen. Gouverneur Harding konnte sehr wohl mit den Schultern zucken und sagen, dass es die Federal Reserve Banks nichts anginge, woher das Gold stamme. Gold kennt keine Nationalität oder Rasse. Die Vereinigten Staaten hatten 1906 per Gesetz aufgehört, sich dafür zu interessieren, woher ihr Gold stammte, als

Finanzminister Shaw mit einigen der größeren New Yorker Banken (an denen er beteiligt war) Vereinbarungen traf, um Gold mit Bargeldvorschüssen des US-Finanzministeriums zu kaufen, das dann das Gold von diesen Banken kaufen würde. Das Finanzministerium konnte behaupten, dass es nicht wusste, woher das Gold stammte, da sein Amt nur die Bank registrierte, von der es den Kauf tätigte. Seit 1906 wusste das Schatzamt nicht, von welchem der internationalen Goldhändler es sein Gold kaufte.193

Die internationalen Goldgeschäfte des Federal Reserve System und seine aktive Unterstützung des Völkerbundes, um alle Nationen Europas und Südamerikas zum Nutzen internationaler Goldhändler wie Eugene Meyer, Jr. und Albert Strauss zurück zum Goldstandard zu zwingen, werden am besten durch einen klassischen Vorfall, den Sterling-Kredit von 1925, demonstriert.

J.E. Darling schrieb am 10. Januar 1925 in der englischen Zeitschrift „Spectator", dass:

„Es liegt auf der Hand, dass es für die Vereinigten Staaten von größter Wichtigkeit ist, England zu veranlassen, den Goldstandard so früh wie möglich wieder einzuführen. Ein Goldstandard unter amerikanischer Kontrolle, der unweigerlich dazu führen muss, dass die Vereinigten Staaten die oberste Finanzmacht der Welt werden, macht England zu einem Tribut und Satelliten und New York zum Finanzzentrum der Welt." Herr Darling versäumt es, darauf hinzuweisen, dass das amerikanische Volk genauso wenig damit zu tun hat wie das britische Volk und dass die Wiedereinführung des Goldstandards durch Großbritannien nur der kleinen Gruppe internationaler Goldhändler zugute käme, die das Gold der Welt besitzen. Kein Wunder, dass das „Banker's Magazine" im Juli 1925 schadenfroh feststellte, dass:

„Das herausragende Ereignis des letzten halben Jahres in der Bankenwelt war die Wiedereinführung des Goldstandards." Der Erste Weltkrieg machte die Vereinigten Staaten von einer Schuldnernation zur größten Gläubigernation der Welt, ein Titel, den zuvor England innehatte. Da Schulden Geld sind, machte uns dies laut Gouverneur Marriner Eccles vom Federal Reserve Board auch zur reichsten Nation der Welt. Der Krieg führte auch dazu, dass der Hauptsitz des Weltakzeptanzmarktes von London nach New York verlegt wurde, und Paul Warburg wurde der mächtigste Handelsakzeptanzbanker der Welt. Die Hauptstütze der internationalen Finanziers blieb jedoch die gleiche. Der Goldstandard war nach wie vor die Grundlage des Devisenverkehrs, und die kleine Gruppe der internationalen Finanziers, die das Gold besaß, kontrollierte das Währungssystem der westlichen Nationen.

schrieb Professor Gustav Cassel im Jahr 1928:

„Der amerikanische Dollar, nicht der Goldstandard, ist der Währungsstandard der Welt. Die amerikanische Zentralbank hat die Macht, die Kaufkraft des Dollars zu bestimmen, indem sie den Diskontsatz ändert, und kontrolliert somit den Währungsstandard der Welt." Wenn dies wahr wäre, wären die Mitglieder des Federal Reserve Board die mächtigsten Finanziers der Welt. Gelegentlich gehören ihnen so einflussreiche Männer wie Paul Warburg oder Eugene Meyer, Jr. an, aber in der Regel sind sie ein Absegnungsausschuss für den Federal Advisory Council und die Londoner Banker.

Im Mai 1925 verabschiedete das britische Parlament den Gold Standard Act und führte damit den Goldstandard in Großbritannien wieder ein. Die wichtige Rolle des Federal Reserve Systems bei diesem Ereignis wurde am 16. März 1926 deutlich, als George Seay, Gouverneur der Federal Reserve Bank of Richmond, vor dem House Banking and Currency Committee aussagte, dass:

„Eine mündliche Vereinbarung, die durch Korrespondenz bestätigt wurde, gewährte Großbritannien ein Golddarlehen oder einen Kredit in Höhe von zweihundert Millionen Dollar. Alle Verhandlungen wurden zwischen Benjamin Strong, Gouverneur der Federal Reserve Bank of New York, und Montagu Norman, Gouverneur der Bank of England, geführt. Der Zweck dieses Kredits war es, England dabei zu helfen, zum Goldstandard zurückzukehren, und der Kredit sollte durch die Anlage von Federal Reserve-Mitteln in Wechseln und ausländischen

Wertpapieren erfüllt werden." Im Federal Reserve Bulletin vom Juni 1925 heißt es dazu:

„Gemäß ihrer Vereinbarung mit der Bank of England verpflichtet sich die Federal Reserve Bank of New York, während der nächsten zwei Jahre von Zeit zu Zeit Gold auf Kredit an die Bank of England zu verkaufen, jedoch nicht mehr als 200.000.000 $, die zu einem bestimmten Zeitpunkt ausstehen." Ein Goldkredit in Höhe von zweihundert Millionen Dollar war durch eine mündliche Vereinbarung zwischen den internationalen Bankiers Benjamin Strong und Montagu Norman vereinbart worden. Zu diesem Zeitpunkt war bereits klar, dass das Federal Reserve System andere Interessen verfolgte als den Finanzbedarf der amerikanischen Wirtschaft und Industrie. Die Rückkehr Großbritanniens zum Goldstandard wurde durch ein zusätzliches Golddarlehen der J.P. Morgan Company in Höhe von hundert Millionen Dollar weiter erleichtert. Winston Churchill, der britische Schatzkanzler, beklagte sich später darüber, dass die Kosten dieses Kredits für die britische Regierung im ersten Jahr 1.125.000 Dollar betrugen, wobei diese Summe den Gewinn der J.P. Morgan Company in dieser Zeit darstellte.

Die Frage der Änderung des Diskontsatzes ist beispielsweise nie zufriedenstellend erklärt worden. Auf eine Anfrage beim Federal Reserve Board in Washington wurde geantwortet, dass „der Zustand des Geldmarktes der Hauptgrund für Änderungen des Zinssatzes ist. „Da sich der Geldmarkt in New York befindet, braucht man nicht viel Phantasie, um daraus abzuleiten, dass New Yorker Banker an Änderungen des Zinssatzes interessiert sein könnten und oft versuchen, ihn zu beeinflussen.

Norman Lombard schreibt in der Zeitschrift „World's Work", dass:

„Bei der Prüfung und Entscheidung über vorgeschlagene Änderungen der Politik sollte das Federal Reserve Board das Verfahren und die Ethik befolgen, die von unserem Gericht eingehalten werden. Vorschläge für eine Änderung der Zinssätze oder für den Kauf oder Verkauf von Wertpapieren durch die Zentralbank können von jedermann und ohne Formalitäten oder schriftliche Argumente gemacht werden. Der Vorschlag kann einem Gouverneur oder Direktor des Federal Reserve System am Telefon oder in seinem Club am Mittagstisch gemacht werden, oder er kann bei einem zufälligen Besuch bei einem Mitglied des Federal Reserve Board gemacht werden. Die Interessen desjenigen, der die Änderung vorschlägt, müssen nicht offengelegt werden, und sein Name und seine Vorschläge werden normalerweise geheim gehalten. Wenn es sich um Offenmarktgeschäfte handelt, erfährt die Öffentlichkeit nichts von der Entscheidung, bis der regelmäßige Wochenbericht erscheint, der die Veränderungen in den Beständen der Federal Reserve Banks aufzeigt. In der Zwischenzeit findet keine öffentliche Diskussion statt, die Gründe für die Entscheidung oder die Namen der Befürworter oder Gegner werden nicht genannt." Die Wahrscheinlichkeit, dass der Durchschnittsbürger einen Gouverneur des Federal Reserve System in seinem Club trifft, ist ebenfalls gering.

Die Anhörungen des Repräsentantenhauses zur Stabilisierung der Kaufkraft des Dollars im Jahr 1928 bewiesen eindeutig, dass das Federal Reserve Board eng mit den Leitern der europäischen Zentralbanken zusammenarbeitete und dass die Depression von 1929-31 bei einem geheimen Mittagessen des Federal Reserve Board und dieser Leiter der europäischen Zentralbanken im Jahr 1927 geplant wurde. Das Direktorium wurde nie gegenüber der Öffentlichkeit für seine Entscheidungen oder Handlungen verantwortlich gemacht. Die verfassungsmäßigen Kontrollmechanismen scheinen im Finanzwesen nicht zu funktionieren.

Die wahre Loyalität der Mitglieder des Federal Reserve Board galt schon immer den Zentralbankern. Die drei Merkmale der Zentralbank, ihr Eigentum an privaten Aktionären, die Miete und Gewinn für die Nutzung des Kredits der Nation erhalten, die absolute Kontrolle über die finanziellen Ressourcen der Nation und die Mobilisierung des Kredits der Nation zur Finanzierung von Ausländern, wurden alle vom Federal Reserve System während der ersten fünfzehn Jahre seiner Tätigkeit demonstriert.

Ein weiterer Beweis für die internationalen Ziele des Federal Reserve Act von 1913 ist der „Edge Amendment" vom 24. Dezember 1919, der die Gründung von Unternehmen ausdrücklich für „internationale ausländische Bankgeschäfte und andere internationale oder ausländische Finanzoperationen, einschließlich des Handels mit Gold oder Goldbarren und des Besitzes von Aktien ausländischer Unternehmen" zulässt. „E.W. Kemmerer, Wirtschaftswissenschaftler an der Princeton University, kommentierte diese Änderung wie folgt:

„Das Federal Reserve System erweist sich als großer Einfluss auf die Internationalisierung des amerikanischen Handels und der amerikanischen Finanzen." Die Tatsache, dass diese Internationalisierung des amerikanischen Handels und der amerikanischen Finanzen eine direkte Ursache für die Verwicklung in zwei Weltkriege war, stört Herrn Kemmerer nicht. Es gibt zahlreiche Belege dafür, wie Paul Warburg das Federal Reserve System als Instrument nutzte, um die Akzeptanz des Handels durch amerikanische Geschäftsleute auf breiter Ebene durchzusetzen.

Die Verwendung von Handelsakzepten (die die Währung des internationalen Handels sind) durch Bankiers und Unternehmen in den Vereinigten Staaten war vor 1915 praktisch unbekannt. Der Aufstieg des Federal Reserve System verläuft genau parallel zum Anstieg der Verwendung von Akzepten in diesem Land, und das ist kein Zufall. Die Männer, die das Federal Reserve System wollten, waren die Männer, die Akzeptanzbanken gründeten und von der Verwendung von Akzepten profitierten.

Bereits 1910 begann die Nationale Währungskommission mit der Herausgabe von Broschüren und anderen Propagandamaterialien, in denen sie Bankiers und Geschäftsleute in diesem Land aufforderte, Handelsakzepte bei ihren Transaktionen zu verwenden. Drei Jahre lang führte die Kommission diese Kampagne fort, und der Aldrich-Plan enthielt eine umfassende Bestimmung, die die Einführung und Verwendung von Bankakzepten im amerikanischen Handelspapiersystem erlaubte.

Der vom Kongress verabschiedete Federal Reserve Act von 1913 erlaubte die Verwendung von Akzepten nicht ausdrücklich, aber das Federal Reserve Board definierte 1915 und 1916 den Begriff „Handelsakzept", der in der Regulation A Series von 1920 und in der Series 1924 weiter definiert wurde. Eine der ersten Amtshandlungen des Board of Governors im Jahr 1914 bestand darin, Akzepten bei den Federal Reserve Banks einen bevorzugt niedrigen Diskontsatz zu gewähren. Da Akzepte zu dieser Zeit in diesem Land nicht verwendet wurden, konnte diese Maßnahme nicht mit geschäftlichen Erfordernissen begründet werden. Es war offensichtlich, dass jemand, der im Gouverneursrat das Sagen hatte, die Einführung von Akzepten wollte.

Das Nationalbankgesetz von 1864, das bis November 1914 die maßgebliche Finanzbehörde der Vereinigten Staaten war, erlaubte es den Banken nicht, Kredite zu vergeben. Folglich war die Macht der Banken, Geld zu schaffen, stark eingeschränkt. Wir hatten keine Notenbank, d. h. keine Zentralbank, die Geld schöpfen konnte. Um eine Zentralbank zu bekommen, verursachten die Banker eine Geldpanik nach der anderen bei den Geschäftsleuten in den Vereinigten Staaten, indem sie Gold aus dem Land schickten, eine Geldknappheit erzeugten und es dann wieder einführten. Nachdem wir unsere Zentralbank, das Federal Reserve System, bekommen hatten, gab es keinen Grund mehr für eine Geldpanik, weil die Banken Geld schaffen konnten. Die Panik als Instrument der Macht über die Geschäfts- und Finanzwelt wurde jedoch bei zwei wichtigen Gelegenheiten erneut eingesetzt, nämlich 1920, als sie die Agrarkrise auslöste, weil die staatlichen Banken und Treuhandgesellschaften sich geweigert hatten, dem Federal Reserve System beizutreten, und 1929, als sie die Große Depression auslöste, die fast die gesamte Macht in diesem Land in den Händen einiger weniger großer Konzerne zentralisierte.

Ein Handelsakzept ist ein vom Verkäufer einer Ware auf den Käufer gezogener und vom Käufer akzeptierter Wechsel, auf dem eine Verfallszeit aufgedruckt ist. Durch die Verwendung von Handelsakzepten auf dem Großhandelsmarkt wird ein kurzfristiger, gesicherter Kredit für die Beförderung von Waren während der Produktion, der Lagerung, des Transports und der Vermarktung bereitgestellt. Dies erleichtert den in- und ausländischen Handel. Die Bankiers, die das System der offenen Bücher durch das System der Handelsakzepte ersetzen wollten, waren also offenbar fortschrittliche Männer, die den amerikanischen Import-Export-Handel fördern wollten. Es wurde viel Propaganda in diese Richtung gemacht, aber das war nicht wirklich die Geschichte.

Das System der offenen Bücher, das bisher ausschließlich von amerikanischen Geschäftsleuten verwendet wurde, erlaubte einen Rabatt für Bargeld. Das Akzeptanzsystem schreckt von der Verwendung von Bargeld ab, indem es einen Rabatt für Kredite gewährt. Das System des offenen Buches ermöglichte auch viel einfachere Zahlungsbedingungen mit großzügigen Stundungen der Schulden. Bei der Akzeptanz ist dies nicht möglich, da es sich um einen kurzfristigen Kredit handelt, der mit einem Zeitstempel versehen ist. Es liegt nicht mehr in den Händen des Verkäufers, sondern in den Händen einer Bank, in der Regel einer Akzeptbank, die keine Fristverlängerung zulässt. So erleichterte die Übernahme von Akzepten durch amerikanische Geschäftsleute in den 1920er Jahren die Beherrschung und Verschlingung kleiner Unternehmen durch große Konzerne, was den Zusammenbruch von 1929 beschleunigte.

Handelsakzepte waren in den Vereinigten Staaten vor dem Bürgerkrieg in gewissem Umfang verwendet worden. Während des Krieges hatten die Erfordernisse des Handels die Akzeptanz als Kreditmedium zerstört, und sie war in diesem Land nicht wieder in Mode gekommen, da unsere Leute die Einfachheit und Großzügigkeit des Systems des offenen Buches vorzogen. Open-Book-Konten sind ein Ein-Namen-Handelspapier, das nur den Namen des Schuldners trägt. Akzepte sind Papiere mit zwei Namen, die den Namen des Schuldners und des Gläubigers tragen. Damit wurden sie zu Waren, die von den Banken gekauft und verkauft werden können. Für den Gläubiger ist die Schuld nach dem System des offenen Buches eine Verbindlichkeit. Für die Akzeptbank, die ein Akzept besitzt, ist die Schuld ein Vermögenswert. Die Männer, die in diesem Land Akzeptanzbanken unter der Führung von Paul Warburg einrichteten, sicherten sich die Kontrolle über die Milliarden von Dollar an Krediten, die als offene Konten in den Büchern amerikanischer Geschäftsleute vorhanden waren.

Gouverneur Marriner Eccles von der Federal Reserve Board erklärte vor dem House Banking and Currency Committee, dass: „Die Verschuldung ist die Grundlage für die Geldschöpfung." Große Inhaber von Handelsakzepten erhielten neben dem Zinssatz, der auf das Akkreditiv selbst erhoben wurde, den Nutzen von Kreditgeld im Wert von Milliarden von Dollar. Es liegt auf der Hand, warum Paul Warburg so viel Zeit, Geld und Energie darauf verwendet hat, Akzepte in den Bankenapparat dieses Landes einzuführen.

Am 4. September 1914 nahm die National City Bank den ersten auf eine nationale Bank gezogenen Terminwechsel gemäß den Bestimmungen des Federal Reserve Act von 1913 an. Dies war der Anfang vom Ende des Kontokorrentsystems als wichtiger Faktor im Großhandel. Beverly Harris, Vizepräsident der National City Bank of New York, gab 1915 eine Broschüre heraus, in der er erklärte, dass:

„Händler, die das Kontokorrentsystem nutzen, usurpieren die Funktionen der Bankiers." In der *New York Times* vom 14. Juni 1920 sagte Paul Warburg, Vorsitzender des American Acceptance Council:

„Wenn sich das Federal Reserve Board nicht mit ganzer Kraft für die ungehinderte Entwicklung der Akzepte als Hauptanlage für die Banken der Federal Reserve Banks einsetzt, wird die sichere und gesunde Entwicklung des Systems in Zukunft gefährdet sein." Dies war eine Erklärung des Ziels von Warburg und seiner Bande, die eine „Währungsreform" in diesem Land wollten. Sie waren darauf aus, die Kontrolle über alle Kredite in den Vereinigten Staaten zu erlangen, und das gelang ihnen mit Hilfe des Federal Reserve Systems, des Akzeptanzsystems und der Unbekümmertheit der Bürger.

Der Erste Weltkrieg war ein Segen für die Einführung von Handelsakzepten, und das Volumen stieg 1917 sprunghaft auf vierhundert Millionen Dollar an und wuchs in den 1920er Jahren auf mehr als eine Milliarde Dollar pro Jahr, was kurz vor der Großen Depression von 1929-31 einen Höhepunkt erreichte. Aus den Tabellen der Federal Reserve Bank of New York geht hervor, dass die Verwendung von Akzepten im November 1929, dem Monat des Börsenkrachs, ihren Höhepunkt erreichte und danach stark zurückging. Zu diesem Zeitpunkt hatten die Akzeptanten bekommen, was sie wollten, nämlich die Kontrolle über die amerikanische Wirtschaft und Industrie. Das „Fortune Magazine" wies im Februar 1950 darauf hin, dass:

„Das Volumen der Akzepte ging von 1.732 Mio. $ im Jahre 1929 auf 209 Mio. $ im Jahre 1940 zurück, was auf die Konzentration des Akzeptbankgeschäfts in wenigen Händen und die Niedrigzinspolitik des Finanzministeriums zurückzuführen ist, die Direktkredite billiger machte als Akzepte. Seit dem Krieg ist ein leichter Aufschwung zu verzeichnen, aber für große Unternehmen ist es oft billiger, Importe aus der eigenen Kasse zu finanzieren." Mit anderen Worten, die „großen Unternehmen", genauer gesagt, die großen Trusts, haben jetzt die Kontrolle über die Kreditvergabe und brauchten keine Akzepte. Neben der Flut von Propaganda, die vom Federal Reserve System selbst herausgegeben wurde, widmeten die National Association of Credit Men, die American Bankers' Association und andere brüderliche Organisationen der New Yorker Bankiers viel Zeit und Geld der Verbreitung der Akzeptanzpropaganda. Selbst ihre Flut von Vorträgen und Broschüren erwies sich als unzureichend, und 1919 organisierte Paul Warburg den American Acceptance Council, der sich ganz der Akzeptanzpropaganda widmete.

Der erste Kongress dieser Vereinigung, der am 9. Juni 1919 in Detroit, Michigan, stattfand, fiel mit dem Jahreskongress der National Association of Credit Men zusammen, der ebenfalls an diesem Tag abgehalten wurde, so dass „interessierte Beobachter problemlos an den Vorträgen und Sitzungen beider Gruppen teilnehmen konnten", wie es in einer vom American Acceptance Council herausgebenen Broschüre heißt.

Paul Warburg wurde zum Präsidenten dieser Organisation gewählt und wurde später Vorsitzender des Exekutivausschusses des American Acceptance Council, ein Amt, das er bis zu seinem

Tod im Jahr 1932 innehatte. Der Rat veröffentlichte Listen von Unternehmen, die Handelsakzepte verwendeten, allesamt Unternehmen, die von Kuhn, Loeb Co. oder ihren Tochtergesellschaften kontrolliert wurden. Vorträge, die vor dem Rat oder von Mitgliedern des Rates gehalten wurden, wurden attraktiv gebunden und von der National City Bank of New York kostenlos an die Geschäftsleute des Landes verteilt.

Louis T. McFadden, Vorsitzender des Banken- und Währungsausschusses des Repräsentantenhauses, warf dem American Acceptance Council 1922 vor, unzulässigen Einfluss auf das Federal Reserve Board auszuüben, und forderte eine Untersuchung durch den Kongress, doch der Kongress war nicht daran interessiert.

Auf dem zweiten Jahreskongress des American Acceptance Council, der am 2. Dezember 1920 in New York stattfand, erklärte der Präsident Paul Warburg:

„Es ist eine große Genugtuung zu berichten, dass es dem American Acceptance Council im Berichtsjahr gelungen ist, seine Beziehungen zum Federal Reserve Board weiter auszubauen und zu stärken." In den 1920er Jahren übte Paul Warburg, der aus dem Federal Reserve Board zurückgetreten war, nachdem er in Kriegszeiten ein Jahr lang als Gouverneur fungiert hatte, weiterhin direkten persönlichen Einfluss auf das Federal Reserve Board aus, indem er sich als Präsident des Federal Advisory Council und als Präsident des American Acceptance Council mit dem Board traf. Von der Gründung im Jahr 1920 bis zu seinem Tod im Jahr 1932 war er Vorstandsvorsitzender der International Acceptance Bank of New York, der größten Akzeptanzbank der Welt. Sein Bruder Felix M. Warburg, ebenfalls Partner bei Kuhn, Loeb Co., war Direktor der International Acceptance Bank und Pauls Sohn James Paul Warburg war Vizepräsident. Paul Warburg war auch Direktor anderer wichtiger Akzeptanzbanken in diesem Land, wie der Westinghouse Acceptance Bank, die in den Vereinigten Staaten unmittelbar nach dem Weltkrieg gegründet wurden, als der Hauptsitz des internationalen Akzeptanzmarktes von London nach New York verlegt wurde und Paul Warburg zum mächtigsten Akzeptanzbanker der Welt wurde.

Paul Warburg wurde zu einer noch legendäreren Figur, als ihm in dem Comic „Little Orphan Annie" als „Daddy Warbucks" ein Denkmal gesetzt wurde. In dem Comic geht es um ein obdachloses Waisenkind und seinen Hund, die vom „reichsten Mann der Welt", Daddy Warbucks, adoptiert werden - eine Anspielung auf „Warburg", der über fast magische Kräfte verfügt und mit der Macht seines grenzenlosen Reichtums alles erreichen kann. Als „Annie", die Musical-Komödie zu dieser Geschichte, am Broadway mehrere Jahre lang sehr erfolgreich lief, lachten die Eingeweihten, denn die große Mehrheit des Publikums hatte keine Ahnung, dass es sich um eine weitere Warburg-Operation handelte.

Es war die Übertragung des Akzeptanzmarktes von England auf dieses Land, die Thomas Lamont 1917 zu seiner ekstatischen Rede vor der Akademie für Politikwissenschaft veranlasste:

„Der Dollar, nicht das Pfund, ist jetzt die Grundlage für den internationalen Austausch." Die Amerikaner waren stolz darauf, aber sie wussten nicht, zu welchem Preis.

Ein sichtbarer Beweis für den unangemessenen Einfluss des American Acceptance Council auf das Federal Reserve Board, über den sich der Kongressabgeordnete McFadden beschwerte, ist das Schaubild, das das Zinsmuster der Federal Reserve Bank of New York in den 1920er Jahren zeigt. Der offizielle Diskontsatz der Bank folgt seit neun Jahren genau dem neunzigtägigen Bankakzeptanzsatz, und die Federal Reserve Bank of New York legt den Diskontsatz für die übrigen Reserve Banks fest.

In den 1920er Jahren behielt das Board of Governors zwei seiner ersten Mitglieder, C.S. Hamlin und Adolph C. Miller. Diese Männer machten Karriere als Schiedsrichter der Geldpolitik der Nation. Hamlin gehörte dem Rat von 1914 bis 1936 an, als er zum Sonderberater des Rates ernannt wurde, während Miller von 1914 bis 1931 tätig war.

Diese beiden Männer durften so viele Jahre im Verwaltungsrat bleiben, weil sie beide äußerst angesehene Männer waren, die dem Verwaltungsrat in den Augen der Öffentlichkeit ein gewisses Prestige verliehen. In diesen Jahren kam ein wichtiger Bankier nach dem anderen in den Verwaltungsrat, diente eine Weile und ging dann zu besseren Dingen über. Weder Miller noch Hamlin widersetzten sich jemals den Wünschen der New Yorker Bankiers. Sie änderten den Diskontsatz und führten Offenmarktgeschäfte mit Staatspapieren durch, wann immer die Wall Street dies wollte. Hinter ihnen stand Paul Warburg, der als Vorsitzender des Bundesbeirats, in dem Männer mit gleichen Interessen wie er selbst, Winthrop Aldrich und J.P. Morgan saßen, einen ständigen und beherrschenden Einfluss ausübte. Warburg war nie zu sehr mit seiner Aufgabe beschäftigt, die großen internationalen Trusts zu organisieren, um die Finanzstrukturen der Nation zu überwachen. Sein Einfluss von 1902, als er als Einwanderer aus Deutschland in dieses Land kam, bis 1932, dem Jahr seines Todes, hing von seiner europäischen Allianz mit dem Bankenkartell ab. Warburgs Sohn, James Paul Warburg, übte diesen Einfluss weiterhin aus, indem er zum Haushaltsdirektor von Franklin D. Roosevelt ernannt wurde, als dieser 1933 sein Amt antrat, und indem er das Office of War Information gründete, unsere offizielle Propagandaagentur während des Zweiten Weltkriegs.

In The Fight for Financial Supremacy schrieb Paul Einzig, Redakteur des Londoner Economist, Folgendes:

„Fast unmittelbar nach dem Ersten Weltkrieg kam es zu einer engen Zusammenarbeit zwischen der Bank of England und den Federal-Reserve-Behörden, vor allem mit der Federal Reserve Bank of New York.[119] Diese Zusammenarbeit war weitgehend auf die herzlichen Beziehungen zwischen Herrn Montagu Norman von der Bank of England und Herrn Benjamin Strong,

---

[119] William Boyce Thompson (Wall-Street-Unternehmer) kommentierte am 27. November 1920 gegenüber Clarence Barron: „Warum sollte die Federal Reserve Bank private Leitungen im ganzen Land haben und täglich per Kabel mit der Bank of England sprechen? „S. 327 „Sie sagten es Barron".

Gouverneur der Federal Reserve Bank of New York bis 1928, zurückzuführen. Bei mehreren Gelegenheiten wurde die Diskontsatzpolitik der Federal Reserve Bank of New York von dem Wunsch geleitet, der Bank of England zu helfen.

Bei der Festsetzung der Diskontsätze besteht eine enge Zusammenarbeit zwischen London und New York."[120]

---

[120] Paul Einzig, The Fight For Financial Supremacy, Macmillan, 1931.

KAPITEL 11

LORD MONTAGU NORMAN

Die Zusammenarbeit zwischen Benjamin Strong und Lord Montagu Norman ist eines der größten Geheimnisse des zwanzigsten Jahrhunderts. Benjamin Strong heiratete die Tochter des Präsidenten von Bankers Trust in New York und übernahm später den Vorsitz der Bank. Carroll Quigley schreibt in Tragedy and Hope: „Strong wurde 1914 als gemeinsamer Kandidat von Morgan und der Kuhn, Loeb Company Gouverneur der Federal Reserve Bank of New York".[121]

Lord Montagu Norman ist der einzige Mann in der Geschichte, bei dem sowohl sein Großvater mütterlicherseits als auch sein Großvater väterlicherseits als Gouverneur der Bank von England tätig waren. Sein Vater war bei der Brown, Shipley Company, der Londoner Niederlassung von Brown Brothers (heute Brown Brothers Harriman) tätig. Montagu Norman (1871-1950) kam 1894 nach New York, um für Brown Brothers zu arbeiten, wo er mit der Familie Delano und mit James Markoe von Brown Brothers befreundet war. Er kehrte nach England zurück und wurde 1907 zum Mitglied des Gerichts der Bank of England ernannt. Im Jahr 1912 erlitt er einen Nervenzusammenbruch und begab sich in die Schweiz, um sich

---

[121] Carroll Quigley, *Tragödie und Hoffnung*, Macmillan, New York, S. 326.

von Jung behandeln zu lassen, wie es in der mächtigen Gruppe, die er vertrat, üblich war.[122]

Lord Montagu Norman war von 1916 bis 1944 Gouverneur der Bank of England. In dieser Zeit nahm er an den Zentralbankkonferenzen teil, die den Crash von 1929 und eine weltweite Depression auslösten. In The Politics of Money von Brian Johnson schreibt er: „Strong und Norman, die eng befreundet waren, verbrachten ihre Ferien zusammen in Bar Harbour und in Südfrankreich. „Johnson sagt: „Norman wurde daher Strongs Alter Ego... Strongs Politik des leichten Geldes auf dem New Yorker Geldmarkt von 1925-28 war die Erfüllung seiner Vereinbarung mit Norman, die New Yorker Zinssätze unter denen von London zu halten. Um der internationalen Zusammenarbeit willen hielt Strong die beruhigende Hand der hohen Zinssätze in New York zurück, bis es zu spät war. Das lockere Geld in New York hatte den amerikanischen Boom der späten 1920er Jahre mit seinen fantastischen Spekulationshöhen gefördert."[123]

Benjamin Strong starb plötzlich im Jahr 1928. *Der* Nachruf der *New York Times* vom 17. Oktober 1928 beschreibt die Konferenz zwischen den Direktoren der drei großen Zentralbanken in Europa im Juli 1927, „Mr. Norman, Bank of England, Strong von der New Yorker Federal Reserve Bank und Dr. Hjalmar Schacht von der Reichsbank, deren Treffen damals als ein Treffen des 'exklusivsten Clubs der Welt' bezeichnet wurde. Über die ausländischen Konferenzen, die völlig informell waren, aber viele wichtige Fragen der Goldbewegungen, der Stabilität des Welthandels und der Weltwirtschaft behandelten,

---

[122] Wenn Menschen dieser Klasse von Schuldgefühlen geplagt werden, während sie Weltkriege und Wirtschaftsdepressionen planen, die Millionen von Menschen auf der Welt Elend, Leid und Tod bringen, haben sie manchmal Bedenken. Diese Gewissensbisse werden von ihren Mitmenschen als „Nervenschwäche" verspottet. Nach einem Besuch beim Psychiater machen sie sich mit neuem Elan an die Arbeit, ohne sich in Mitleid mit „den kleinen Leuten" zu ergehen, die ihre Opfer sein werden.

[123] Brian Johnson, *The Politics of Money*, McGraw Hill, New York, 1970, S. 63.

wurde nie öffentlich berichtet." Die Treffen, bei denen über die Zukunft der Weltwirtschaft entschieden wird, werden immer als „völlig informell" bezeichnet, inoffiziell, ohne öffentliche Berichte, und bei den seltenen Gelegenheiten, bei denen empörte Kongressabgeordnete diese geheimnisvollen Gestalten vorladen, um über ihre Aktivitäten auszusagen, zeichnen sie lediglich die Umrisse der unternommenen Schritte nach und erhalten keine Informationen darüber, was wirklich gesagt oder beschlossen wurde.

Bei den Senatsanhörungen zum Federal Reserve System im Jahr 1931 fragte H. Parker Willis, einer der Autoren und Erster Sekretär des Federal Reserve Board von 1914 bis 1920, den Gouverneur George Harrison, Strongs Nachfolger als Gouverneur der Federal Reserve Bank of New York, ganz offen:

„Wie ist die Beziehung zwischen der Federal Reserve Bank of New York und dem Geldausschuss der Börse?" „Es gibt keine Beziehung", antwortete Gouverneur Harrison.

„Es gibt keine Unterstützung oder Zusammenarbeit bei der Festsetzung des Steuersatzes in irgendeiner Form?", fragte Willis.

„Nein", sagte Gouverneur Harrison, „obwohl sie uns bei verschiedenen Gelegenheiten über den Stand der Geldsituation informieren und darüber, wie ihrer Meinung nach der Zinssatz sein sollte. „Dies war ein absoluter Widerspruch zu seiner Aussage, dass „es keine Beziehung gibt". Die Federal Reserve Bank of New York, die den Diskontsatz für die anderen Zentralbanken festlegte, unterhielt tatsächlich eine enge Verbindung mit dem Geldausschuss der Börse.

Die Anhörungen des Repräsentantenhauses zum Thema Stabilisierung im Jahr 1928 bewiesen eindeutig, dass die Gouverneure des Federal Reserve System Konferenzen mit den Leitern der großen europäischen Zentralbanken abgehalten hatten. Selbst wenn die Kongressabgeordneten die Einzelheiten des Komplotts gekannt hätten, das in der Großen Depression von 1929-31 gipfeln sollte, hätten sie nichts tun können, um es zu verhindern. Die internationalen Bankiers, die die

Goldbewegungen kontrollierten, konnten jedem Land ihren Willen aufzwingen, und die Vereinigten Staaten waren genauso hilflos wie jedes andere Land.

Es folgen Anmerkungen zu diesen Anhörungen:

MR. BEEDY: „Ich bemerke auf Ihrem Diagramm, dass die Linien, die die heftigsten Schwankungen erzeugen, unter 'Geldzinsen in New York' zu finden sind. Da die Geldzinsen in den großen Städten steigen und fallen, scheinen die Kredite, die auf Investitionen gemacht werden, davon zu profitieren, derzeit eine ziemlich heftige Veränderung, während die Industrie im Allgemeinen nicht von diesen heftigen Veränderungen Gebrauch zu machen scheint, und diese Linie ist ziemlich gleichmäßig, es gibt keine großen Anstiege oder Rückgänge.

Gouverneur ADOLPH MILLER: Dies alles geschah mehr oder weniger im Interesse der internationalen Lage. Sie verkauften Goldkredite in New York für Pfundguthaben in London.

REPRÄSENTATIV STARK: (Nicht verwandt mit Benjamin): Hat das Federal Reserve Board die Macht, Gold in dieses Land zu holen?

E.A. GOLDENWEISER, Forschungsdirektor des Direktoriums: Das Federal Reserve Board könnte Gold in dieses Land locken, indem es die Geldzinsen erhöht.

Gouverneur ADOLPH MILLER: Ich denke, wir sind nahe an dem Punkt angelangt, an dem unsere Sorge um die Währungsangelegenheiten Europas geändert werden kann. Das Federal Reserve Board hat im letzten Sommer, 1927, mit einer Politik der Offenmarktkäufe, gefolgt von einer Senkung des Diskontsatzes bei den Reserve Banks, begonnen, um die Kreditsituation zu entspannen und die Kosten des Geldes zu senken. Die offizielle Begründung für diese Abkehr von der Kreditpolitik lautete, dass dies zur Stabilisierung des internationalen Devisenverkehrs beitragen und den Goldexport anregen würde.

VORSITZENDER MCFADDEN: Können Sie uns kurz schildern, wie diese Angelegenheit an das Federal Reserve Board herangetragen wurde und welche Einflüsse bei der endgültigen Entscheidung eine Rolle gespielt haben?

GOVERNOR ADOLPH MILLER: Sie stellen eine Frage, die ich unmöglich beantworten kann.

VORSITZENDER MCFADDEN: Vielleicht kann ich das klären - woher kam der Vorschlag, der zu dieser Entscheidung über die Änderung der Sätze im letzten Sommer führte?

Gouverneur ADOLPH MILLER: Die drei größten Zentralbanken Europas hatten Vertreter in dieses Land geschickt. Es waren der Gouverneur der Bank von England, Herr Hjalmar Schacht, und Professor Rist, stellvertretender Gouverneur der Bank von Frankreich. Diese Herren hielten eine Konferenz mit Beamten der Federal Reserve Bank of New York ab. Nach ein oder zwei Wochen erschienen sie für den größten Teil eines Tages in Washington. Am Abend eines Tages kamen sie nach Washington, waren am nächsten Tag Gäste der Gouverneure des Federal Reserve Board und reisten am Nachmittag nach New York ab.

VORSITZENDER MCFADDEN: Waren die Mitglieder des Verwaltungsrats bei diesem Mittagessen anwesend?

GOVERNOR ADOLPH MILLER: Oh ja, er wurde von den Gouverneuren des Verwaltungsrats gegeben, um uns alle zusammenzubringen.

VORSITZENDER MCFADDEN: War es eine gesellige Angelegenheit, oder wurden wichtige Angelegenheiten besprochen?

GOVERNOR MILLER: Ich würde sagen, es war hauptsächlich eine gesellschaftliche Angelegenheit. Ich persönlich hatte vor dem Mittagessen ein langes Gespräch mit Dr. Schacht allein und auch ein sehr langes Gespräch mit Professor Rist. Nach dem Mittagessen begann ich ein Gespräch mit Herrn Norman, an dem sich auch Gouverneur Strong aus New York beteiligte.

VORSITZENDER MCFADDEN: War das eine formelle Sitzung des Verwaltungsrats?

GOVERNOR ADOLPH MILLER: Nein.

VORSITZENDER MCFADDEN: Es war nur eine informelle Diskussion über die Angelegenheiten, die sie in New York besprochen hatten?

GOVERNOR MILLER: Das nehme ich an. Es war hauptsächlich ein gesellschaftlicher Anlass. Was ich gesagt habe, war hauptsächlich allgemeiner Natur. Die Chefs der Zentralbanken haben auch nur allgemein gesprochen.

MR. KING: Was haben sie gewollt?

GOVERNOR MILLER: Sie haben sehr offen auf Fragen geantwortet. Ich wollte mich mit Herrn Norman unterhalten, und wir beide blieben nach dem Mittagessen zurück und schlossen uns den anderen ausländischen Vertretern und den Beamten der New Yorker Reserve Bank an. Diese Herren waren alle sehr besorgt darüber, wie der Goldstandard funktionierte. Sie wünschten sich daher einen lockeren Geldmarkt in New York und niedrigere Zinssätze, was die Verlagerung von Gold aus Europa in dieses Land verhindern würde. Das wäre sehr im Interesse der damals bestehenden internationalen Geldsituation.

MR. BEEDY: Gab es eine Vereinbarung zwischen den Vertretern dieser ausländischen Banken und dem Federal Reserve Board oder der New York Federal Reserve Bank?

GOVERNOR MILLER: Ja.

MR. BEEDY: Es wurde nicht formell gemeldet?

GOVERNOR MILLER: Nein. Später kam es zu einer Sitzung des Ausschusses für Offenmarktpolitik, des Ausschusses für Investitionspolitik des Federal Reserve Systems, in der bestimmte Empfehlungen ausgesprochen wurden. Wenn ich mich recht erinnere, wurden im August gemäß diesem Plan Wertpapiere im Wert von etwa achtzig Millionen Dollar gekauft.

VORSITZENDER MCFADDEN: Gab es eine Konferenz zwischen den Mitgliedern des Offenmarktausschusses und diesen Bankern aus dem Ausland?

GOVERNOR MILLER: Sie mögen sie als Einzelpersonen getroffen haben, aber nicht als Ausschuss.

MR. KING: Woher nimmt der Offenmarktausschuss seine Ideen?

GOVERNOR MILLER: Sie sitzen herum und reden darüber. Ich weiß nicht, wessen Idee das war. Es war ganz klar eine Zeit, in der ein kooperativer Geist am Werk war.

VORSITZENDER MCFADDEN: Sie haben hier Verhandlungen von sehr großer Bedeutung skizziert.

GOVERNOR MILLER: Ich würde eher sagen Gespräche.

VORSITZENDER MCFADDEN: Es hat etwas ganz Bestimmtes stattgefunden?

GOVERNOR MILLER: Ja.

VORSITZENDER MCFADDEN: Eine Änderung der Politik unseres gesamten Finanzsystems, die zu einer der ungewöhnlichsten Situationen geführt hat, mit denen dieses Land jemals in finanzieller Hinsicht konfrontiert war (der Boom der Börsenspekulation von 1927-1929). Ich bin der Meinung, daß eine Angelegenheit dieser Tragweite in Washington hätte zu Protokoll gegeben werden müssen.

GOVERNOR MILLER: Ich stimme mit Ihnen überein.

REPRÄSENTATIV STARK: Wäre es nicht gut gewesen, wenn es eine Anweisung gegeben hätte, dass diese dem Federal Reserve System übertragenen Befugnisse für die weitere Stabilisierung der Kaufkraft des amerikanischen Dollars genutzt werden sollten, anstatt von den Interessen Europas beeinflusst zu werden?

GOVERNOR MILLER: Ich wehre mich gegen den Begriff „Einfluss". Außerdem gibt es keine Stabilisierung des amerikanischen Dollars ohne Stabilisierung aller anderen

Goldwährungen. Sie sind durch den Goldstandard miteinander verbunden. Andere bedeutende Männer, die hierher kommen, wissen sehr gut, wie sie sich den Leuten nähern können, die das Personal des Federal Reserve Board bilden.

MR. STEAGALL: Der Besuch dieser ausländischen Bankiers führte dazu, dass das Geld in New York billiger wurde?

GOVERNOR MILLER: Ja, genau.

VORSITZENDER MCFADDEN: Ich möchte alle, die an diesem Mittagessen in Washington teilgenommen haben, zu Protokoll geben.

GOVERNOR MILLER: Zusätzlich zu den Namen, die ich Ihnen genannt habe, war auch einer der jüngeren Männer von der Bank von Frankreich anwesend. Ich glaube, alle Mitglieder des Federal Reserve Board waren anwesend. Der stellvertretende Finanzminister Ogden Mills war anwesend, ebenso der stellvertretende Finanzminister Schuneman, zwei oder drei Männer aus dem Außenministerium und Mr. Warren von der Auslandsabteilung der Federal Reserve Bank of New York. Ach ja, Gouverneur Strong war auch anwesend.

VORSITZENDER MCFADDEN: Diese Konferenz mit all diesen ausländischen Bankern ist natürlich nicht einfach so entstanden. Die prominenten Banker aus Deutschland, Frankreich und England kamen auf wessen Anregung hin hierher?

GOVERNOR MILLER: Es war eine Situation entstanden, die für London ausgesprochen peinlich war, weil die Rücknahme einer bestimmten Menge Goldes bevorstand, das von Frankreich zurückgewonnen und ursprünglich von der französischen Regierung als Kriegskredit in die Bank von England gebracht worden war. In Europa herrschte eine gewisse Anspannung, weil Frankreich begann, sein Haus für die Rückkehr zum Goldstandard in Ordnung zu bringen. In dieser Situation war ein mäßigender Einfluss gefragt.

MR. KING: Wer war der bewegende Geist, der diese Leute zusammengebracht hat?

GOVERNOR MILLER: Das ist ein Detail, mit dem ich nicht vertraut bin.

VERTRETER STARK: Wäre es nicht fair zu sagen, dass die Leute, die das Gold wollten, diejenigen waren, die das Treffen initiiert haben?

GOVERNOR MILLER: Sie sind hierher gekommen.

REPRÄSENTANT STRONG: Tatsache ist, dass sie hierher gekommen sind, ein Treffen hatten, ein Bankett gegeben haben, geredet haben, die Federal Reserve Board dazu gebracht haben, den Diskontsatz zu senken und Käufe auf dem offenen Markt zu tätigen, und sie haben das Gold bekommen.

MR. STEAGALL: Stimmt es, dass die Maßnahmen die europäischen Währungen stabilisiert und unsere ins Wanken gebracht haben?

GOVERNOR MILLER: Ja, das war der Zweck der Maßnahme.

VORSITZENDER MCFADDEN: Lassen Sie mich Ihre Aufmerksamkeit auf die jüngste Konferenz in Paris lenken, auf der Herr Goldenweiser, Forschungsdirektor des Federal Reserve Board, und Dr. Burgess, stellvertretender Federal Reserve Agent der Federal Reserve Bank of New York, sich mit den Vertretern der anderen Zentralbanken beraten haben. Wer hat die Konferenz einberufen?

GOVERNOR MILLER: Wenn ich mich recht erinnere, wurde sie von der Bank von Frankreich einberufen.

GOVERNOR YOUNG: Nein, es war der Völkerbund, der sie zusammengerufen hat." Das geheime Treffen zwischen den Gouverneuren des Federal Reserve Board und den Leitern der europäischen Zentralbanken wurde nicht einberufen, um irgendetwas zu stabilisieren. Es wurde abgehalten, um zu erörtern, wie man das Gold, das das System in den Vereinigten

Staaten hält, am besten nach Europa zurückbringen kann, um die Nationen dieses Kontinents zur Rückkehr zum Goldstandard zu zwingen. Dem Völkerbund war dies noch nicht gelungen, denn der Senat der Vereinigten Staaten hatte sich geweigert, Woodrow Wilson zu erlauben, uns an eine internationale Währungsbehörde zu verraten. Es bedurfte des Zweiten Weltkriegs und Franklin D. Roosevelts, um dies zu erreichen. In der Zwischenzeit brauchte Europa unser Gold, und das Federal Reserve System gab es ihnen im Wert von fünfhundert Millionen Dollar. Die Abwanderung dieses Goldes aus den Vereinigten Staaten verursachte die Deflation des Aktienbooms, das Ende des geschäftlichen Wohlstands der 1920er Jahre und die Große Depression von 1929-31, das schlimmste Unglück, das dieses Land je getroffen hat. Es ist völlig logisch zu sagen, dass das amerikanische Volk diese Depression als Strafe für den Nichtbeitritt zum Völkerbund erlitt. Die Bankiers wussten, was passieren würde, wenn das Gold im Wert von fünfhundert Millionen Dollar nach Europa geschickt würde. Sie wollten die Depression, weil sie das Geschäft und die Finanzen der Vereinigten Staaten in ihre Hände legte.

Die Anhörungen werden fortgesetzt:

MR. BEEDY: „Herr Ebersole vom Finanzministerium schloß seine Ausführungen bei dem Abendessen, an dem wir gestern abend teilnahmen, mit den Worten, das Federal Reserve System wolle keine Stabilisierung und der amerikanische Geschäftsmann wolle sie nicht. Sie wollen diese Preisschwankungen, nicht nur bei Wertpapieren, sondern auch bei Rohstoffen und im Handel im allgemeinen, weil diejenigen, die jetzt die Kontrolle haben, ihre Gewinne aus eben dieser Instabilität ziehen. Wenn die Kontrolle dieser Leute nicht auf legitime Weise zustande kommt, kann versucht werden, sie durch allgemeine Umwälzungen zu erreichen, wie sie die Gesellschaft in vergangenen Zeiten gekennzeichnet haben. Revolutionen wurden durch die Unzufriedenheit mit den bestehenden Verhältnissen gefördert, wobei die Kontrolle in den Händen einiger weniger lag und die vielen die Rechnungen zahlten.

VORSITZENDER MCFADDEN: Ich habe hier ein Schreiben von einem Mitglied des Federal Reserve Board, das hierher geladen wurde. Ich möchte ihn gerne zu Protokoll geben. Er ist von Gouverneur Cunningham:

Sehr geehrter Herr Vorsitzender:

Seit einigen Wochen bin ich krankheitsbedingt zu Hause und bereite mich nun darauf vor, einige Wochen außerhalb von Washington zu verbringen, um meine Genesung zu beschleunigen.

Edward H. Cunningham

Er antwortet damit auf eine Einladung, die ihm ausgesprochen wurde, vor unserem Ausschuss zu erscheinen. Ich habe auch ein Schreiben von George Harrison, dem stellvertretenden Gouverneur der Federal Reserve Bank of New York.

Mein lieber Herr Abgeordneter:

Gouverneur Strong ist letzte Woche nach Europa gesegelt. Seit Anfang des Jahres ging es ihm überhaupt nicht gut, und obwohl er im vergangenen März vor Ihrem Ausschuss erschien, erlitt er kurz danach einen sehr schweren Gürtelroseanfall, der seine Nerven schwer strapaziert hat.

George L. Harrison, 19. Mai 1928

Ich möchte auch eine Erklärung im New York Journal of Commerce vom 22. Mai 1928 aus Washington zu Protokoll geben:

Wie aus gut unterrichteten Kreisen verlautet, ist das Hauptthema, das Gouverneur Strong von der Federal Reserve Bank of New York bei seinem derzeitigen Besuch in Paris ansprechen wird, die Vereinbarung von Stabilisierungskrediten für Frankreich, Rumänien und Jugoslawien. Eine zweite wichtige Frage, die Herr Strong ansprechen wird, ist die Menge an Gold, die Frankreich aus diesem Land beziehen soll. „'

Eine weitere Befragung durch den Vorsitzenden McFadden über die seltsame Krankheit von Benjamin Strong brachte die folgende Aussage von Gouverneur Charles S. Hamlin vom Federal Reserve Board am 23. Mai 1928 hervor:

„Ich weiß nur, dass Gouverneur Strong sehr krank war und sich vor allem nach Europa begeben hat,

Ich verstehe, dass das eine Frage der Gesundheit ist. Natürlich kennt er die verschiedenen Büros der europäischen Zentralbanken gut und wird sie zweifellos aufsuchen." Gouverneur Benjamin Strong starb einige Wochen nach seiner Rückkehr aus Europa, ohne vor dem Ausschuss zu erscheinen.

Zweck dieser Anhörungen vor dem House Committee on Banking and Currency im Jahr 1928 war es, die Notwendigkeit der Verabschiedung des Strong-Gesetzes zu untersuchen, das von Repräsentant Strong (nicht verwandt mit Benjamin, dem internationalen Bankier) vorgelegt worden war und das vorsah, dass das Federal Reserve System ermächtigt werden sollte, die Kaufkraft des Dollars zu stabilisieren. Dies war eines der Versprechen von Carter Glass und Woodrow Wilson gewesen, als sie dem Kongress 1912 den Federal Reserve Act vorlegten, und eine solche Bestimmung war tatsächlich von Senator Robert L. Owen in das Gesetz aufgenommen worden, aber Carter Glass' House Committee on Banking and Currency hatte sie gestrichen. Die Händler und Spekulanten wollten nicht, dass der Dollar stabil wurde, weil sie dann keinen Gewinn mehr machen konnten. Die Bürger dieses Landes waren in den 1920er Jahren dazu verleitet worden, an der Börse zu spekulieren, weil die Händler eine landesweite Situation der Instabilität geschaffen hatten.

Die Strong Bill von 1928 wurde im Kongress abgelehnt.

Die finanzielle Situation in den Vereinigten Staaten während der 1920er Jahre war durch eine reine Inflation von Spekulationswerten gekennzeichnet. Es war eine von Händlern geschaffene Situation. Die Preise für Rohstoffe blieben niedrig, obwohl die Wertpapiere an der Börse überbewertet waren.

Die Käufer erwarteten nicht, dass ihre Wertpapiere Dividenden abwerfen würden. Die Idee war, sie eine Weile zu halten und dann mit Gewinn zu verkaufen. Irgendwo musste Schluss sein, wie Paul Warburg im März 1929 bemerkte. Die

Wall Street ließ nicht locker, bis die Menschen ihre Ersparnisse in diese überteuerten Wertpapiere gesteckt hatten. Der Präsident der Vereinigten Staaten, Calvin Coolidge, fungierte als Handlanger der Börsenbetreiber, als er 1927 dem amerikanischen Volk empfahl, weiterhin auf dem Markt zu kaufen. Die Banker zeigten ihre Macht, indem sie den Präsidenten der Vereinigten Staaten, den Finanzminister und den Vorsitzenden des Board of Governors des Federal Reserve System dazu brachten, Erklärungen abzugeben, dass die Kredite der Makler nicht zu hoch seien und dass der Zustand des Aktienmarktes gesund sei.

Irving Fisher warnte uns 1927, dass die Last der Stabilisierung der Preise in der ganzen Welt bald auf die Vereinigten Staaten fallen würde. Eines der Ergebnisse des Zweiten Weltkriegs war die Einrichtung eines Internationalen Währungsfonds, der genau das tun sollte. Professor Gustav Cassel bemerkte im selben Jahr, dass:

„Die Abwärtsbewegung der Preise ist nicht das spontane Ergebnis von Kräften, die sich unserer Kontrolle entziehen. Sie ist das Ergebnis einer Politik, die bewusst darauf ausgerichtet ist, die Preise zu senken und der Währungseinheit einen höheren Wert zu verleihen." Nachdem die Demokratische Partei den Federal Reserve Act verabschiedet und uns in den Ersten Weltkrieg geführt hatte, übernahm sie in den 1920er Jahren die Rolle einer Oppositionspartei. Sie befand sich am Rande des politischen Spektrums und wurde in jenen mageren Jahren durch liberale Zuwendungen von Bernard Baruch unterstützt, wie aus seiner Biografie hervorgeht. Wie weit draußen sie waren und wie wenig Chancen sie 1928 hatten, zeigt ein Punkt im offiziellen Programm der Demokratischen Partei, das am 28. Juni 1928 in Houston verabschiedet wurde:

„Die Verwaltung des Federal Reserve Systems zum Vorteil der Börsenspekulanten sollte aufhören. Es muss zum Nutzen von Landwirten, Lohnempfängern, Kaufleuten, Herstellern und anderen, die im konstruktiven Geschäft tätig sind, verwaltet werden. „

Dieser Idealismus sicherte ihrem Protagonisten, Al Smith, der von Franklin D. Roosevelt nominiert wurde, eine Niederlage. Der Wahlkampf gegen Al Smith war auch von Appellen an die religiöse Intoleranz geprägt, da er Katholik war. Die Bankiers schürten im ganzen Land eine antikatholische Stimmung, um die Wahl ihres Protegés aus dem Ersten Weltkrieg, Herbert Hoover, zu erreichen.

Anstatt die finanzielle Stabilität des Landes zu fördern, wie es Woodrow Wilson bei der Verabschiedung des Gesetzes versprochen hatte, wurde die finanzielle Instabilität vom Federal Reserve Board stetig gefördert. In einem offiziellen Memorandum des Board vom 13. März 1939 heißt es:

„Der Gouverneursrat des Federal Reserve System lehnt jeden Gesetzentwurf ab, der ein stabiles Preisniveau vorschlägt." Politisch wurde das Federal Reserve Board in den 1920er Jahren dazu benutzt, die Wahl der Kandidaten der Bankiers zu fördern. Im „Literary Digest" vom 4. August 1928 hieß es anlässlich der Anhebung des Zinssatzes auf fünf Prozent im Jahr der Präsidentschaft durch das Federal Reserve Board

„Damit wird die politisch erwünschte Politik des billigen Geldes von 1927 rückgängig gemacht, und die Bedingungen auf dem Aktienmarkt werden verbessert. Sie wurde von der Volkslobby in Washington, D.C., mit den Worten angegriffen: „Diese Erhöhung zu einer Zeit, in der die Landwirte billiges Geld brauchten, um die Ernte zu finanzieren, war ein direkter Schlag gegen die Landwirte, die nach der landwirtschaftlichen Depression von 1920-21 begonnen hatten, wieder auf die Beine zu kommen.

Die „New York World" berichtete bei dieser Gelegenheit:

„Die Kritik vieler Anleger an der Politik des Federal Reserve Board beruht nicht auf dem Versuch, den Aktienmarkt zu deflationieren, sondern auf dem Vorwurf, dass das Board selbst durch seine Politik im letzten Jahr vollständig für die bestehende Inflation an den Aktienmärkten verantwortlich ist." Ein vernichtender Überblick über die ersten fünfzehn Jahre des Federal Reserve System erscheint in der „North American

Review" vom Mai 1929 von H. Parker Willis, einem Wirtschaftswissenschaftler, der zu den Verfassern des Gesetzes gehörte und von 1914 bis 1920 Erster Sekretär des Vorstands war. Er äußert sich völlig desillusioniert.

„Mein erstes Gespräch mit dem designierten Präsidenten Wilson fand 1912 statt. Unser Gespräch drehte sich ausschließlich um die Bankenreform. Ich fragte ihn, ob er zuversichtlich sei, dass wir ein geeignetes Gesetz verabschieden könnten und wie wir es anwenden und durchsetzen könnten. Er antwortete: „Wir müssen uns auf den Idealismus der amerikanischen Wirtschaft verlassen.' Er suchte nach etwas, bei dem er sich darauf verlassen konnte, dass es dem amerikanischen Idealismus eine Chance bietet. Es diente dazu, den Weltkrieg zu finanzieren und die amerikanischen Bankpraktiken zu revidieren. Das Element des Idealismus, das der Präsident vorschrieb und von dem er glaubte, dass wir es nach dem Prinzip des noblesse oblige von amerikanischen Bankiers und Geschäftsleuten bekommen könnten, war nicht vorhanden.

Seit dem Inkrafttreten des Federal Reserve Act haben wir eine der schwersten finanziellen Depressionen und Revolutionen erlebt, die es in unserer Geschichte je gegeben hat, nämlich die von 1920-21. Unsere Landwirtschaft erlebte eine lange Leidenszeit und sogar eine Revolution, in der eine Million Landwirte ihre Höfe aufgrund von Schwierigkeiten mit den Bodenpreisen und den merkwürdigen Kreditbedingungen verließen. Wir haben die umfangreichste Ära von Bankzusammenbrüchen erlebt, die es in diesem Land je gab. Fünfundvierzig hundert Banken haben ihre Türen geschlossen, seit das Reservesystem seine Arbeit aufgenommen hat. In einigen westlichen Städten gab es Zeiten, in denen alle Banken in der Gemeinde zusammenbrachen, und bestimmte Banken sind immer wieder zusammengebrochen. Zwischen Mitgliedern und Nichtmitgliedern des Federal Reserve Systems gab es kaum einen Unterschied in der Konkursanfälligkeit.

„Die Wahl der ersten Mitglieder des Federal Reserve Board durch Wilson war nicht besonders glücklich.

Sie stellten eine zusammengesetzte Gruppe dar, die mit dem ausdrücklichen Ziel ausgewählt wurde, dieses oder jenes große Interesse zu befriedigen. Es war nicht verwunderlich, dass die ernannten Mitglieder ihre Posten zur Begleichung von Schulden nutzten. Als der Verwaltungsrat eine Entschließung in Erwägung zog, die vorsah, dass künftige Mitglieder des Reservesystems ausschließlich aufgrund ihrer Verdienste ernannt werden sollten, weil einige von ihnen nachweislich inkompetent waren.

Comptroller John Skelton Williams beantragte, das Wort „ausschließlich" zu streichen, und wurde dabei vom Verwaltungsrat unterstützt. Die Einbeziehung bestimmter Elemente (Warburg, Strauss usw.) in den Verwaltungsrat bot die Möglichkeit, Sonderinteressen zu bedienen, was sich später als verhängnisvoll erweisen sollte.

„Präsident Wilson irrte, wie er oft irrte, als er annahm, dass die Übernahme eines wichtigen Amtes einen Amtsinhaber verändern und seinen Patriotismus neu beleben würde. Das Reserve Board erreichte den Tiefpunkt der Wilson-Periode mit der Ernennung eines Mitglieds, das aufgrund seiner Fähigkeit ausgewählt wurde, Delegierte für einen demokratischen Präsidentschaftskandidaten zu gewinnen. Dieses Niveau war jedoch nicht der Tiefpunkt, der unter Präsident Harding erreicht wurde. Er ernannte einen alten Kumpel, D.R. Crissinger, zum Gouverneur des Gremiums und berief mehrere andere hochrangige Politiker in andere Positionen. Vor seinem Tod hatte er sein Möglichstes getan, um das gesamte Unternehmen zu demontieren. Seitdem geht es mit dem System immer weiter bergab.

Kaum hatten die Reservebanken ihre erste Form angenommen, als sich herausstellte, dass die örtlichen Bankiers sie als Mittel zur Beseitigung von „Lieblingssöhnen", d. h. von Personen, die im allgemeinen Einvernehmen zu einer Art allgemeiner Belastung für die Bankengemeinschaft geworden waren, oder von ineffizienten Personen verschiedener Art zu benutzen suchten. Wenn Reservedirektoren zu wählen waren, weigerten sich die Bankiers auf dem Lande oft, ihre Stimme abzugeben, oder wenn sie abstimmten, dann auf Anweisung der

Korrespondenten in der Stadt. Unter diesen Umständen kam eine populäre oder demokratische Kontrolle der Reservebanken nicht in Frage. Angemessene Effizienz hätte gesichert werden können, wenn ehrliche Männer, die ihre öffentliche Pflicht anerkennen, die Macht übernommen hätten. Wenn es solche Männer gab, sind sie nicht in das Federal Reserve Board gekommen. In einer Reserve-Bank liegt die Leitung heute in den Händen eines Mannes, der in seinem Leben noch nie Bankgeschäfte gemacht hat, während in einer anderen Reserve-Institution sowohl der Gouverneur als auch der Vorsitzende ehemalige Leiter von inzwischen untergegangenen Banken sind. Sie haben natürlich eine hohe Ausfallquote in ihrem Bezirk. In den meisten Distrikten ist das Leistungsniveau, gemessen an guten Bankstandards, unter den leitenden Angestellten der Reserve Bank beschämend niedrig. Die Politik der Federal Reserve Bank of Philadelphia ist im System als die „Friends and Relatives Banks" bekannt.

„Während der Erzielung von Kriegsgewinnen in beträchtlicher Höhe kam jemand auf die Idee, die Gewinne zu verwenden, um sich selbst mit phänomenal teuren Gebäuden auszustatten. Heute müssen die ReserveBanken eine ganze Milliarde Dollar ihres Geldes ständig in Arbeit halten, nur um in normalen Zeiten ihre eigenen Ausgaben zu bezahlen.

„Die beste Veranschaulichung dessen, was das System getan und nicht getan hat, bietet die Erfahrung, die das Land im Mai 1929 mit der Spekulation gemacht hat. Drei Jahre zuvor war die gegenwärtige Hausse gerade erst in Gang gekommen. Im Herbst 1926 saß eine Gruppe von Bankern, unter ihnen ein weltberühmter Name, an einem Tisch in einem Washingtoner Hotel. Einer von ihnen warf die Frage auf, ob die niedrigen Diskontsätze des Systems nicht die Spekulation begünstigen würden.

„Ja", antwortete der berühmte Bankier, „das werden sie, aber das ist nicht zu ändern. Das ist der Preis, den wir zahlen müssen, um Europa zu helfen."

„Man kann sich durchaus fragen, ob die Förderung der Spekulation durch das Board der Preis war, der für die Hilfe für

Europa gezahlt wurde, oder ob es der Preis ist, der gezahlt wurde, um eine bestimmte Klasse von Finanziers zu veranlassen, Europa zu helfen, aber in jedem Fall sollten die europäischen Bedingungen nichts mit der Diskontpolitik des Board zu tun haben. Tatsache ist, dass die Federal Reserve Banks nicht mit der Gemeinschaft in Kontakt kommen.

Der „kleine Mann" von Maine bis Texas hat sich allmählich dazu verleiten lassen, seine Ersparnisse in den Aktienmarkt zu investieren, mit dem Ergebnis, dass die steigende Flut der Spekulation, die mit immer höherer Geschwindigkeit abgewickelt wird, die legitimen Geschäfte des Landes überschwemmt hat.

„Im März 1928 wurde Roy A. Young, Gouverneur der Behörde, vor einen Senatsausschuss geladen. Glauben Sie, dass die Darlehen der Makler zu hoch sind?", wurde er gefragt.

„Ich bin nicht bereit zu sagen, ob die Kredite der Makler zu hoch oder zu niedrig sind", antwortete er, „aber ich bin sicher, dass sie sicher und konservativ gemacht werden."

„Finanzminister Mellon versicherte dem Land in einer förmlichen Erklärung, dass die Zinsen nicht zu hoch seien, und Coolidge gab unter Verwendung von Material, das ihm vom Federal Reserve Board zur Verfügung gestellt wurde, dem Land gegenüber eine klare Erklärung ab, dass die Zinsen nicht zu hoch seien. Das Federal Reserve Board, das die Aufgabe hat, die Interessen des Durchschnittsbürgers zu schützen, tat also sein Möglichstes, um dem Durchschnittsbürger zu versichern, dass er sich keine Sorgen um seine Ersparnisse machen müsse. Dennoch richtete das Federal Reserve Board am 2. Februar 1929 ein Schreiben an die Direktoren der Zentralbank, in dem es sie vor der großen Gefahr weiterer Spekulationen warnte.

„Was konnte man von einer Gruppe von Männern erwarten, wie sie sich aus dem Vorstand zusammensetzte, einer Gruppe von Männern, die nur daran interessiert waren, sich unterzuordnen, wenn die Gefahr von Reibereien bestand, und die einen hündischen Appetit auf Kredit und Lob an den Tag legten, während sie nur darauf erpicht waren, mit den 'großen Männern', die sie als die Herren des amerikanischen Finanz- und Bankwesens kannten, 'mitzuhalten'?" H. Parker Willis ließ jeden Hinweis auf Lord Montague Norman und die Machenschaften der Bank von England aus, die zum Crash von 1929 und zur Großen Depression führen sollten.

KAPITEL 12

DIE GROSSE DEPRESSION

R.G. Hawtrey, der englische Wirtschaftswissenschaftler, sagte in der American Economic Review vom März 1926:

„Wenn die Auslandsinvestitionen das Angebot an allgemeinen Ersparnissen übersteigen, muss der Investitionsmarkt den Überschuss mit von den Banken geliehenem Geld tragen. Abhilfe schafft die Kontrolle des Kredits durch einen Anstieg des Bankzinses." Das Federal Reserve Board wandte diese Kreditkontrolle an, allerdings nicht 1926 und auch nicht als Abhilfemaßnahme. Sie wurde erst 1929 angewandt, und dann wurde der Zinssatz als Strafmaßnahme erhöht, um alle außer den großen Trusts auszuschließen.

Professor Cassel schrieb im Quarterly Journal of Economics, August 1928, dass: „Die Tatsache, dass eine Zentralbank es unterlässt, ihren Leitzins in Übereinstimmung mit der tatsächlichen Lage des Kapitalmarktes zu erhöhen, verstärkt die Stärke der zyklischen Bewegung des Handels mit all ihren schädlichen Auswirkungen auf die Sozialwirtschaft sehr stark. Eine rationelle Regulierung des Leitzinses liegt in unserer Hand und kann nur erreicht werden, wenn wir ihre Bedeutung erkennen und uns zu einer solchen Politik entschließen.

Mit einem auf diese Weise regulierten Leitzins würden sich die Bedingungen für die Entwicklung von Handelszyklen radikal ändern, und in der Tat würden die uns bekannten Handelszyklen der Vergangenheit angehören." Dies ist die bisher stichhaltigste Behauptung, dass unsere Wirtschaftsdepressionen künstlich herbeigeführt werden. Das Auftreten der Panik von 1907, der Agrarkonjunktur von 1920 und der Großen Depression von 1929

- alle drei in guten Erntejahren und in Zeiten nationalen Wohlstands - legt nahe, dass diese Prämisse keine Vermutung ist. Lord Maynard Keynes wies darauf hin, dass die meisten Theorien über den Konjunkturzyklus es versäumten, ihre Analyse angemessen auf den Geldmechanismus zu beziehen. Jede Untersuchung oder Studie über eine Depression, die nicht Faktoren wie Goldbewegungen und Druck auf den Devisenmarkt aufführt, wäre wertlos, doch die amerikanischen Ökonomen sind diesem Thema stets ausgewichen.

Der Völkerbund hatte sein Ziel erreicht, die europäischen Nationen bis 1928 wieder an den Goldstandard zu binden, aber drei Viertel des weltweiten Goldes befanden sich in Frankreich und den Vereinigten Staaten. Das Problem bestand darin, wie dieses Gold in die Länder gebracht werden konnte, die es als Geld- und Kreditgrundlage benötigten. Die Antwort darauf war die Tätigkeit des Federal Reserve System.

Nach dem geheimen Treffen zwischen dem Federal Reserve Board und den Leitern der ausländischen Zentralbanken im Jahr 1927 verdoppelten die Federal Reserve Banks innerhalb weniger Monate ihre Bestände an Staatspapieren und -akzepten, was dazu führte, dass in jenem Jahr Gold im Wert von fünfhundert Millionen Dollar exportiert wurde. Die Marktaktivitäten des Systems zwangen die Tagesgeldkurse an der Börse nach unten und trieben das Gold aus dem Land. Auch Ausländer nutzten diese Gelegenheit, um aufgrund des niedrigen Tagesgeldsatzes in großem Umfang Staatspapiere zu kaufen.

„Die Vereinbarung zwischen der Bank von England und den Washingtoner Zentralbankbehörden war vor vielen Monaten, dass wir die Ausfuhr von 725 Millionen Gold erzwingen würden, indem wir die hiesigen Bankraten senken und so zur Stabilisierung Frankreichs und Europas beitragen und Frankreich auf eine Goldbasis stellen würden."[124] (20. April 1928)

Am 6. Februar 1929 kam Montagu Norman, Gouverneur der Bank von England, nach Washington und hielt eine Konferenz

---

[124] Clarence W. Barron, *They Told Barron*, Harpers, New York, 1930, S. 353.

mit Andrew Mellon, dem Finanzminister, ab. Unmittelbar nach diesem mysteriösen Besuch änderte das Federal Reserve Board abrupt seine Politik und verfolgte eine Politik des hohen Diskontsatzes und gab die Politik des billigen Geldes auf, die es 1927 nach dem anderen Besuch von Herrn Norman eingeführt hatte. Der Börsenkrach und die Deflation der Finanzstruktur des amerikanischen Volkes sollten im März stattfinden. Um den Stein ins Rollen zu bringen, gab Paul Warburg die offizielle Warnung an die Händler aus, aus dem Markt zu gehen. In seinem Jahresbericht an die Aktionäre seiner International Acceptance Bank im März 1929 sagte Warburg:

„Wenn die Orgien der hemmungslosen Spekulation sich ausbreiten dürfen, wird der endgültige Zusammenbruch nicht nur die Spekulanten selbst treffen, sondern eine allgemeine Depression im ganzen Land auslösen." Während drei Jahren „hemmungsloser Spekulation" hatte Herr Warburg es nicht für nötig gehalten, sich über den Zustand der Börse zu äußern. Ein befreundetes Organ, *die New York Times*, widmete dem Bericht nicht nur zwei Spalten auf ihrer redaktionellen Seite, sondern kommentierte auch redaktionell die Weisheit und den Tiefgang von Herrn Warburgs Beobachtungen. Warburgs Besorgnis war echt, denn die Blase an der Börse hatte sich viel weiter entwickelt, als beabsichtigt war, und die Banker fürchteten die Folgen, wenn die Menschen erkannten, was vor sich ging. Als dieser Bericht in der *New York Times* eine plötzliche Verkaufswelle an der Börse auslöste, gerieten die Banker in Panik, und es wurde beschlossen, den Markt etwas zu beruhigen. So brachte die National City Bank von Warburg 25 Millionen Dollar in bar auf den Tagesgeldmarkt und verschob den Tag des Crashs.

Die Enthüllung der endgültigen Entscheidung des Federal Reserve Board, den Crash von 1929 auszulösen, erschien erstaunlicherweise in der *New York Times*. Am 20. April 1929 titelte *die Times:* „Federal Advisory Council Mystery Meeting in Washington". Die vom Rat verabschiedeten Beschlüsse wurden an den Vorstand weitergeleitet, aber ihr Zweck wurde streng gehütet. Sowohl das Gremium als auch der Rat hüllten das Verfahren in eine Atmosphäre tiefer Geheimhaltung. Es wurde alles getan, um die Vorgänge auf dieser außerordentlichen Sitzung geheim zu halten. Den Zeitungskorrespondenten wurden ausweichende Antworten gegeben." Nur der innerste Rat der „London Connection" wusste, dass auf diesem „geheimen Treffen" beschlossen worden war, den größten Spekulationsboom in der amerikanischen Geschichte zu beenden. Die Eingeweihten begannen, alle spekulativen Aktien zu verkaufen und ihr Geld in Staatsanleihen anzulegen. Diejenigen, die in diese geheimen Informationen nicht eingeweiht waren, zu denen einige der reichsten Männer Amerikas gehörten, hielten weiterhin ihre spekulativen Aktien und verloren alles, was sie hatten.

In FDR, My Exploited Father-in-Law schreibt Oberst Curtis B. Dall, der damals als Broker an der Wall Street tätig war, über den Crash: „Eigentlich war es die kalkulierte 'Scherung' der Öffentlichkeit durch die Weltgeldmächte, ausgelöst durch die geplante plötzliche Verknappung des Angebots an Tagesgeld auf dem New Yorker Geldmarkt."[125] Über Nacht hatte das Federal Reserve System den Tagesgeldsatz auf zwanzig Prozent erhöht. Da die Spekulanten nicht in der Lage waren, diesen Satz zu erfüllen, blieb ihnen nur der Sprung aus dem Fenster.

Der Zinssatz der New Yorker Federal Reserve Bank, der den nationalen Zinssatz vorgab, stieg am 1. November 1929 auf sechs Prozent. Nach dem Bankrott der Investoren sank er am 8. Mai 1931 auf eineinhalb Prozent. Der Kongressabgeordnete Wright Patman schreibt in seinem Buch „A Primer On Money", dass die Geldmenge von 1929 bis 1933 um acht Milliarden Dollar zurückging, was dazu führte, dass 11.630 der insgesamt 26.401 Banken in den Vereinigten Staaten in Konkurs gingen und ihre Türen schlossen.

Das Federal Reserve Board hatte die Aktionäre der Federal Reserve Banks bereits am 6. Februar 1929 gewarnt, aus dem Markt auszusteigen, aber es hatte sich nicht die Mühe gemacht, dem Rest der Bevölkerung etwas zu sagen. Niemand wusste, was

---

[125] Oberst Curtis B. Dall, *F.D.R., Mein ausgebeuteter Schwiegervater*, Liberty Lobby, Washington, D.C. 1970.

vor sich ging, außer den Bankern an der Wall Street, die das Sagen hatten. Die Goldbewegungen waren völlig unzuverlässig. Das Quarterly Journal of Economics stellte dies fest:

„Nicht nur in diesem Land, sondern in mehreren europäischen Ländern ist die Frage aufgeworfen worden, ob die Zollstatistiken die Bewegungen von Edelmetallen genau erfassen, und wenn Untersuchungen durchgeführt wurden, wurde das Vertrauen in solche Zahlen eher geschwächt als gestärkt. Jede Bewegung zwischen Frankreich und England zum Beispiel sollte in jedem Land erfasst werden, aber ein solcher Vergleich zeigt eine durchschnittliche jährliche Diskrepanz von fünfzig Millionen Franken für Frankreich und fünfundachtzig Millionen Franken für England. Diese enormen Diskrepanzen bleiben unberücksichtigt." Der ehrenwerte Reginald McKenna erklärte dies:

„Die Untersuchung der Beziehungen zwischen den Veränderungen des Goldbestandes und der Entwicklung des Preisniveaus zeigt, was eigentlich auf der Hand liegen sollte, aber keineswegs anerkannt wird, dass der Goldstandard in keiner Weise automatisch funktioniert. Der Goldstandard kann zum Nutzen einer kleinen Gruppe von internationalen Händlern sinnvoll verwaltet und kontrolliert werden und wird es auch." Im August 1929 erhöhte das Federal Reserve Board den Zinssatz auf sechs Prozent. Im darauf folgenden Monat erhöhte die Bank of England ihren Zinssatz von fünfeinhalb Prozent auf sechseinhalb Prozent. Dr. Friday konnte in der Septemberausgabe 1929 der Review of Reviews keinen Grund für die Maßnahmen des Board of Directors finden:

„Die Erklärung der Federal Reserve vom 7. August 1929 zeigt, dass es keine Anzeichen für eine Unzulänglichkeit für den Herbstbedarf gibt. Die Goldvorräte sind beträchtlich größer als im Vorjahr, und der Zustrom von Gold hält an, was Deutschland und England in finanzielle Verlegenheit bringt. Die Gründe für das Vorgehen des Vorstandes müssen an anderer Stelle gesucht werden. Der Öffentlichkeit wurde nur der Hinweis gegeben, dass „dieses Problem aufgrund bestimmter besonderer Bedingungen Schwierigkeiten bereitet hat". Alle Gründe, die Gouverneur

Young im letzten Jahr für die Senkung des Leitzinses anführte, sind auch jetzt noch vorhanden. Die Erhöhung des Zinssatzes bedeutet nicht nur, dass die Gefahr besteht, dass Gold aus dem Ausland abgezogen wird, sondern auch, dass in den letzten vier Monaten Einfuhren des gelben Metalls stattgefunden haben. Alles, was dies noch verschärft, bedeutet, die Verantwortung für eine weltweite Kreditdeflation zu übernehmen." So war das Federal Reserve System nicht nur für den Ersten Weltkrieg verantwortlich, den es ermöglichte, indem es die Vereinigten Staaten in die Lage versetzte, die Alliierten zu finanzieren, sondern seine Politik führte auch zu der weltweiten Depression von 1929-31. Gouverneur Adolph C. Miller erklärte bei der Senatsuntersuchung des Federal Reserve Board im Jahr 1931, dass:

„Hätten wir kein Federal Reserve System gehabt, wäre die Spekulationssituation meiner Meinung nach nicht so schlimm gewesen, wie wir sie anfangs hatten." Carter Glass antwortete: „Sie haben deutlich gemacht, dass das Federal Reserve Board durch diese Offenmarkttransaktionen für eine enorme Kreditausweitung gesorgt hat." Emmanuel Goldenweiser sagte: „In den Jahren 1928-29 versuchte das Federal Board, den raschen Anstieg der Wertpapierkredite und der Börsenspekulationen einzudämmen. Die Kontinuität dieser Politik der Zurückhaltung wurde jedoch durch die Senkung der Wechselkurse im Herbst 1928 und im Sommer 1929 unterbrochen."

Sowohl J.P. Morgan als auch Kuhn, Loeb Co. verfügten über „Vorzugslisten" von Männern, denen sie Vorankündigungen für rentable Aktien zusandten. Die Männer auf diesen Listen durften diese Aktien zum Selbstkostenpreis erwerben, d.h. zwischen 2 und 15 Punkten pro Aktie weniger, als sie an die Öffentlichkeit verkauft wurden. Die Männer auf diesen Listen waren Bankkollegen, prominente Industrielle, mächtige Stadtpolitiker, nationale Komitee-Mitglieder der Republikanischen und Demokratischen Partei und Herrscher fremder Länder. Die Männer auf diesen Listen wurden über den bevorstehenden Börsenkrach informiert und verkauften alle Aktien außer den sogenannten mündelsicheren Aktien, General Motors, Dupont usw. Die Kurse dieser Aktien sanken ebenfalls auf Rekordtiefs, stiegen aber bald darauf wieder an. Wie die Großbanker 1929 agierten, zeigt eine Newsweek-Story vom 30. Mai 1936, als ein von Roosevelt ernannter Ralph W. Morrison aus dem Federal Reserve Board zurücktrat:

„Die allgemeine Meinung ist, dass das Federal Reserve Board einen fähigen Mann verloren hat. Er verkaufte seine Aktien der texanischen Versorgungsbetriebe für zehn Millionen Dollar an Insull, berief 1929 eine Sitzung ein und wies seine Banken an, alle Wertpapierkredite bis zum 1. September zu kündigen. Das Ergebnis war, dass sie die Depression mit Bravour überstanden."
Wie vorauszusehen war, haben alle Großbanker die Depression „mit Bravour" gemeistert. „Die Leidtragenden waren die Arbeiter und Landwirte, die ihr Geld in gewinnbringende Aktien investiert hatten, nachdem der Präsident der Vereinigten Staaten, Calvin Coolidge, und der Finanzminister, Andrew Mellon, sie dazu überredet hatten.

In England gab es einige Warnungen vor dem bevorstehenden Zusammenbruch, die von den amerikanischen Zeitungen nicht wahrgenommen wurden. Im Londoner Statist vom 25. Mai 1929 hieß es:

„Die Bankbehörden in den Vereinigten Staaten wollen offenbar eine Wirtschaftspanik, um die Spekulation einzudämmen." Der Londoner Economist schrieb am 11. Mai 1929:

„Die Ereignisse des letzten Jahres haben die Anfänge einer neuen Technik gezeigt, die, wenn sie beibehalten und weiterentwickelt wird, den Spekulanten rationieren kann, ohne den Händler zu schädigen."

Gouverneur Charles S. Hamlin zitierte diese Aussage bei den Senatsanhörungen im Jahr 1931 und bekräftigte sie mit den Worten:

„Das war das Gefühl einiger Mitglieder des Direktoriums, den Spekulanten den Kredit der Federal Reserve zu entziehen, ohne den Händlern zu schaden." Gouverneur Hamlin machte sich nicht die Mühe, darauf hinzuweisen, dass es sich bei den „Spekulanten", die er brechen wollte, um Schullehrer und

Kleinstadtkaufleute handelte, die ihre Ersparnisse in den Aktienmarkt gesteckt hatten, oder dass es sich bei den „Händlern", die er zu schützen versuchte, um die großen Wall-Street-Akteure Bernard Baruch und Paul Warburg handelte.

Als die Federal Reserve Bank of New York am 9. August 1929 ihren Zinssatz auf sechs Prozent anhob, begannen Marktbedingungen, die ihren Höhepunkt in enormen Verkaufsaufträgen vom 24. Oktober bis in den November hinein erreichten, die den Wert von Wertpapieren im Wert von 160 Milliarden Dollar zunichte machten. Das waren einhundertsechzig Milliarden Dollar, die die amerikanischen Bürger in einem Monat hatten und im nächsten nicht mehr. Man kann sich eine Vorstellung von dem Unglück machen, wenn man bedenkt, dass unsere enormen Ausgaben für Geld und Güter im Zweiten Weltkrieg nicht viel mehr als zweihundert Milliarden Dollar betrugen und ein großer Teil davon als handelbare Wertpapiere in der Staatsverschuldung verblieb. Der Börsenkrach ist das größte Unglück, das die Vereinigten Staaten je erlitten haben.

Die Academy of Political Science der Columbia University hielt auf ihrer Jahrestagung im Januar 1930 ein Post-Mortem über den Crash von 1929 ab. Vizepräsident Paul Warburg hätte den Vorsitz führen sollen, und Direktor Ogden Mills hätte eine wichtige Rolle in der Diskussion spielen sollen. Diese beiden Herren sind jedoch nicht erschienen. Professor Oliver M.W. Sprague von der Harvard University bemerkte zu dem Crash:

„Wir haben es hier mit einem schönen Laborfall zu tun, bei dem der Aktienmarkt scheinbar unter seinem eigenen Gewicht zusammenbricht." Es wurde darauf hingewiesen, dass es weder zu einer Erschöpfung des Kredits wie 1893, noch zu einer Devisenknappheit wie bei der Panik von 1907, als auf Clearingstellen-Zertifikate zurückgegriffen wurde, noch zu einem Zusammenbruch der Rohstoffpreise wie 1920 kam. Was also hatte den Absturz verursacht? Die Menschen hatten Aktien zu hohen Preisen gekauft und erwarteten, dass die Preise weiter steigen würden. Die Preise mussten sinken, und das taten sie auch. Den Ökonomen und Bankern, die sich bei Brandy und

Zigarren im Hotel Astor versammelt hatten, war klar, dass die Menschen schuld waren. Sicherlich hatten die Menschen einen Fehler gemacht, als sie überteuerte Wertpapiere kauften, aber sie waren von jedem führenden Bürger, vom Präsidenten der Vereinigten Staaten an abwärts, dazu überredet worden. Jede Zeitschrift mit landesweiter Verbreitung, jede große Zeitung und jeder prominente Banker, Wirtschaftswissenschaftler und Politiker hatte sich an dem großen Vertrauensspiel beteiligt und die Menschen dazu gedrängt, diese überteuerten Wertpapiere zu kaufen. Als die Federal Reserve Bank of New York im August 1929 ihren Zinssatz auf sechs Prozent anhob, begannen die Menschen, sich aus dem Markt zurückzuziehen, und es kam zu einer Panik, die die Wertpapierpreise weit unter ihr natürliches Niveau drückte. Wie bei früheren Paniken ermöglichte dies sowohl der Wall Street als auch ausländischen Marktteilnehmern, die sich auskannten, „Blue-Chip" - und mündelsichere Wertpapiere für einen Bruchteil ihres tatsächlichen Wertes zu erwerben.

Im Zuge des Crashs von 1929 wurden auch riesige Holdinggesellschaften gegründet, die diese billigen Anleihen und Wertpapiere aufkauften, wie die Marine Midland Corporation, die Lehman Corporation und die Equity Corporation. 1929 organisierte die J.P. Morgan Company den riesigen Lebensmitteltrust Standard Brands. Für die Betreiber von Trusts bot sich eine unvergleichliche Gelegenheit, ihre Beteiligungen zu erweitern und zu konsolidieren.

Emmanuel Goldenweiser, Forschungsdirektor des Federal Reserve System, sagte 1947:

„Im Nachhinein ist klar, dass die Behörde die spekulative Expansion hätte ignorieren und sie unter ihrem eigenen Gewicht zusammenbrechen lassen sollen." Dieses Eingeständnis eines Fehlers achtzehn Jahre nach dem Ereignis war ein schwacher Trost für die Menschen, die ihre Ersparnisse durch den Crash verloren hatten.

Der Wall Street Crash von 1929 war der Beginn einer weltweiten Kreditdeflation, die bis 1932 andauerte und von der sich die westlichen Demokratien erst erholten, als sie begannen, für den Zweiten Weltkrieg aufzurüsten. Während dieser Depression erlangten die Treuhandgesellschaften durch die Unterstützung von drei internationalen Betrügern, den Brüdern Van Sweringen, Samuel Insull und Ivar Kreuger, weitere Kontrolle. Diese Männer schraubten Wertpapiere im Wert von Milliarden von Dollar in fantastische Höhen. Die Bankiers, die sie förderten und ihre Aktien an die Börse brachten, hätten sie jederzeit stoppen können, indem sie Kredite von weniger als einer Million Dollar abriefen, aber sie ließen diese Männer weitermachen, bis sie viele Industrie- und Finanzimmobilien in Holdinggesellschaften eingebracht hatten, die die Banken dann umsonst übernahmen. Insull häufte im gesamten Mittleren Westen öffentliche Versorgungsbetriebe an, die die Banken für einen Bruchteil ihres Wertes erhielten. Ivar Kreuger wurde von der Lee Higginson Company unterstützt, angeblich eines der angesehensten Bankhäuser der Nation. Die Saturday Evening Post nannte ihn „mehr als einen Finanztitan", und die englische Zeitschrift Fortnightly schrieb in einem Artikel vom Dezember 1931 unter dem Titel „A Chapter in Constructive Finance" : „Als finanzieller Bewässerer ist Kreuger für Europa von so großer Bedeutung."[126]

„Financial irrigator" war der Titel, den das Newsweek Magazine Jacob Schiff verlieh, als es beschrieb, wie Schiff mit Rothschilds Geld amerikanische Eisenbahnen aufgekauft hatte.

Die New Republic kommentierte am 25. Januar 1933 die Tatsache, dass die Lee Higginson Company Kreuger und Toll Securities auf dem amerikanischen Markt abgewickelt hatte:

„Eine dreiviertel Milliarde Dollar wurde erbeutet. Wer konnte der französischen Polizei diktieren, die Nachricht von diesem äußerst wichtigen Selbstmord einige Stunden lang geheim zu

---

[126] ANMERKUNG: Ivar Kreuger war, wie wir uns vielleicht erinnern, gelegentlich persönlicher Gast seines alten Freundes, Präsident Herbert Hoover, im Weißen Haus. Hoover scheint ein herzliches Verhältnis zu vielen der bekanntesten Betrüger des zwanzigsten Jahrhunderts unterhalten zu haben, darunter auch zu seinem Partner Emile Francqui. Die Abwicklung des milliardenschweren Kreuger-Betrugs wurde von Samuel Untermeyer, dem ehemaligen Berater bei den Anhörungen des Pujo-Ausschusses, übernommen.

halten, während derer jemand Kreuger-Papiere in großen Mengen verkaufte und sich so vor dem Debakel vom Markt entfernte?" Das Federal Reserve Board hätte die enorme Kreditexpansion von Insull und Kreuger durch eine Untersuchung der Sicherheiten, auf denen ihre Kredite beruhten, eindämmen können, aber die Gouverneure haben die Aktivitäten dieser Männer nie untersucht.

Die moderne Bank mit ihren Krediterleichterungen bietet eine Gelegenheit, die es für Akteure wie Kreuger früher nicht gab, um mit Hilfe von Fremdkapital den Anschein von reichlich vorhandenem Kapital zu erwecken. Dies ermöglicht es dem Spekulanten, Wertpapiere mit Wertpapieren zu kaufen. Wenn ein Spekulant von einem angesehenen Bankhaus gefördert wird, wie dies bei Kreuger durch die Lee Higginson Company der Fall war, kann er nur durch eine Untersuchung seiner tatsächlichen finanziellen Mittel gestoppt werden, die sich im Fall von Kreuger als Null herausgestellt hätten.

Der Führer des amerikanischen Volkes während des Börsencrashs von 1929 und der anschließenden Depression war Herbert Hoover. Nach dem ersten Zusammenbruch des Marktes (die fünf Milliarden Dollar an Wertpapierwerten, die am 24. Oktober 1929 verschwanden) sagte Präsident Hoover:

„Das grundlegende Geschäft des Landes, d.h. die Produktion und der Vertrieb von Waren, steht auf einer gesunden und florierenden Basis." Sein Finanzminister, Andrew Mellon, erklärte am 25. Dezember 1929, dass:

„Die Geschäfte der Regierung sind in guter Verfassung." Seinem eigenen Unternehmen, der Aluminum Company of America, ging es offenbar nicht so gut, denn er hatte die Löhne aller Mitarbeiter um zehn Prozent gesenkt.

Die New York Times berichtete am 7. April 1931: „Montagu Norman, Gouverneur der Bank von England, beriet sich heute hier mit dem Federal Reserve Board. Mellon, Meyer und George L. Harrison, Gouverneur der Federal Reserve Bank of New York, waren anwesend." Die London Connection hatte Norman in dieser Zeit geschickt, um sicherzustellen, dass die Große

Depression planmäßig verlief. Der Kongressabgeordnete Louis McFadden hatte sich beschwert, wie die *New York Times* am 4. Juli 1930 berichtete: „Die Rohstoffpreise werden auf das Niveau von 1913 gesenkt. Die Löhne werden durch den Arbeitsüberschuss von vier Millionen Arbeitslosen gesenkt. Die Morgan-Kontrolle des Federal Reserve Systems wird durch die Kontrolle der Federal Reserve Bank of New York ausgeübt, die mittelmäßige Vertretung und Duldung des Federal Reserve Board in Washington. „Als sich die Depression vertiefte, verstärkte sich der Einfluss des Trusts auf die amerikanische Wirtschaft, aber es wurde nicht mit dem Finger auf die Parteien gezeigt, die das System kontrollierten.

KAPITEL 13

DIE 1930ER JAHRE

1930 berief Herbert Hoover einen alten Freund aus der Zeit des Ersten Weltkriegs, Eugene Meyer, Jr. in das Federal Reserve Board, der seit 1915, als er sich mit Bernard Baruch an der Alaska-Juneau Gold Mining Company beteiligte, im öffentlichen Dienst tätig war. Meyer war Sonderberater des War Industries Board für Nichteisenmetalle (Gold, Silber usw.); Sonderassistent des Kriegsministers für die Flugzeugproduktion; 1917 wurde er zum Mitglied des National Committee on War Savings ernannt und war von 1918-1926 Vorsitzender der War Finance Corporation. Anschließend wurde er von 1927-29 zum Vorsitzenden des Federal Farm Loan Board ernannt. Hoover berief ihn 1930 in den Federal Reserve Board, und Franklin D. Roosevelt gründete 1946 die Reconstruction Bank for Reconstruction and Development. Meyer muss ein Mann mit außergewöhnlichen Fähigkeiten gewesen sein, um so viele wichtige Ämter zu bekleiden. Es gab jedoch einige Senatoren, die der Meinung waren, dass er aufgrund seines familiären Hintergrunds als internationaler Goldhändler und seiner mysteriösen Geschäfte mit Staatsanleihen in Milliardenhöhe während des Ersten Weltkriegs kein Regierungsamt bekleiden sollte. Daraufhin veranstaltete der Senat Anhörungen, um festzustellen, ob Meyer dem Federal Reserve Board angehören sollte.

Bei diesen Anhörungen sagte der Abgeordnete Louis T. McFadden, Vorsitzender des Banken- und Währungsausschusses des Repräsentantenhauses:

„Eugene Meyer, Jr. hatte seine eigenen Leute in der Regierung, seit er 1917 anfing.

Seine Mitarbeiter der War Finance Corporation übernahmen das Federal Farm Loan System, und fast unmittelbar danach scheiterten die Kansas City Join Stock Land Bank und die Ohio Joint Stock LandBank." REPRÄSENTANT RAINEY: Herr Meyer hat, als er nominell als Leiter der Bundesanstalt für landwirtschaftliche Kredite zurücktrat, seine Aktivitäten dort nicht wirklich eingestellt. Er hinterließ eine fähige Truppe von Abbrucharbeitern. Sie setzen seine Politik fort und beraten sich mit ihm. Vor seiner Ernennung hat er sich häufig mit dem stellvertretenden Finanzminister Dewey beraten. Kurz vor seiner Ernennung waren die Chicago Joint Land Stock Bank, die Dallas Joint Stock Land Bank, die Kansas City Joint Land Stock Bank und die Des Moines Land Bank in Betrieb. Ihre Anleihen wurden zum Nennwert verkauft. Der damalige Landwirtschaftsbeauftragte hatte sich mit Minister Dewey darauf geeinigt, dass nichts ohne die Zustimmung und Genehmigung des Federal Farm Loan Board geschehen würde. Wenige Tage später betraten United States Marshals, mit Pistolen an der Seite und manchmal auch mit gezogenen Pistolen, diese fünf Banken und verlangten, dass ihnen die Banken übergeben würden. Der Vorfall sprach sich über die Zeitungen in den ganzen Vereinigten Staaten herum, und die Banken waren ruiniert. Dies führte zum Bruch mit dem alten Federal Farm Loan Board, zum Rücktritt von drei seiner Mitglieder und zur Ernennung von Herrn Meyer zum Leiter dieses Gremiums.

SENATOR CAREY: Wer hat die Marshals autorisiert, die Banken zu übernehmen?

REP. RAINEY: Der stellvertretende Finanzminister Dewey. Damit begann der Ruin all dieser ländlichen Banken, und die Gianninis kauften sie in großer Zahl auf." World's Work vom Februar 1931, sagte:

„Als der Weltkrieg 1917 für uns begann, gehörte Eugene Meyer, Jr. zu den ersten, die nach Washington gerufen wurden. Im April 1918 wurde er von Präsident Wilson zum Direktor der

War Finance Corporation ernannt. Diese Gesellschaft vergab 700 Millionen Dollar an Banken und Finanzinstitute." Die Senatsanhörungen zu Eugene Meyer, Jr. wurden fortgesetzt:

REPRÄSENTANT MCFADDEN: „Lazard Freres, das internationale Bankhaus in New York und Paris, war ein Bankhaus der Familie Meyer. Es spielt häufig eine Rolle bei der Ein- und Ausfuhr von Gold, und eine der wichtigen Funktionen des Federal Reserve Systems hat mit Goldbewegungen bei der Aufrechterhaltung seiner eigenen Operationen zu tun. Bei der Durchsicht des Protokolls der Anhörung vom letzten Donnerstag hatte Senator Fletcher Herrn Meyer gefragt: „Haben Sie irgendwelche Verbindungen zum internationalen Bankwesen?' Herr Meyer hatte geantwortet: 'Ich? Nicht persönlich. Diese letzte Frage und die Antwort erscheinen nicht in der stenografischen Niederschrift. Senator Fletcher erinnert sich, dass er die Frage und die Antwort gestellt hat. Dies ist eine merkwürdige Auslassung.

SENATOR BROOKHART: Soweit ich weiß, hat Herr Meyer den Text auf Korrekturen hin überprüft.

REPRÄSENTATIVE MCFADDEN: Herr Meyer ist ein Schwager von George Blumenthal, einem Mitglied der Firma J.P. Morgan Company, die die Rothschild-Interessen vertritt. Er ist auch ein Verbindungsoffizier zwischen der französischen Regierung und J.P. Morgan. Edmund Platt, der noch acht Jahre seiner zehnjährigen Amtszeit als Gouverneur des Federal Reserve Board vor sich hatte, trat zurück, um Platz für Herrn Meyer zu machen. Platt wurde von Meyers Schwager Alfred A. Cook zum Vizepräsidenten der Marine Midland Corporation ernannt. Eugene Meyer, Jr. als Leiter der War Finance Corporation, die mit der Platzierung von Staatsanleihen im Wert von zwei Milliarden Dollar beschäftigt war, platzierte viele dieser Aufträge zuerst bei dem Bankhaus, das sich jetzt in der Wall Street 14 befindet und auf den Namen Eugene Meyer, Jr. Herr Meyer ist heute ein großer Aktionär der Allied Chemical Corporation. Ich möchte Sie auf den House Report Nr. 1635, 68th Congress, 2nd Session, aufmerksam machen, aus dem hervorgeht, dass Anleihen im Wert von mindestens vierundzwanzig Millionen Dollar dupliziert wurden. Anleihen im Wert von zehn Milliarden Dollar wurden heimlich vernichtet. Unser Ausschuss für Bankwesen und Währung stellte fest, dass die Aufzeichnungen der War Finance Corporation unter Eugene Meyer, Jr. äußerst fehlerhaft waren. Während die Bücher unserem Ausschuss von den Leuten, die sie verwalteten, vorgelegt und nachts ins Finanzministerium zurückgebracht wurden, entdeckte der Ausschuss, dass in den ständigen Aufzeichnungen Änderungen vorgenommen worden waren." Die Bilanz des öffentlichen Dienstes hinderte Eugene Meyer, Jr. nicht daran, dem amerikanischen Volk weiterhin im Federal Reserve Board, als Vorsitzender der Reconstruction Finance Corporation und als Leiter der International Bank zu dienen.

Präsident Rand von der Marine Midland Corporation, der über seinen plötzlichen Wunsch nach den Diensten von Edmund Platt befragt wurde, sagte:

„Wir zahlen Mr. Platt 22.000 Dollar im Jahr und haben natürlich seine Sekretärin übernommen. „Das bedeutete weitere fünftausend pro Jahr.

Senator Brookhart zeigte auf, dass Eugene Meyer, Jr. die Bundesanstalt für landwirtschaftliche Kredite gegen die Interessen der amerikanischen Landwirte verwaltete, indem er sagte:

„Herr Meyer hat nie mehr als 180 Millionen Dollar des Grundkapitals von 500 Millionen Dollar der Agrarkreditanstalt verliehen, so dass er bei der Unterstützung der Bauern nicht einmal die Hälfte des Kapitals nutzen konnte." MR. MEYER: Senator Kenyon schrieb mir einen Brief, aus dem hervorging, dass ich mit großem Nutzen für die Menschen in Iowa zusammengearbeitet habe.

SENATOR BROOKHART: „Sie sind rausgegangen und haben die Gegenseite zu den Wall Street-Leuten vertreten. Sie schicken immer jemanden, der das tut. Ich habe in Ihren Erklärungen noch nicht viel Interesse an der Vergabe von Krediten an die Landwirte im Allgemeinen oder wirkliche

Bemühungen zur Verbesserung ihrer Lage entdeckt. In den zwei Jahren, die Sie an der Spitze des Federal Farm Loan Board standen, haben Sie im Vergleich zu Ihrem Kapital nur sehr wenige Kredite vergeben. Nach Ihrer eigenen Aussage haben Sie nur ein Achtel des Bedarfs an Darlehen vergeben." Trotz der vernichtenden Beweise, die bei diesen Senatsanhörungen aufgedeckt wurden, blieb Eugene Meyer, Jr. im Federal Reserve Board.

Während dieser tragischen Zeit setzte der Vorsitzende des Banken- und Währungsausschusses des Repräsentantenhauses, Louis McFadden, seinen einsamen Kreuzzug gegen die „London Connection" fort, die die Nation ruiniert hatte. Am 10. Juni 1932 sprach McFadden vor dem Repräsentantenhaus:

„Einige Leute denken, dass die Federal Reserve Banken Institutionen der Regierung der Vereinigten Staaten sind. Sie sind keine Regierungsinstitutionen. Sie sind private Kreditmonopole, die das Volk der Vereinigten Staaten zu ihrem eigenen Vorteil und dem ihrer ausländischen Kunden ausbeuten. Die Federal Reserve Banken sind die Agenten der ausländischen Zentralbanken. Henry Ford hat gesagt: „Das einzige Ziel dieser Finanziers ist die Beherrschung der Welt durch die Schaffung von unauslöschlichen Schulden. Die Wahrheit ist, dass das Federal Reserve Board die Regierung der Vereinigten Staaten durch das arrogante Kreditmonopol, das das Federal Reserve Board und die Federal Reserve Banks betreiben, an sich gerissen hat." Am 13. Januar 1932 hatte McFadden eine Resolution eingebracht, in der er den Gouverneursrat der Federal Reserve wegen „krimineller Verschwörung" anklagte:

„in der Erwägung, dass ich sie gemeinsam und einzeln des Verbrechens anklage, sich in verräterischer Weise gegen den Frieden und die Sicherheit der Vereinigten Staaten verschworen und gehandelt zu haben und sich in verräterischer Weise verschworen zu haben, die verfassungsmäßige Regierung in den Vereinigten Staaten zu zerstören. Beschlossen, dass der Justizausschuss ermächtigt und angewiesen wird, als Ganzes oder in Unterausschüssen das offizielle Verhalten des Federal Reserve Board und seiner Vertreter zu untersuchen, um festzustellen, ob sie sich nach Meinung des Ausschusses eines schweren Verbrechens oder Vergehens schuldig gemacht haben, das im Sinne der Verfassung das Eingreifen der verfassungsmäßigen Befugnisse des Hauses erfordert." Dieser Entschließung wurde nicht Folge geleistet. McFadden kam am 13. Dezember 1932 mit einem Antrag auf ein Amtsenthebungsverfahren gegen Präsident Herbert Hoover zurück. Nur fünf Abgeordnete unterstützten ihn in diesem Punkt, und die Resolution scheiterte. Der republikanische Mehrheitsführer des Repräsentantenhauses bemerkte: „Louis T. McFadden ist jetzt politisch tot." Am 23. Mai 1933 brachte McFadden die House Resolution Nr. 158 ein, eine Anklage gegen den Finanzminister, zwei stellvertretende Finanzminister, den Gouverneursrat der Federal Reserve Bank und die leitenden Angestellten und Direktoren der Federal Reserve Bank wegen ihrer Schuld und ihres Zusammenwirkens bei der Verursachung der Großen Depression. „Ich klage sie an, der Regierung der Vereinigten Staaten im Jahr 1928 unrechtmäßig über 80 Milliarden Dollar entzogen zu haben, wobei die besagte unrechtmäßige Entnahme in der unrechtmäßigen Neuschaffung von Forderungen gegen das Finanzministerium der Vereinigten Staaten in Höhe von über 80 Milliarden Dollar im Jahr 1928 und in jedem darauffolgenden Jahr bestand, und indem sie die Regierung der Vereinigten Staaten und das Volk der Vereinigten Staaten durch ihren Diebstahl und Verkauf der Goldreserven der Vereinigten Staaten beraubt haben." Die Resolution kam nie zur Abstimmung. Eine Flüsterkampagne, dass McFadden verrückt sei, fegte durch Washington, und bei den nächsten Kongresswahlen wurde er mit überwältigender Mehrheit durch Tausende von Dollars besiegt, die in seinen Heimatbezirk Canton, Pennsylvania, geflossen waren.

Im Jahr 1932 wählte das amerikanische Volk Franklin D. Roosevelt zum Präsidenten der Vereinigten Staaten. Dies wurde als Befreiung des amerikanischen Volkes von dem bösen Einfluss gefeiert, der die Große Depression ausgelöst hatte, als Ende der Vorherrschaft der Wall Street und als Verschwinden der Bankiers aus Washington.

Roosevelt verdankte seine politische Karriere einem glücklichen Umstand. Als stellvertretender Marineminister während des Ersten Weltkriegs hatte er aufgrund alter Schulverbindungen interveniert, um die Strafverfolgung eines großen Rings von Homosexuellen in der Marine zu verhindern, zu dem auch mehrere Groton- und Harvard-Kollegen gehörten. Dies brachte ihm die wohlwollende Anerkennung einer wohlhabenden internationalen Homosexuellengruppe ein, die zwischen New York und Paris hin und her pendelte und von Bessie Marbury aus einer sehr alten und prominenten New Yorker Familie angeführt wurde. Bessies „Ehefrau", die einige Jahre bei ihr lebte, war Elsie de Wolfe, später Lady Mendl in einer „mariage de convenance", die Schiedsrichterin der internationalen Szene. Sie nahmen die jüngste Tochter von J.P. Morgan, Anne Morgan, in ihren Kreis auf und nutzten ihr Vermögen, um die Villa Trianon in Paris zu restaurieren, die ihr Hauptquartier wurde. Während des Ersten Weltkriegs wurde sie als Krankenhaus genutzt. Bessie Marbury erwartete als Belohnung die Verleihung der Ehrenlegion durch die französische Regierung, doch J.P. Morgan jr., der sie verachtete, weil sie seine jüngste Schwester korrumpiert hatte, bat die französische Regierung, die Verleihung zurückzuhalten, was diese auch tat. Nach dieser Abfuhr stürzte sich Bessie Marbury in die Politik und wurde zu einer führenden Kraft in der Demokratischen Nationalpartei. Sie hatte auch Eleanor Roosevelt in ihren Kreis aufgenommen, und bei einem Besuch im Hyde Park vertraute Eleanor ihr an, dass sie verzweifelt nach einer Beschäftigung für den „armen Franklin" suchte, da er an den Rollstuhl gefesselt und sehr depressiv war.

„Ich weiß, was wir tun werden", rief Bessie, „wir werden ihn zum Gouverneur von New York machen! „Dank ihrer Macht gelang ihr dieses Ziel, und Roosevelt wurde später Präsident.

Einer der Männer, die Roosevelt als Sonderberater des Finanzministeriums aus New York mitbrachte, war Earl Bailie von der J & W Seligman Company, der als der Mann berüchtigt geworden war, der Juan Leguia, dem Sohn des peruanischen Präsidenten, 415.000 Dollar Bestechungsgeld übergeben hatte, um den Präsidenten dazu zu bringen, ein Darlehen der J & W

Seligman Company zu akzeptieren. Diese Ernennung wurde heftig kritisiert, und Roosevelt schickte Earl Bailie im Einklang mit seiner neuen Rolle als Verteidiger des Volkes zurück nach @bringing in New York.

Franklin D. Roosevelt war selbst ein internationaler Bankier mit schlechtem Ruf, der in den 1920er Jahren in diesem Land große Mengen ausländischer Anleihen auf den Markt brachte. Diese Anleihen fielen aus, und unsere Bürger verloren Millionen von Dollar, aber sie wollten trotzdem Herrn Roosevelt als Präsidenten. Das New York Directory of Directors führt Roosevelt als Präsident und Direktor der United European Investors, Ltd. in den Jahren 1923 und 1924 auf, die viele Millionen Deutsche Mark in diesem Land auflegte, die alle ausfielen. Das Poor's Directory of Directors führt ihn 1928 als Direktor der International Germanic Trust Company auf. Franklin D. Roosevelt war auch Berater der Federal International Banking Corporation, einer anglo-amerikanischen Einrichtung, die in den Vereinigten Staaten mit ausländischen Wertpapieren handelte.

Roosevelts Anwaltskanzlei Roosevelt and O'Connor vertrat in den 1920er Jahren zahlreiche internationale Unternehmen. Sein Partner, Basil O'Connor, war Direktor in den folgenden Unternehmen:

Cuban-American Manganese Corporation, Venezuela-Mexican Oil Corporation, West Indies Sugar Corporation, American Reserve Insurance Corporation, Warm Springs Foundation. Er war Direktor in anderen Unternehmen und später Leiter des Amerikanischen Roten Kreuzes.

Als Franklin D. Roosevelt sein Amt als Präsident der Vereinigten Staaten antrat, ernannte er James Paul Warburg, Sohn von Paul Warburg und Vizepräsident der International Acceptance Bank und anderer Unternehmen, zum Direktor des Haushaltsministeriums. Zum Finanzminister ernannte Roosevelt W.H. Woodin, einen der größten Industriellen des Landes, Direktor der American Car Foundry Company und zahlreicher anderer Lokomotivfabriken, Remington Arms, The Cuba Company, Consolidated Cuba Railroads und anderer großer

Unternehmen. Woodin wurde später durch Henry Morgenthau jr. ersetzt, den Sohn des Harlemer Immobilienmaklers, der Woodrow Wilson ins Weiße Haus gebracht hatte. Mit einer solchen Besatzung hatten Roosevelts Versprechen radikaler sozialer Veränderungen wenig Aussicht auf Erfüllung. Eine seiner ersten Amtshandlungen war die Verhängung eines Moratoriums für Banker, um diesen zu helfen, ihre Bilanzen in Ordnung zu bringen.

World's Work sagt:

„Der Kongress hat Charles G. Dawes und Eugene Meyer, Jr. die Freiheit gelassen, nach ihren eigenen Methoden die Sicherheiten zu bewerten, die potenzielle Kreditnehmer für das Zwei-Milliarden-Dollar-Kapital anbieten können." Roosevelt richtete auch die Securities Exchange Commission ein, die dafür sorgen sollte, dass keine neuen Gesichter in die Wall Street Gang kamen, was im Kongress zu folgendem Gespräch führte:

REPRÄSENTANT WOLCOTT: Bei den Anhörungen vor diesem Ausschuss im Jahr 1933 zeigten uns die Wirtschaftswissenschaftler Diagramme, die zweifelsfrei bewiesen, dass der Dollarwert von Waren dem Preisniveau von Gold folgte. Das tat es aber nicht, oder?

LEON HENDERSON: Nein.253

REPRÄSENTANT GIFFORD: Wurde Joe Kennedy nicht von Präsident Roosevelt [als Vorsitzender des Börsenausschusses] eingesetzt, weil er mit dem Großkapital sympathisierte?

LEON HENDERSON: Ich glaube schon.

Paul Einzig wies 1935 darauf hin, dass:

„Präsident Roosevelt war der erste, der sich offen für eine Geldpolitik aussprach, die auf einen bewusst herbeigeführten Preisanstieg abzielte. In einem negativen Sinne war seine Politik erfolgreich. Zwischen 1933 und 1935 gelang es ihm, die private Verschuldung zu reduzieren, allerdings um den Preis einer steigenden öffentlichen Verschuldung." Mit anderen Worten: Er hat die Schuldenlast von den Reichen auf die Armen abgewälzt, denn die Reichen sind wenige und die Armen viele.

Senator Robert L. Owen sagte 1938 vor dem House Committee on Banking and Currency aus:

„Ich schrieb in den Gesetzentwurf, den ich am 26. Juni 1913 in den Senat einbrachte, eine Bestimmung, dass die Befugnisse des Systems zur Förderung eines stabilen Preisniveaus eingesetzt werden sollten, was einen Dollar mit stabiler Kauf- und Schuldentragfähigkeit bedeutete. Sie wurde gestrichen. Die mächtigen Geldinteressen erlangten durch Paul Warburg, Albert Strauss und Adolph C. Miller die Kontrolle über das Federal Reserve Board, und sie waren in der Lage, diese geheime Sitzung vom 18. Mai 1920 abzuhalten und eine so heftige Kreditkontraktion herbeizuführen, dass fünf Millionen Menschen arbeitslos wurden. Im Jahr 1920 verursachte das Reserve Board absichtlich die Panik von 1921. Dieselben Leute, die auf dem Aktienmarkt keine Hemmungen hatten und zwischen 1926 und 1929 die Kreditvergabe bis zum Exzess ausweiteten, trieben die Aktienpreise auf einen phantastischen Punkt, an dem sie keine Dividenden mehr erwirtschaften konnten, und als die Menschen dies erkannten, versuchten sie, auszusteigen, was zum Crash vom 24. Oktober 1929 führte."

Senator Owen ging nicht auf die Frage ein, ob das Federal Reserve Board gegenüber der Öffentlichkeit verantwortlich gemacht werden kann. Eigentlich können sie das nicht. Sie sind Beamte, die vom Präsidenten ernannt werden, aber ihre Gehälter werden von den privaten Aktionären der Federal Reserve Banks bezahlt.

Gouverneur W.P.G. Harding von der Federal Reserve Board sagte 1921 aus, dass:

„Die Federal Reserve Bank ist eine Institution im Besitz der Mitgliedsbanken, die Aktien halten. Die Regierung besitzt keinen einzigen Dollar an Aktien der Bank." Allerdings stellt die Regierung dem Federal Reserve System ihre Milliarden von Dollar an Krediten zur Verfügung, was der Federal Reserve die Eigenschaft einer Zentralbank verleiht, nämlich die Befugnis,

Geld auf Kredit der Regierung auszugeben. Wir haben keine Banknoten der Bundesregierung oder Goldzertifikate als Währung. Wir haben Noten der Federal Reserve Bank, die von den Federal Reserve Banks ausgegeben werden, und jeder Dollar, den sie drucken, ist ein Dollar in ihrer Tasche.

W. Randolph Burgess, von der Federal Reserve Bank of New York, erklärte 1930 vor der Academy of Political Science, dass:

„In seinen wichtigsten Funktionsprinzipien unterscheidet sich das Federal Reserve System nicht von anderen Notenbanken wie der Bank of England, der Bank of France oder der Reichsbank."

Alle diese Zentralbanken haben die Befugnis, in ihrem jeweiligen Land Geld auszugeben. Die Menschen besitzen also weder in Europa noch hier ihr eigenes Geld. Es wird privat für den privaten Profit gedruckt. Die Menschen haben keine Souveränität über ihr Geld, und es hat sich gezeigt, dass sie auch keine Souveränität über andere wichtige politische Fragen wie die Außenpolitik haben.

Als emittierende Zentralbank verfügt das Federal Reserve System über das gesamte enorme Vermögen des amerikanischen Volkes. Als es 1913 seine Tätigkeit aufnahm, stellte es eine ernsthafte Bedrohung für die Zentralbanken der verarmten Länder Europas dar. Da sie diesen großen Reichtum repräsentierte, zog sie weit mehr Gold an, als in den 1920er Jahren erwünscht war, und es war offensichtlich, dass sich bald das gesamte Gold der Welt in diesem Land stapeln würde. Dies würde den Goldstandard in Europa zu einem Witz machen, da sie dort kein Gold mehr hätten, um ihre Geld- und Kreditemissionen zu stützen. Es war das erklärte Ziel der Federal Reserve im Jahr 1927, nach dem geheimen Treffen mit den Leitern der ausländischen Zentralbanken, große Mengen dieses Goldes nach Europa zurückzuschicken, und ihre Methoden, dies zu erreichen, die niedrigen Zinssätze und die massiven Käufe von Staatspapieren, die riesige Summen neuen Geldes schufen, verstärkten die Börsenspekulation und machten den Börsenkrach und die daraus resultierende Depression zu einer nationalen Katastrophe.

Da das Federal Reserve System an der Verursachung dieser Katastrophe schuld war, könnte man annehmen, dass es versucht hätte, sie zu lindern. Doch in den dunklen Jahren 1931 und 1932 sahen die Gouverneure des Federal Reserve Board, wie sich die Notlage der amerikanischen Bevölkerung verschlimmerte, und taten nichts, um ihr zu helfen. Dies war noch krimineller als die ursprüngliche Planung der Depression. Jeder, der diese Jahre in diesem Land miterlebt hat, erinnert sich an die weit verbreitete Arbeitslosigkeit, das Elend und den Hunger unserer Bevölkerung. Zu jedem Zeitpunkt in diesen Jahren hätte das Federal Reserve Board handeln können, um diese Situation zu lindern.

Das Problem war, das Geld wieder in Umlauf zu bringen. Ein so großer Teil des Geldes, das normalerweise für die Bezahlung von Miete und Lebensmitteln verwendet wurde, war in die Wall Street geflossen, dass es kein Geld mehr gab, um den Lebensunterhalt zu bestreiten. In vielen Gegenden druckten die Menschen ihr eigenes Geld auf Holz und Papier, um es in ihren Gemeinschaften zu verwenden, und dieses Geld war gut, denn es stand für die gegenseitigen Verpflichtungen, die die Menschen erfüllten.

Das Federal Reserve System war eine Zentralbank der Emission. Sie hatte die Macht, Millionen von Dollar an Geld auszugeben, und tat dies auch, wenn es ihren Eigentümern passte. Warum hat sie dies 1931 und 1932 nicht getan? Die Banker der Wall Street waren mit Herbert Hoover fertig und wollten, dass Franklin D. Roosevelt auf einer Welle des Ruhmes als Retter der Nation antritt. Deshalb musste das amerikanische Volk hungern und leiden, bis im März 1933 der Weiße Ritter mit seiner Mannschaft von Wall-Street-Bestechern anrückte und etwas Geld in Umlauf brachte. Das war's dann auch schon. Sobald Roosevelt sein Amt antrat, begann die Federal Reserve zehn Wochen lang wöchentlich zehn Millionen Dollar an Staatsanleihen zu kaufen und schuf so hundert Millionen Dollar an neuem Geld, was die kritische Geld- und Kreditknappheit linderte, und die Fabriken begannen wieder Leute einzustellen.

Während der Roosevelt-Administration war das Federal Reserve Board, soweit es die Öffentlichkeit betraf, Marriner Eccles, ein Nachahmer und Bewunderer „des Chefs". Eccles war ein Bankier aus Utah und Präsident der First Securities Corporation, einer Familiengesellschaft, die aus einer Reihe von Banken bestand, die Eccles während der Agrarkrise von 1920-21 billig aufgekauft hatte. Eccles war auch Direktor von Unternehmen wie der Pet Milk Company, der Mountain States Implement Company und der Amalgamated Sugar. Als Großbanker passte Eccles gut in die Gruppe der mächtigen Männer, die Roosevelt betrieben.

Im Kongress gab es einige Diskussionen darüber, ob Eccles dem Federal Reserve Board angehören sollte, während er gleichzeitig all diese Banken in Utah leitete, aber er sagte aus, dass er nur sehr wenig mit der First Securities Corporation zu tun hatte, abgesehen davon, dass er deren Präsident war, und so wurde er als Vorsitzender des Board bestätigt.

Eugene Meyer, Jr. trat nun aus dem Vorstand zurück, um mehr Zeit damit zu verbringen, das zwei Milliarden Dollar schwere Kapital der Reconstruction Finance Corporation zu verleihen und den Wert von Sicherheiten nach seinen eigenen Methoden zu bestimmen.

Der Banking Act von 1935, der Roosevelts Macht über die Finanzen der Nation erheblich ausweitete, war ein wesentlicher Bestandteil der Gesetzgebung, mit der er seine Herrschaft in den Vereinigten Staaten ausweiten wollte. Sie wurde von der Bevölkerung nicht so heftig bekämpft wie der National Recovery Act, weil sie nicht so unverhüllt in die Freiheitsrechte der Bürger eingriff. Es handelte sich jedoch um eine wichtige Maßnahme. Erstens wurde die Amtszeit der Gouverneure der Federal Reserve auf vierzehn Jahre verlängert, d. h. auf die dreieinhalbfache Dauer der Amtszeit eines Präsidenten. Dies bedeutete, dass ein Präsident, der sein Amt antrat und dem Zentralbankrat möglicherweise feindlich gegenüberstand, keine ihm genehme Mehrheit in diesem Gremium ernennen konnte. Eine Währungspolitik, die vor dem Einzug eines Präsidenten ins

Weiße Haus begonnen wurde, würde also unabhängig von dessen Wünschen fortgesetzt werden.

Mit dem Bankengesetz von 1935 wurde auch die Klausel des Glass-Steagall-Bankengesetzes von 1933 aufgehoben, die vorsah, dass ein Bankhaus nicht an der Börse notiert sein und gleichzeitig im Investmentbanking tätig sein durfte. Diese Klausel war gut, denn sie verhinderte, dass ein Bankhaus einem Unternehmen, das ihm gehörte, Geld leihen konnte. Es sei jedoch daran erinnert, dass diese Klausel einige andere Bestimmungen des Gesetzes verdeckte, wie die Schaffung der Federal Deposit Insurance Corporation, die Versicherungsgelder in Höhe von 150 Millionen Dollar bereitstellte, um Einlagen im Wert von fünfzehn Milliarden Dollar zu garantieren. Dies vergrößerte die Macht der Großbankiers über die kleinen Banken und gab ihnen einen weiteren Vorwand, sie zu untersuchen. Der Banking Act von 1933 legte auch fest, dass alle Gewinne der Federal Reserve Banks per Gesetz an die Banken selbst gehen müssen. Endlich wurde die im Gesetz enthaltene Bestimmung, dass die Regierung an den Gewinnen beteiligt wird, abgeschafft. Sie war nie eingehalten worden, und der Anstieg des Vermögens der Federal Reserve Banks von 143 Millionen Dollar im Jahr 1913 auf 45 Milliarden Dollar im Jahr 1949 ging vollständig an die privaten Aktionäre der Banken. So wurde 1935 die einzige konstruktive Bestimmung des Bankengesetzes von 1933 aufgehoben, und auch die Federal Reserve Banks durften nun direkt Kredite an die Industrie vergeben und damit mit den Mitgliedsbanken konkurrieren, die bei der Vergabe von Großkrediten nicht an ihre Kapazitäten heranreichen konnten.

Als die Bestimmung, dass Banken nicht im Investmentbanking tätig sein und an der Börse operieren durften, 1935 aufgehoben wurde, wurde Carter Glass, der Urheber dieser Bestimmung, von Reportern gefragt:

„Heißt das, dass J.P. Morgan wieder ins Investmentbanking zurückkehren kann?" „Nun, warum nicht? ," antwortete Senator Glass. „Im ganzen Land hat es einen Aufschrei gegeben, weil die Banken keine Kredite vergeben wollen. Jetzt können sich die Morgans wieder um die Kreditvergabe kümmern." Da diese

Vorschrift für sie ungünstig war, hatten die Banker die Kreditvergabe einfach so lange eingeschränkt, bis sie aufgehoben wurde.

In Newsweek vom 14. März 1936 hieß es dazu:

Das Federal Reserve Board hat neun Vorsitzende von Zentralbanken mit der Begründung entlassen, dass „es beabsichtigt, den Vorsitz der Zentralbanken weitgehend zu einem Teilzeitjob auf ehrenamtlicher Basis zu machen. „'

Dies war ein weiteres Beispiel für die Zentralisierung der Kontrolle im Federal Reserve System. Das System der regionalen Bezirke war nie ein wichtiger Faktor in der Verwaltung der Geldpolitik gewesen, und das Board reduzierte seine Beamten außerhalb von Washington nicht. Der Vorsitzende des Senatsausschusses für Bankwesen und Währung hatte während der Anhörungen zur Goldreserve im Jahr 1934 gefragt:

„Stimmt es nicht, Gouverneur Young, dass der Finanzminister in den letzten zwölf Jahren die Politik der Federal Reserve Banks und des Federal Reserve Board in Bezug auf den Ankauf von US-Anleihen dominiert hat?" Gouverneur Young hatte dies geleugnet, aber es war bereits bekannt, dass Gouverneur Montagu Norman von der Bank of England bei seinen beiden überstürzten Reisen in dieses Land in den Jahren 1927 und 1929, um die Politik der Federal Reserve zu diktieren, direkt zu Andrew Mellon, dem Finanzminister, gegangen war, um ihn zu veranlassen, Staatspapiere auf dem offenen Markt zu kaufen und die Bewegung von Gold aus diesem Land zurück nach Europa einzuleiten.

Die Anhörungen zur Goldreserve hatten auch andere Personen auf den Plan gerufen, die mehr als nur ein flüchtiges Interesse an den Operationen des Federal Reserve Systems hatten. James Paul Warburg, der gerade von der Londoner Wirtschaftskonferenz mit Professor O.M.W. Sprague und Henry L. Stimson zurückgekehrt war, erklärte, dass wir seiner Meinung nach den Goldstandard modernisieren sollten. Frank Vanderlip schlug vor, das Federal Reserve Board abzuschaffen und eine

Federal Monetary Authority einzurichten. Für die New Yorker Banker hätte dies keinen Unterschied gemacht, da sie das Personal ohnehin ausgewählt hätten. Und Senator Robert L. Owen, ein langjähriger Kritiker des Systems, gab die folgende Erklärung ab:

„Die Menschen wussten nicht, dass die Federal Reserve Banks zur Gewinnerzielung organisiert waren. Sie sollten die Kredit- und Währungsversorgung des Landes stabilisieren. Dieses Ziel ist nicht erreicht worden. In der Tat hat es die bemerkenswertesten Schwankungen in der Kaufkraft des Geldes gegeben, seit das System in Kraft getreten ist. Die Männer der Federal Reserve werden von den Großbanken durch diskrete kleine Kampagnen ausgewählt, und sie folgen natürlich den Idealen, die ihnen als die solidesten vom finanziellen Standpunkt aus dargestellt werden. „

Benjamin Anderson, Wirtschaftswissenschaftler bei der Chase National Bank of New York, sagte:

„Im Augenblick, 1934, haben wir 900 Millionen Dollar Überschussreserven. Im Jahr 1924, als die Reserven um 300 Millionen erhöht wurden, kam es sehr schnell zu einer Kreditausweitung von drei oder vier Milliarden. Dieses zusätzliche Geld wurde 1924 von den Federal Reserve Banks durch den Kauf von Staatspapieren ausgegeben und war die Ursache für die rasche Ausweitung der Bankkredite. Die Banken erhielten weiterhin überschüssige Reserven, weil mehr Gold hereinkam und weil die Federal Reserve immer dann, wenn es zu einer Abschwächung kam, mehr Geld ausgab. 1926 hielten sie sich ein wenig zurück.

In jenem Jahr beruhigte sich die Lage ein wenig. Und dann wurden 1927 weniger als 300 Millionen an zusätzlichen Reserven ausgegeben, was den Aktienmarkt in Schwung brachte und uns direkt in den Zusammenbruch von 1929 führte.

Dr. Anderson erklärte außerdem, dass:

„Das Geld der Federal Reserve Banks ist Geld, das sie selbst geschaffen haben. Wenn sie Staatspapiere kaufen, schaffen sie Reserven. Sie bezahlen für die Staatsanleihen, indem sie

Schecks auf sich selbst ausstellen, und diese Schecks kommen zu den Geschäftsbanken und werden von ihnen bei den Federal Reserve Banks hinterlegt, und dann gibt es Geld, das es vorher nicht gab." SENATOR BULKLEY: Es erhöht das zirkulierende Medium überhaupt nicht?

ANDERSON: Nein.

Dies ist eine Erklärung für die Art und Weise, wie die Federal Reserve Banks ihr Vermögen innerhalb von fünfunddreißig Jahren von 143 Millionen Dollar auf 45 Milliarden Dollar steigerten. Sie produzierten nichts, sie waren unproduktive Unternehmen, und dennoch machten sie diesen enormen Gewinn, indem sie einfach Geld schufen, 95 Prozent davon in Form von Krediten, die nicht zum zirkulierenden Medium beitrugen. Es wurde weder in Form von Löhnen unter der Bevölkerung verteilt, noch hat es die Kaufkraft der Bauern und Arbeiter erhöht. Es handelte sich um Kreditgeld, das von Bankern zum Nutzen und Profit der Banker geschaffen wurde, die ihren Reichtum in wenigen Jahren um mehr als vierzig Milliarden Dollar vergrößerten, weil sie 1913 durch die Verabschiedung des Federal Reserve Act die Kontrolle über den Kredit der Regierung erlangt hatten.

Auch Marriner Eccles hatte viel über die Geldschöpfung zu sagen. Er betrachtete sich selbst als Wirtschaftswissenschaftler und war von Stuart Chase und Rexford Guy Tugwell, zwei von Roosevelts frühen Ideengebern, in den Dienst der Regierung gestellt worden. Eccles war der einzige von Roosevelts Leuten, der während seiner gesamten Amtszeit im Amt blieb.

Vor dem Banken- und Währungsausschuss des Repräsentantenhauses sagte Gouverneur Eccles am 24. Juni 1941:

„Geld entsteht aus dem Recht, Kreditgeld auszugeben." Die Übergabe der staatlichen Kredite an private Bankiers im Jahr 1913 gab diesen unbegrenzte Möglichkeiten zur Geldschöpfung. Das Federal Reserve System konnte auch Geld in großen Mengen durch Offenmarktgeschäfte vernichten. Eccles sagte bei den Silver Hearings von 1939:

„Wenn man Anleihen auf dem offenen Markt verkauft, hebt man die Reserven auf." Die Vernichtung von Reserven bedeutet, dass eine Grundlage für die Ausgabe von Geld und Krediten wegfällt oder dass die Geld- und Kreditvergabe eingeschränkt wird, ein Zustand, der für die Bankiers in der Regel noch günstiger ist als die Geldschöpfung. Die Einziehung oder Vernichtung von Geld gibt dem Bankier die unmittelbare und uneingeschränkte Kontrolle über die Finanzlage, da er der Einzige ist, der über Geld verfügt und der Einzige, der die Macht hat, in Zeiten der Geldknappheit Geld auszugeben. Die Geldpaniken von 1873, 1893, 1920-21 und 1929-31 waren durch eine Verknappung des umlaufenden Geldes gekennzeichnet. Aus wirtschaftlicher Sicht klingt das nicht so schrecklich, aber wenn es bedeutet, dass die Menschen kein Geld haben, um ihre Miete zu zahlen oder Lebensmittel zu kaufen, und wenn es bedeutet, dass ein Arbeitgeber drei Viertel seiner Mitarbeiter entlassen muss, weil er sich das Geld nicht leihen kann, um sie zu bezahlen, dann würde die enorme Schuld der Banker und die lange Liste von Leid und Elend, für die sie verantwortlich sind, nahelegen, dass keine Strafe für ihre Verbrechen gegen ihre Mitmenschen zu hart sein könnte.

Am 30. September 1940 sagte Gouverneur Eccles:

„Wenn es in unserem Geldsystem keine Schulden gäbe, gäbe es auch kein Geld." Dies ist eine zutreffende Aussage über unser Geldsystem. Anstatt dass das Geld durch die Produktion der Menschen, die jährliche Zunahme von Waren und Dienstleistungen, geschaffen wird, wird es von den Bankern aus den Schulden der Menschen geschaffen. Da es unzureichend ist, unterliegt es großen Schwankungen und ist grundsätzlich instabil. Diese Schwankungen sind auch eine Quelle großen Profits. Aus diesem Grund hat sich die Federal Reserve Board konsequent gegen jede Gesetzgebung gewandt, die das Geldsystem zu stabilisieren versucht. Ihre Position wurde im Schreiben des Vorsitzenden Eccles an Senator Wagner vom 9. März 1939 und im Memorandum des Board vom 13. März 1939 endgültig dargelegt.

Der Vorsitzende Eccles schrieb dies:

„... werden Sie davon in Kenntnis gesetzt, dass der Gouverneursrat des Federal Reserve System die Verabschiedung des Gesetzentwurfs Nr. 31 des Senats, eines Gesetzentwurfs zur Änderung des Federal Reserve Act, oder jeglicher anderer Gesetzgebung dieses allgemeinen Charakters nicht befürwortet." Im Memorandum des Verwaltungsrats heißt es in dem „Memorandum zu den Vorschlägen zur Beibehaltung der Preise auf festem Niveau":

„Der Gouverneursrat lehnt jede Gesetzesvorlage ab, die ein stabiles Preisniveau vorschlägt, und zwar mit der Begründung, dass die Preise nicht in erster Linie vom Preis oder den Kosten des Geldes abhängen, dass die Kontrolle des Gouverneursrats über das Geld nicht vollständig sein kann und dass konstante Durchschnittspreise, selbst wenn sie durch offizielle Maßnahmen erreicht werden könnten, keinen dauerhaften Wohlstand sichern würden." Dennoch sagte William McChesney Martin, der Vorsitzende des Board of Governors im Jahr 1952, am 10. März 1952 vor dem Unterausschuss für Schuldenkontrolle, dem Patman-Ausschuss, dass „einer der grundlegenden Zwecke des Federal Reserve Act darin besteht, den Wert des Dollars zu schützen." Senator Flanders befragte ihn: „Steht das ausdrücklich in der ursprünglichen Gesetzgebung zur Gründung des Federal Reserve Systems?" „Nein", antwortete Herr Martin, „aber es ist in der gesamten Gesetzgebungsgeschichte und in den Begleitumständen enthalten." Senator Robert L. Owen hat uns erzählt, dass dies gegen seinen Willen aus der ursprünglichen Gesetzgebung herausgenommen wurde und dass der Oberste Rat sich gegen eine solche Gesetzgebung ausgesprochen hat. Offensichtlich weiß Herr Martin dies nicht.

Stabile Durchschnittspreise sind in der Tat unmöglich, solange die Spekulanten an der Börse die Preise nach oben und unten treiben, um für sich selbst Gewinne zu erzielen. Obwohl Gouverneur Eccles darauf beharrt, dass konstante Durchschnittspreise keinen dauerhaften Wohlstand sichern würden, könnten sie viel dazu beitragen, diesen Zustand herbeizuführen. Ein Mann mit einem Jahreslohn von 2.500 Dollar wird nicht wohlhabender, wenn der Brotpreis im Laufe des Jahres um fünf Cent pro Laib steigt.

Im Jahr 1935 sagte Eccles vor dem House Committee on Banking and Currency:

„Die Regierung kontrolliert die Goldreserven, d. h. die Befugnis zur Ausgabe von Geld und Krediten, und reguliert damit weitgehend das Preisgefüge." Dies steht in fast direktem Widerspruch zu Eccles' Aussage aus dem Jahr 1939, dass die Preise nicht in erster Linie vom Preis oder den Kosten des Geldes abhängen.

Im Jahr 1935 erklärte Gouverneur Eccles vor dem Parlamentsausschuss:

„Das Federal Reserve Board hat die Befugnis zu Offenmarktgeschäften. Offenmarktgeschäfte sind das wichtigste Einzelinstrument zur Kontrolle des Kreditvolumens und der Kreditkosten in diesem Land. Wenn ich in diesem Zusammenhang von „Kredit" spreche, meine ich Geld, denn der weitaus größte Teil des Geldes, das die Menschen in diesem Land verwenden, ist in Form von Bankkrediten oder Bankeinlagen vorhanden. Wenn die Federal Reserve Banks Geldscheine oder Wertpapiere auf dem offenen Markt kaufen, erhöhen sie das Volumen des Geldes der Bevölkerung und senken seine Kosten; und wenn sie auf dem offenen Markt verkaufen, verringern sie das Volumen des Geldes und erhöhen seine Kosten. Die Autorität über diese Operationen, die das Wohlergehen des gesamten Volkes betreffen, muss einem Organ übertragen werden, das das nationale Interesse vertritt." Die Aussage von Gouverneur Eccles offenbart das Herz der Geldmaschine, die Paul Warburg 1910 auf Jekyll Island seinen ungläubigen Bankkollegen enthüllte. Die meisten Amerikaner sagen, dass sie nicht verstehen können, wie das Federal Reserve System funktioniert. Es bleibt unverständlich, nicht weil es komplex ist, sondern weil es so einfach ist. Wenn ein Hochstapler auf Sie zukommt und Ihnen anbietet, seine wunderbare Geldmaschine zu demonstrieren, sehen Sie zu, wie er ein leeres Blatt Papier einlegt und einen 100-Dollar-Schein ausrollt. Das ist das Federal Reserve System. Sie bieten dann an, diese wunderbare Geldmaschine zu kaufen, aber das können Sie nicht. Sie gehört den privaten Aktionären der Federal Reserve Banks, deren Identität teilweise, aber nicht vollständig, auf die „London Connection" zurückgeführt werden kann." Bei einer Anhörung des Banken- und Währungsausschusses des Repräsentantenhauses am 6. Juni 1960 befragte der Vorsitzende des Kongresses Wright Patman Carl E. Allen, den Präsidenten der Federal Reserve Bank of Chicago. (p. 4).

PATMAN: „Nun, Mr. Allen, wenn der Offenmarktausschuss der Federal Reserve eine Millionen-Dollar-Anleihe kauft, schaffen Sie das Geld auf Kredit der Nation, um diese Anleihe zu bezahlen, nicht wahr?

ALLEN: Das ist richtig.

PATMAN: Und der Kredit der Nation wird in diesem Fall durch Federal Reserve Notes repräsentiert, nicht wahr? Wenn die Banken das eigentliche Geld wollen, geben Sie Federal Reserve Notes als Bezahlung, nicht wahr?

ALLEN: Das könnte man tun, aber niemand will die Noten der Federal Reserve haben.

PATMAN: Niemand will sie haben, weil die Banken die Kredite lieber als Reserven haben wollen." Dies ist der unglaublichste Teil der Federal-Reserve-Operation, der für jeden schwer zu verstehen ist. Wie kann ein amerikanischer Bürger das Konzept begreifen, dass es in diesem Land Leute gibt, die die Macht haben, einen Eintrag in einem Hauptbuch zu machen, dass die Regierung der Vereinigten Staaten ihnen jetzt eine Milliarde Dollar schuldet, und die Hauptforderung und die Zinsen für dieses „Darlehen" einzutreiben?

Der Kongressabgeordnete Wright Patman erzählt in „The Primer of Money", S. 38, wie er in eine Federal Reserve Bank ging und darum bat, ihre Anleihen zu sehen, auf die das amerikanische Volk Zinsen zahlt. Nachdem man ihm die Anleihen gezeigt hatte, wollte er ihr Bargeld sehen, aber sie hatten nur einige Hauptbücher und Blankoschecks. Patman sagt,

„Das Bargeld existiert in Wahrheit nicht und hat nie existiert. Was wir als „Bargeldreserven" bezeichnen, sind lediglich Buchungskredite, die in den Büchern der Federal Reserve Banks eingetragen sind. Die Kredite werden von den Federal Reserve Banks geschaffen und dann durch das Bankensystem weitergegeben." Peter L. Bernstein sagt in *A Primer on Money, Banking and Gold*:

„Der Trick bei den Federal-Reserve-Noten ist, dass die Federal-Reserve-Banken kein Bargeld verlieren, wenn sie diese Währung an die Mitgliedsbanken auszahlen. Federal-Reserve-Noten sind nur in das einlösbar, was die Regierung als „gesetzliches Zahlungsmittel" bezeichnet, d.h. in Geld, das ein Gläubiger bereit sein muss, von einem Schuldner zur Begleichung von Schulden anzunehmen.

Da aber alle Noten der Federal Reserve selbst per Gesetz zu gesetzlichem Geld erklärt werden, sind sie wirklich nur in sich selbst einlösbar... sie sind eine uneinlösbare Verpflichtung, die von den Federal Reserve Banks ausgegeben wird. „[127]

Wie Kongressabgeordneter Patman es ausdrückt: „Der Dollar stellt eine Ein-Dollar-Schuld gegenüber dem Federal Reserve System dar. Die Federal Reserve Banks erschaffen Geld aus dem Nichts, um Staatsanleihen vom Schatzamt der Vereinigten Staaten zu kaufen, indem sie Geld gegen Zinsen in Umlauf bringen, indem sie Scheckbuchkredite an das Schatzamt der Vereinigten Staaten verbuchen. Das Finanzministerium schreibt eine verzinsliche Anleihe über eine Milliarde Dollar aus. Die Federal Reserve gibt dem Schatzamt einen Kredit von einer Milliarde Dollar für die Anleihe und hat aus dem Nichts eine Schuld von einer Milliarde Dollar geschaffen, die das amerikanische Volk mit Zinsen zu zahlen verpflichtet ist. „(Money Facts, House Banking and Currency Committee, 1964, S. 9)

Patman fährt fort,

„Woher bekommt das Federal Reserve System das Geld, mit dem es Bankreserven schafft?

---

[127] Peter L. Bernstein, *A Primer on Money, Banking and Gold*, Vintage Books, New York, 1965, S. 104.

Die Antwort. Sie erhält das Geld nicht, sie schafft es. Wenn die Federal Reserve einen Scheck ausstellt, dann schafft sie Geld. Die Federal Reserve ist eine totale Geldschöpfungsmaschine. Sie kann Geld oder Schecks ausstellen." Im Jahr 1951 veröffentlichte die Federal Reserve Bank of New York eine Broschüre mit dem Titel „A Day's Work at the Federal Reserve Bank of New York".

„Auf Seite 22 finden wir Folgendes:

Neben der Verwahrung von Geld gibt es noch ein weiteres und wichtigeres Element des öffentlichen Interesses an der Tätigkeit der Banken: Banken können Geld „erschaffen". Einer der wichtigsten Faktoren in diesem Zusammenhang ist, dass die Geldmenge das allgemeine Preisniveau - die Lebenshaltungskosten - beeinflusst. Der Lebenshaltungskostenindex und die Geldmenge sind parallel." Die Entscheidungen des Federal Reserve Board, oder besser gesagt, die Entscheidungen, die ihnen von „unbekannten Parteien" aufgetragen werden, beeinflussen das tägliche Leben eines jeden Amerikaners durch die Auswirkungen dieser Entscheidungen auf die Preise. Die Anhebung des Zinssatzes oder die Verteuerung des Geldes schränkt die auf dem Markt verfügbare Geldmenge ein, ebenso wie die Anhebung der Mindestreserveanforderungen durch das Federal Reserve System. Der Verkauf von Anleihen durch den Offenmarktausschuss führt ebenfalls zu einer Verknappung der Geldmenge. Der Kauf von Staatspapieren auf dem offenen Markt „erschafft" mehr Geld, ebenso wie die Senkung des Zinssatzes und die „Verbilligung" des Geldes. Es ist unumstößlich, dass eine Erhöhung der Geldmenge Wohlstand bringt und dass eine Verringerung der Geldmenge eine Depression auslöst. Eine drastische Erhöhung der Geldmenge, die das Warenangebot übersteigt, führt zu einer Inflation, d. h. zu viel Geld jagt zu wenig Waren". Ein eher esoterischer Aspekt des Geldsystems ist die „Umlaufgeschwindigkeit", die viel technischer klingt als sie ist. Es handelt sich dabei um die Geschwindigkeit, mit der das Geld den Besitzer wechselt. Wenn es sich um Gold handelt, das im Garten eines Bauern vergraben ist, ist das eine langsame Umlaufgeschwindigkeit, die durch einen Mangel an Vertrauen in die Wirtschaft oder die Nation verursacht wird. Eine sehr hohe

Umlaufgeschwindigkeit, wie z. B. der Börsenboom der späten 1920er Jahre, bedeutet einen schnellen Umsatz, Ausgaben und Investitionen von Geld und ist das Ergebnis von Vertrauen oder Übervertrauen in die Wirtschaft. Bei einer hohen Umlaufgeschwindigkeit zirkuliert eine geringere Geldmenge unter ebenso vielen Menschen und Gütern wie eine größere Geldmenge bei einer geringeren Umlaufgeschwindigkeit zirkulieren würde. Wir erwähnen dies, weil die Umlaufgeschwindigkeit bzw. das Vertrauen in die Wirtschaft auch stark von den Maßnahmen der Federal Reserve beeinflusst wird. Milton Friedman kommentiert in Newsweek vom 2. Mai 1983: „Die Hauptaufgabe der Federal Reserve ist es, die Geldmenge zu bestimmen. Sie hat die Macht, die Geldmenge nach eigenem Gutdünken zu erhöhen oder zu verringern." Dies ist eine enorme Macht, denn eine Erhöhung der Geldmenge kann die Wiederwahl einer Regierung bewirken, während eine Verringerung der Geldmenge eine Regierung zu Fall bringen kann. Friedman fährt fort, die Federal Reserve zu kritisieren: „Wie kommt es, dass eine Institution, die eine so schlechte Leistungsbilanz aufweist, dennoch ein so hohes öffentliches Ansehen genießt und sogar ein beträchtliches Maß an Glaubwürdigkeit für ihre Prognosen besitzt?" Alle Offenmarktgeschäfte, die sich auf die Geldmenge auswirken, werden von der Federal Reserve Bank of New York im Namen aller Federal Reserve Banks für ein einziges Konto des Systems durchgeführt und von einem Beamten der Federal Reserve Bank of New York überwacht. Die Konferenzen, auf denen der Offenmarktausschuss Entscheidungen über den Kauf oder Verkauf von Wertpapieren trifft, bleiben für die Öffentlichkeit geschlossen, und auch die Beratungen bleiben ein Geheimnis. Am 8. Mai 1928 berichtete *die New York Times*, dass Adolph C. Miller, Gouverneur des Federal Reserve Board, vor dem Banken- und Währungsausschuss des Repräsentantenhauses aussagte, dass die Offenmarktkäufe und Rediskontsätze in „Gesprächen" festgelegt würden. Damals beliefen sich die Käufe auf dem offenen Markt auf siebzig oder achtzig Millionen Dollar pro Tag und würden heute das Zehnfache betragen. Das sind gewaltige Summen, die auf der Grundlage von „Gesprächen" manipuliert werden können, aber mehr Informationen können wir nicht erhalten.

Wegen dieser geheimnisvollen Transaktionen, die das Leben, die Freiheit und das Glück eines jeden amerikanischen Bürgers betreffen, gab es zahlreiche Vorschläge, wie das Senatsdokument Nr. 23, das von Herrn Logan am 24. Januar 1939 vorgelegt wurde und in dem es heißt: „Die Regierung sollte die gesamte Währung und den gesamten Kredit schaffen, ausgeben und in Umlauf bringen, um die Kaufkraft der Regierung und die Kaufkraft der Verbraucher zu befriedigen. Das Privileg, Geld zu schaffen und auszugeben, ist nicht nur das oberste Vorrecht der Regierung, sondern auch ihre größte schöpferische Chance." Am 21. März 1960 veranschaulichte der Kongressabgeordnete Wright Patman in den Kongressunterlagen auf einfache Weise, wie Banken „Geld schaffen".

„Wenn ich bei meiner Bank 100 $ einlege und die von der Federal Reserve Bank auferlegte Mindestreservepflicht 20% beträgt, kann die Bank John Doe einen Kredit von bis zu 80 $ gewähren. Woher kommen die 80 Dollar? Sie kommen nicht aus meiner Einlage von 100 Dollar; im Gegenteil, die Bank schreibt dem Konto von John Doe einfach 80 Dollar gut. Die Bank kann auf die gleiche Weise Staatsanleihen erwerben, indem sie einfach Einlagen zu Gunsten des Staates schafft. Geldschöpfung ist eine Macht der Geschäftsbanken... Seit 1917 hat die Federal Reserve den privaten Banken sechsundvierzig Milliarden Dollar an Reserven gegeben." Wie dies geschieht, wird am besten von Gouverneur Eccles bei einer Anhörung vor dem House Committee on Banking and Currency am 24. Juni 1941 erläutert:

> ECCLES: „Das Bankensystem als Ganzes schafft und löscht die Einlagen, indem es Kredite und Investitionen tätigt, ob es nun Staatsanleihen oder Anleihen von Versorgungsunternehmen kauft oder Kredite an Landwirte vergibt.
>
> MR. PATMAN: Ich bin völlig einverstanden mit dem, was Sie sagen, Herr Gouverneur, aber die Tatsache bleibt, dass sie das Geld geschaffen haben, nicht wahr?

ECCLES: Nun, die Banken schaffen Geld, wenn sie Kredite vergeben und Investitionen tätigen." Am 30. September 1941 wurde Gouverneur Eccles vor demselben Ausschuss vom Abgeordneten Patman befragt:

„Woher hatten Sie das Geld, um 1933 Staatsanleihen im Wert von zwei Milliarden Dollar zu kaufen?

ECCLES: Wir haben sie geschaffen.

MR. PATMAN: Aus was?

ECCLES: Aus dem Recht, Kreditgeld auszugeben.

MR. PATMAN: Und es steckt nichts dahinter, außer dem Kredit unserer Regierung, oder?

ECCLES: Das ist es, was unser Geldsystem ausmacht. Wenn es in unserem Geldsystem keine Schulden gäbe, gäbe es auch kein Geld." Am 17. Juni 1942 wurde Gouverneur Eccles von Mr. Dewey verhört.

ECCLES: „Ich meine, dass die Federal Reserve, wenn sie eine Offenmarktoperation durchführt, d.h. wenn sie Staatspapiere auf dem offenen Markt kauft, neues Geld in die Hände der Banken gibt, was zu ungenutzten Einlagen führt.

DEWEY: Es gibt keine überschüssigen Reserven, die für diesen Zweck verwendet werden könnten?

ECCLES: Wann immer das Federal Reserve System Staatspapiere auf dem offenen Markt kauft oder sie direkt vom Schatzamt erwirbt, ist es genau das, was es tut.

DEWEY: Womit wollen Sie sie kaufen? Werden Sie einen Kredit aufnehmen?

ECCLES: Das ist alles, was wir je getan haben. Das ist die Art und Weise, wie das Federal Reserve System arbeitet. Das Federal Reserve System schafft Geld. Es ist eine Bank, die Geld emittiert." Bei der Anhörung des Repräsentantenhauses im Jahr 1947 fragte Herr Kolburn Herrn Eccles:

„Was meinen Sie mit Monetarisierung der Staatsschulden?

ECCLES: Ich meine die Bank, die Geld durch den Kauf von Staatsanleihen schafft. Alles wird durch Schulden geschaffen - entweder durch private oder öffentliche Schulden.274

FLETCHER: Herr Vorsitzender Eccles, wann besteht Ihrer Meinung nach die Möglichkeit, zu einem freien und offenen Markt zurückzukehren, anstatt zu diesem gekoppelten und künstlich kontrollierten Finanzmarkt, den wir jetzt haben?

ECCLES: Niemals. Weder zu deinen noch zu meinen Lebzeiten." Der Kongressabgeordnete Jerry Voorhis wird in den *U.S. News vom* 31. August 1959 zitiert, als er den Finanzminister Anderson fragt: „Meinen Sie, dass die Banken beim Kauf von Staatsanleihen die Einlagen ihrer Kunden nicht ausleihen? Dass sie das Geld schaffen, das sie zum Kauf der Wertpapiere verwenden? ANDERSON: Das ist richtig. Die Banken unterscheiden sich von anderen Kreditinstituten. Wenn eine Sparvereinigung, eine Versicherungsgesellschaft oder eine Kreditgenossenschaft einen Kredit vergibt, verleiht sie genau den Dollar, den ihre Kunden zuvor eingezahlt haben. Wenn eine Bank jedoch einen Kredit vergibt, erhöht sie einfach das Einlagenkonto des Kreditnehmers um den Kreditbetrag. Das Geld wird niemandem weggenommen. Es ist neues Geld, das von der Bank für den Kreditnehmer neu geschaffen wird." Seltsamerweise hat es nie ein Gerichtsverfahren über die Rechtmäßigkeit oder Verfassungsmäßigkeit des Federal Reserve Act gegeben. Obwohl er auf ähnlich wackligen Füßen steht wie der National Recovery Act (NRA), der in der Rechtssache Schechter Poultry v. United States of America, 29 U.S. 495, 55 US 837.842 (1935), angefochten wurde, wurde der NRA vom Obersten Gerichtshof mit der Begründung für verfassungswidrig erklärt, dass „der Kongress nicht auf seine legitimen Funktionen verzichten oder sie auf andere übertragen darf. Der Kongress kann seine Gesetzgebungsbefugnis nicht verfassungsgemäß an Handels- oder Industrieverbände oder -gruppen delegieren, um sie zu ermächtigen, Gesetze zu erlassen." In Artikel 1, Absatz 8 der Verfassung heißt es: „Der Kongress hat die Befugnis, Geld auf den Kredit der Vereinigten Staaten zu leihen... und Geld zu prägen, den Wert des Geldes und ausländischer Münzen zu regulieren und den Standard für Gewichte und Maße festzulegen.

„Nach der Entscheidung der NRB kann der Kongress diese Befugnis nicht an das Federal Reserve System delegieren, noch kann er seine gesetzgeberische Befugnis an das Federal Reserve System delegieren, um dem System zu erlauben, den Satz der Bankreserven, den Rediskontsatz oder das Geldvolumen festzulegen. All dies wird vom Federal Reserve Board „geregelt", das in Gesetzgebungssitzungen zusammentritt, um diese Angelegenheiten zu bestimmen und „Gesetze" oder Verordnungen zu erlassen, die sie festlegen.

Der Zweite Weltkrieg gab den Großbankern, denen das Federal Reserve System gehörte, die Möglichkeit, dem Land Milliarden von Dollars abzuladen, die Anfang 1930 in der größten Fälschungsoperation der Geschichte gedruckt worden waren, natürlich alles legalisiert von Roosevelts Regierung. Henry Hazlitt schreibt in der Ausgabe des *Newsweek Magazine* vom 4. Januar 1943:

„Das Geld, das vor einer Woche, am 21. Dezember 1942, in Umlauf kam, war in Wirklichkeit Druckereigeld im wahrsten Sinne des Wortes, d.h. Geld, das keinerlei *Sicherheiten* hat. In der Erklärung der Federal Reserve heißt es: „Der Gouverneursrat hat nach Rücksprache mit dem Finanzministerium die Federal Reserve Banks ermächtigt, zu diesem Zeitpunkt die vorhandenen Bestände an Geld zu verwenden, das in den frühen dreißiger Jahren gedruckt wurde und als 'Federal Reserve Banknotes' bekannt ist. Wir wiederholen, dass diese Banknoten durch keinerlei Sicherheiten gedeckt sind." Gouverneur Eccles sagte bei den Senatsanhörungen über das Office of Price Administration im Jahr 1944 auch zu einigen anderen interessanten Angelegenheiten der Federal Reserve und der Kriegsfinanzierung aus:

„Die umlaufende Währung wurde von sieben Milliarden Dollar in vier Jahren auf einundzwanzigeinhalb Milliarden erhöht. Wir verlieren während des Krieges beträchtliche Mengen an Gold. Da unsere Exporte größtenteils im Rahmen von Leihgeschäften abgewickelt wurden, haben wir Importe getätigt, für die wir Dollarsalden erhalten haben. Diese Länder ziehen nun diese Dollarguthaben in Form von Gold ab.

MR. SMITH: Gouverneur Eccles, welches Ziel verfolgen die ausländischen Regierungen mit diesem geplanten Programm, bei dem wir Gold in einen internationalen Fonds einbringen würden?

GOUVERNEUR ECCLES: Ich möchte über das OPA sprechen und den Stabilisierungsfonds auf einen Zeitpunkt verschieben, zu dem ich bereit bin, darauf einzugehen.

MR. SMITH: Nur eine Minute. Ich denke, dass dieser Fonds für das, worüber wir heute sprechen, sehr relevant ist.

MR. FORD: Ich bin der Meinung, dass der Stabilisierungsfonds völlig außerhalb des OPA liegt und wir uns daher auf das eigentliche Thema konzentrieren sollten." Die Kongressabgeordneten kamen nie dazu, den Stabilisierungsfonds zu erörtern, eine weitere Einrichtung, mit der wir den verarmten Ländern Europas das Gold zurückgeben würden, das hierher geschickt worden war. 1945 zitierte Henry Hazlitt in der *Newsweek* vom 22. Januar Roosevelts jährliche Haushaltsbotschaft an den Kongress mit den Worten:

„Ich werde später eine Gesetzgebung empfehlen, die die gegenwärtig hohen Goldreserveanforderungen der Federal Reserve Banks reduziert." Hazlitt wies darauf hin, dass das Mindestreserve-Soll nicht hoch sei, sondern genau das, was es in den letzten dreißig Jahren gewesen sei. Roosevelts Ziel war es, mehr Gold aus dem Federal Reserve System freizugeben und es für den Stabilisierungsfonds verfügbar zu machen, der später Internationaler Währungsfonds genannt wurde und Teil der Weltbank für Wiederaufbau und Entwicklung ist, dem Äquivalent des Finanzausschusses der Liga, der die finanzielle Souveränität der Vereinigten Staaten verschluckt hätte, wenn der Senat uns hätte beitreten lassen.

KAPITEL 14

KONGRESS-EXPOSÉ

„Mr. Volckers Politik ist so etwas wie ein Rätsel." - New York Times

Seit 1933, als Eugene Meyer aus dem Gouverneursrat der Federal Reserve zurücktrat, ist kein Mitglied der internationalen Bankenfamilien mehr persönlich im Gouverneursrat vertreten. Sie haben es vorgezogen, hinter den Kulissen durch sorgfältig ausgewählte Präsidenten der Federal Reserve Bank of New York und andere Mitarbeiter zu arbeiten.

Der derzeitige Vorsitzende des Federal Reserve Board of Governors ist Paul Volcker. Seine Ernennung wurde von einem bekannten Wirtschaftswissenschaftler mit der folgenden Vorhersage begrüßt: „Volckers Auswahl war bei weitem die schlechteste. Carter hat Dracula die Verantwortung für die Blutbank übertragen. Für uns bedeutet das, dass ein Crash und eine Depression in den 80er Jahren sicherer denn je ist." Col. E.C. Harwoods *Forschungsbericht vom* 6. August 1979 vertrat eine ähnliche Ansicht. „Paul Volcker ist aus dem gleichen Holz geschnitzt wie die unsoliden Geldmänner, die das geldpolitische Handeln dieser Nation in den letzten fünf Jahrzehnten fehlgeleitet haben. Das Ergebnis wird wahrscheinlich ebenso katastrophal für den Dollar und die US-Wirtschaft sein." Trotz dieser düsteren Aussichten war der Bericht der *New York Times* über die Wahl von Volcker geradezu ekstatisch. Am 26. Juli 1979 kommentierte *die Times*, dass Volcker „das Geschäft" von Robert Roosa, jetzt Partner von Brown Brothers Harriman, gelernt habe und dass Volcker Teil des Roosa Brain Trusts bei der Federal Reserve Bank of New York und später im Finanzministerium in der Kennedy-Regierung gewesen sei. „David Rockefeller, der Vorsitzende von Chase, und Mr. Roosa hatten großen Einfluss auf die Entscheidung von Mr. Carter, Mr. Volcker für den Vorsitz des Zentralbankrates zu benennen. *„Die New York Times wies* nicht darauf hin, dass David Rockefeller und Robert Roosa zuvor Mr. Carter, ein Mitglied der Trilateralen Kommission, zum Präsidentschaftskandidaten der Demokratischen Partei gewählt hatten, oder dass Mr. Carter sich kaum weigern würde, den von ihnen ausgewählten Paul Volcker zum neuen Vorsitzenden des Federal Reserve Board zu ernennen. Es ist auch nicht übertrieben, daran zu erinnern, dass diese Art der Auswahl des Vorsitzenden des Board of Governors direkt in der Linie der königlichen Vorrechte liegt, die auf George Peabodys ursprüngliche Vereinbarung mit N.M. Rothschild, auf das Treffen auf Jekyll Island und auf die Verabschiedung des Federal Reserve Act zurückgehen.

Die Times stellte fest, dass „Volckers Wahl von den europäischen Banken in Bonn, Frankfurt und Zürich gebilligt wurde. „William Simon, ehemaliger Finanzminister, wurde mit den Worten zitiert: „Eine wunderbare Wahl. *„Die Times* stellte ferner fest, dass der Dow-Markt nach der Ernennung von Volcker anstieg und mit einem Plus von 9,73 Punkten die besten Gewinne seit drei Wochen verzeichnete und dass der Dollar an den Devisenmärkten im In- und Ausland stark anstieg.

Wer war Volcker, dass seine Ernennung einen solchen Einfluss auf den Aktienmarkt und den Wert des Dollars in den Devisenmärkten haben konnte? Er vertrat das mächtigste Haus der „London Connection", Brown Brothers Harriman, und die Londoner Häuser, die das Rockefeller-Imperium leiteten. Am 29. Juli 1979 hatte die Times über Volcker geschrieben: „New Man Will Chart His Own Course".

Volckers Hintergrund zeigt, dass dies Unsinn war. Sein Weg wurde stets von seinen Lehrmeistern in London vorgezeichnet.

Er besuchte Princeton, erwarb einen M.A. in Harvard und besuchte 1951-52 die London School of Economics, die Graduiertenschule der Banker. Danach arbeitete er von 1952-57 als Wirtschaftswissenschaftler bei der Federal Reserve Bank of New York, 1957-61 als Wirtschaftswissenschaftler bei der Chase Manhattan Bank, 1961-65 im Finanzministerium, 1963-65 als stellvertretender Unterstaatssekretär für Währungsangelegenheiten und 1969-74 als Unterstaatssekretär für Währungsangelegenheiten. Anschließend wurde er von 1975-79 Präsident der Federal Reserve Bank of New York, als Carter ihn auf Betreiben von Robert Roosa und David Rockefeller zum Vorsitzenden des Federal Reserve Board of Governors ernannte. Sein Nachfolger als Präsident der Federal Reserve Bank of New York wurde Anthony Solomon, ein promovierter Harvard-Absolvent, der 1941-42 für die OPA und 1942-46 für die Finanzmission der Regierung im Iran tätig war. Von 1951-61 leitete er ein Unternehmen für Lebensmittelkonserven in Mexiko, 1969-72 war er Präsident der International Investment Corp. für Jugoslawien (ein kommunistisches Land), 1977-80 Unterstaatssekretär für Währungsangelegenheiten im Finanzministerium. Kurz gesagt, Solomons Hintergrund war dem von Paul Volcker sehr ähnlich.

Die New York Times schrieb am 2. Dezember 1981: „Jahrelang war die Federal Reserve die zweit- oder drittgeheimste Institution der Stadt. Der Sunshine Act von 1976 durchdrang den Vorhang ein wenig. Der Vorstand hält nun einmal pro Woche am Mittwoch um 10 Uhr eine öffentliche Sitzung ab, aber nicht, um die Geldpolitik zu besprechen, die immer noch als streng geheim gilt und nicht öffentlich diskutiert werden darf. „Die Times" erwähnte, dass bei den Sitzungen des Offenmarktausschusses Solomon und Volcker gemeinsam am Kopfende des Tisches sitzen und die Anweisungen weitergeben, die sie aus dem Ausland erhalten haben.

Hinter Volcker und Solomon steht Robert Roosa, Finanzminister in Carters Schattenkabinett, und Vertreter von Brown Brothers Harriman, der Trilateralen Kommission, des Council on Foreign Relations, der Bilderberger und des Royal Economic Institute. Er ist Treuhänder der Rockefeller

Foundation,[128] und Direktor der Unternehmen Texaco und American Express. Dr. Martin Larson weist darauf hin, dass „das internationale Konsortium von Finanziers, bekannt als die Bilderberger, die sich jährlich unter strengster Geheimhaltung treffen, um das Schicksal der westlichen Welt zu bestimmen, eine Kreatur der Rockefeller-Rothschild-Allianz ist, und dass es sein drittes Treffen auf St. Simons Island abhielt, nur eine kurze Strecke von Jekyll Island entfernt. „Larson erklärt auch, dass „die Rockefeller-Interessen in enger Allianz mit den Rothschilds und anderen Zentralbanken arbeiten."[129]

Am 18. Juni 1983 beendete Präsident Ronald Reagan monatelange Spekulationen, indem er ankündigte, dass er Paul Volcker für eine weitere vierjährige Amtszeit zum Vorsitzenden des Gouverneursrats der Federal Reserve ernennen würde, obwohl Volckers Amtszeit erst am 6. August 1983 ablief. Reagans Wiederernennung eines von Carter ernannten Politikers verwunderte einige politische Beobachter, aber offenbar hatte er sich dem erheblichen Druck gebeugt, wie aus einem Leitartikel der *Washington Post vom* 10. Juni 1983 hervorgeht: „Es gibt niemanden, der Herrn Volcker sowohl in Bezug auf sein politisches Ansehen als auch in Bezug auf sein Verständnis der komplizierten Netzwerke, aus denen sich das Weltfinanzsystem zusammensetzt, gleichkommt. „Der anonyme Autor lieferte keine Belege dafür, warum er Volcker zum größten Finanzmann der Welt ernannte, und was seine politische Stellung betrifft, so kommentierte *die New York Times* am 19. Juni 1983: „Mr. Volckers Politik ist so etwas wie ein Rätsel. „Seine „unpolitische" Haltung steht im Einklang mit der Washingtoner Tradition der „politischen Unabhängigkeit der Fed", die seit vielen Jahren aufrechterhalten wird. Das Problem ihrer Abhängigkeit von der „Londoner Verbindung" ist in Washington jedoch nie diskutiert worden.

In Wirklichkeit ist Volcker eher ein Politiker als ein Wirtschaftswissenschaftler. Nachdem er die London School of

---

[128] Siehe Tabelle V.

[129] Siehe Tabelle I.

Economics besucht und herausgefunden hatte, wer die Befehle der internationalen Finanzwelt erteilt, hat Volcker seither das Spiel mitgespielt. Nicht ein einziges Mal hat er es versäumt, die Befehle der „London Connection" auszuführen.

Ist es wirklich möglich, dass es die „Londoner Verbindung" gibt und dass Männer wie Volcker und Solomon ihre Anweisungen, wie verschlagen oder indirekt auch immer, von ausländischen Bankern erhalten? Sehen wir uns die Beweise an, Indizien, um sicher zu sein, aber Indizien von der Qualität, die schon oft Männer ins Gefängnis oder auf den elektrischen Stuhl gebracht hat. John Moody wies 1911 darauf hin, dass sieben Männer der Morgan-Gruppe, verbündet mit der Standard Oil-Kuhn, Loeb-Gruppe, die Vereinigten Staaten beherrschten. Wo stehen diese Gruppen heute in der Finanzwelt?

U.S. News veröffentlichte am 11. April 1983 eine Liste der größten Bank-Holdinggesellschaften in den Vereinigten Staaten nach Vermögenswerten zum 31. Dezember 1982. Die Nummer 1 ist Citicorp, New York, mit einem Vermögen von 130 Milliarden Dollar. Dabei handelt es sich um die First National Bank of New York von Baker und Morgan, die 1955 mit der National City Bank fusionierte, zwei der größten Käufer von Aktien der Federal Reserve Bank of New York im Jahr 1914. Nummer 3 ist Chase Manhattan, New York, mit einem Vermögen von 80,9 Milliarden Dollar. Hierbei handelt es sich um den Zusammenschluss von Chase und Bank of Manhattan, der Rockefeller- und Kuhn-Loeb-Gruppe, die 1914 ebenfalls Aktien der Federal Reserve Bank of New York erwarben. Nummer 4 ist Manufacturers Hanover of New York $64 Milliarden, ebenfalls Käufer von Aktien der Federal Reserve Bank of New York im Jahr 1914. Nummer 5 ist die J.P. Morgan Company of New York mit einem Vermögen von 58,6 Mrd. $ und einem beträchtlichen Anteil an Aktien der Federal Reserve Bank. Nummer 6 ist die Chemical Bank of New York mit einem Vermögen von 48,3 Milliarden Dollar, die 1914 ebenfalls Aktien der Federal Reserve Bank erwarb. Und Nummer 11, die First Chicago Corporation, die First National Bank of Chicago, die Hauptkorrespondent der Morgan-Baker-Bank in New York war und die die ersten beiden Präsidenten des Federal Advisory Council stellte.

Die direkte Linie, die von den Teilnehmern der Konferenz von Jekyll Island 1910 bis in die Gegenwart führt, wird durch eine Passage aus „A Primer on Money", Committee on Banking and Currency, U.S. House of Representatives, 88th Congress, 2d session, August 5, 1964, S. 75, veranschaulicht:

„Die praktische Auswirkung der Vorschrift, dass alle Käufe auf dem offenen Markt getätigt werden müssen, besteht darin, dass dem Steuerzahler Geld entzogen wird, um es den Händlern zu geben. Es zwingt die Regierung, eine Gebühr für das Ausleihen von Geld zu zahlen. Es gibt sechs „Bank" -Händler: First National City Bank of New York; Chemical Crop. Exchange Bank, New York, Morgan Guaranty Trust Co., New York, Bankers Trust of New York, First National Bank of Chicago und Continental Illinois Bank of Chicago."

So sind die Banken, die eine „Gebühr" auf alles von der Regierung der Vereinigten Staaten geliehene Geld erhalten, dieselben Banken, die den Federal Reserve Act von 1913 geplant haben. Es gibt reichlich Beweise für die gegenwärtige Vormachtstellung derselben Banken, die 1914 das Federal Reserve System gründeten. So schreibt Warren Brookes auf der Leitartikel-Seite der *Washington Post vom* 6. Juni 1983

„Citicorp (National City Bank und First National Bank of New York, 1955 fusioniert) verzeichnete gerade eine Eigenkapitalrendite von 18,6%, J.P. Morgan von 17%, Chemical Bank und Bankers Trust von fast 16%, eine außergewöhnliche Rendite." Dies sind die Banken, die 1914 die erste Emission von Aktien der Federal Reserve Bank kauften und die die Mehrheitsbeteiligung an der Federal Reserve Bank of New York besaßen, die den Zinssatz festlegt und die Bank für alle Offenmarktgeschäfte ist.

Diese Banken profitieren auch ständig von den ansonsten unerklärlichen Schwankungen des Geldmengenwachstums und der Zinssätze. Brookes kommentiert weiter: „Die tatsächlichen Geldmengenwachstumsraten schwankten drei Jahre lang in aufeinanderfolgenden Sechsmonatszeiträumen abwechselnd zwischen 0 und 17%, und das in Zeiten der Rezession. Die beiden von Milton Friedman am meisten bewunderten Messgrößen für das Geldmengenwachstum, M2 und M3, haben sich im Zeitraum 1972-82 von Jahr zu Jahr kaum verändert. „Wir haben also Geldwachstumsraten, die von 0 bis 17% schwanken, aber keine wirklichen Veränderungen von Jahr zu Jahr, was die Frage aufwirft, warum wir keine Stabilität des Geldwachstums über das Jahr hinweg haben können. Die Antwort ist, dass die großen Gewinne durch diese Schwankungen erzielt werden, und die nächste Frage lautet: Wer setzt diese Schwankungen in Gang? Die Antwort lautet „die London Connection".

Um die Aufmerksamkeit von der anhaltenden Kontrolle der Banker und ihrer Erben, die 1913 das staatliche Geld- und Kreditmonopol der Nation erlangt haben, abzulenken, bringen die bezahlten Propagandisten des kontrollierten Medienmonopols und der akademischen Welt ständig neue und exotischere Wirtschaftstheorien auf den Markt. So wurde James Burnham, einer der Propagandisten der National Review, mit einer lächerlichen Theorie über „die Manager" berühmt. Er postulierte, dass die alten Arbitratoren des Reichtums, die J.P. Morgans, die Warburgs und die Rothschilds, bis 1950 von der Bildfläche verschwunden waren und durch eine neue Klasse von „Managern" ersetzt wurden. Diese Theorie, die in Wirklichkeit keine Grundlage hatte, diente dazu, die Tatsache zu verschleiern, dass dieselben Leute immer noch das Geldsystem der Welt kontrollierten. Bei den „Managern" handelte es sich um Führungskräfte wie Volcker, die Strohleute waren, bezahlte Angestellte, die ihre Gehaltsschecks nur so lange erhielten, wie sie die Anweisungen ihrer Arbeitgeber ausführten. Burnham ist nach wie vor ein gut bezahlter Propagandist bei der *National Review*, die von vielen prominenten Politikern, einschließlich Präsident Reagan, als „konservative" Publikation angesehen wird.

Von 1914 bis 1982, einem Zeitraum, in dem viele Tausend amerikanische Banken in Konkurs gingen, haben die ursprünglichen Käufer von Aktien der Federal Reserve Bank nicht nur überlebt, sondern ihre Macht gefestigt. Und was ist mit

„der Londoner Verbindung"? Existiert sie noch, und diktiert sie noch immer die wirtschaftlichen Geschicke der Vereinigten Staaten? In *der Washington Post vom* 19. Mai 1983 stand unter der Überschrift Nairobi, Kenia, ein Bericht über die Sitzung der Afrikanischen Entwicklungsbank. „Die britische Handelsbank Morgan Grenfell und ein Konsortium aus den Vereinigten Staaten, Kuhn Loeb, Lehman Brothers International, der französischen Lazard Freres und der britischen Warburg fungieren diskret als Finanzberater für etwa zehn verschuldete afrikanische Staaten." Es sind dieselben Namen wie 1914, die immer noch die Finanzen der Welt verwalten, mit Gewinnen für sich selbst, aber mit katastrophalen Folgen für alle anderen. Vielleicht können wir bei der gegenwärtigen Regierung von Präsident Reagan nach Abhilfe suchen. Leider müssen wir, bevor wir ihn erreichen, die lange Liste seiner wichtigsten Mitarbeiter durchgehen, die aus Männern von J. Henry Schroder, Brown Brothers Harriman und anderen führenden Mitgliedern der „London Connection" besteht.

Lopez Portillo, Präsident von Mexiko, bezeichnete in seiner Rede vor dem mexikanischen Nationalkongress im September 1982 den weltweiten Kreditboom des letzten Jahrzehnts als eine finanzielle Seuche, die mit dem Schwarzen Tod vergleichbar sei, der Europa im 14. „Wie im Mittelalter macht sie ein Land nach dem anderen platt. Sie wird durch Ratten übertragen und führt zu Arbeitslosigkeit und Elend, industriellem Bankrott und Bereicherung durch Spekulation. Das Heilmittel, das die Wunderheiler verschreiben, ist erzwungene Untätigkeit und Nahrungsentzug." *Das Forbes Magazine* stellte am 11. Oktober 1982 fest: „Die Welt lechzt nach Liquidität, nicht weil das Geldangebot geschrumpft ist, sondern weil ein zu großer Teil des Geldes jetzt zur Tilgung alter Schulden verwendet wird, anstatt neue produktive Investitionen zu finanzieren." Die Politik der hohen Zinssätze und des knappen Geldes hat sich für die Vereinigten Staaten als katastrophal erwiesen. Anfang 1983 verspricht eine leichte Lockerung der Geld- und Kreditvergabe eine gewisse Erleichterung, doch solange das Federal Reserve System und seine unsichtbaren Manipulatoren die Geldmenge weiterhin kontrollieren, sind weitere Probleme zu erwarten. *The*

Nation kommentierte am 11. Dezember 1982 die wirtschaftlichen Probleme mit den Worten: „Die Schuld an all dem liegt beim Federal Reserve System, das wie üblich im Auftrag des internationalen Bankensystems arbeitet." Der Beweis dafür, wie das Federal Reserve System im Namen des internationalen Bankensystems arbeitet, wird durch eine Reihe von Diagrammen graphisch veranschaulicht, die von den Mitarbeitern des Committee on Banking, Currency and Housing des Repräsentantenhauses, 94th Congress, 2d Session, August, 1976, „FEDERAL RESERVE DIRECTORS: A STUDY OF CORPORATE AND BANKING INFLUENCE".[130]

Als Schaubild V geben wir Seite 49 dieser Studie wieder, in der die Verflechtung der Direktorenposten von David Rockefeller dargestellt ist. Als Schaubild VI geben wir die Seite 55 dieser Studie wieder, die die Verflechtung der Direktorien von Frank R. Milliken, einem der Class C Directors[131] der Federal Reserve Bank of New York, zeigt. In diesem Schaubild sind alle Hauptakteure unserer Geschichte über die Konferenz auf Jekyll Island aufgeführt: Citibank, J.P. Morgan and Company, Kuhn Loeb and Company und viele verwandte Firmen. Als Schaubild VII geben wir die Seite 53 dieser Studie wieder, die die Verflechtungen eines weiteren Direktors der Klasse C der Federal Reserve Bank of New York, Alan Pifer, zeigt. Als Präsident der Carnegie Corporation of New York ist er mit der J. Henry Schroder Trust Company, der J. Henry Schroder Banking Corporation, dem Rockefeller Center, Inc. der Federal Reserve Bank of Boston, der Equitable Life Assurance Society (J.P. Morgan) und anderen verbunden. In einer Studie des House Committee on Banking, Currency and Housing vom August

---

[130] Aus Platzgründen wurden nur fünf der fünfundsiebzig Diagramme in der Studie ausgewählt, die alle die Verbindungen zwischen prominenten, mächtigen Personen mit Kontrolle im Federal Reserve System zeigen, um die Verbindungen zwischen den leitenden Angestellten und Direktoren der zwölf Federal Reserve Banks im Jahr 1976 und den in diesem Buch aufgeführten Unternehmen zu veranschaulichen.

[131] „Die drei Direktoren der Klasse C werden vom Obersten Rat als Vertreter des gesamten öffentlichen Interesses ernannt. „S. 34, Studie des Kongresses, 1976.

1976 werden alle unsere wichtigsten Persönlichkeiten vorgestellt, die heute noch genauso funktionieren wie im Jahr 1914.

In dieser 120-seitigen Studie des Kongresses werden die politischen Funktionen der Federal Reserve District Banks, die Art und Weise der Auswahl der Direktoren, der Faktor Öffentlichkeitsarbeit, die Beherrschung der Banken und die Prüfung der Banken sowie die Verflechtung der Unternehmen mit den Reserve-Banken im Detail beschrieben. Anhand von Schaubildern wurden die Direktorenposten der Klasse A, der Klasse B und der Klasse C für jede Distriktbank dargestellt. Für jede Zweigbank wurde ein Diagramm erstellt, das Informationen über die von der Bank ernannten Direktoren und die vom Board of Governors des Federal Reserve System ernannten Direktoren enthält.

In seinem Vorwort zu der Studie schrieb der Vorsitzende Henry S. Reuss (D-Wis):

„Dieser Ausschuss beobachtet seit vielen Jahren den Einfluss privater Interessen auf die im Wesentlichen öffentlichen Aufgaben des Federal Reserve Systems.

Wie die Studie deutlich macht, ist es schwer vorstellbar, dass der Verwaltungsrat einer öffentlichen Einrichtung enger gefasst ist als der der zwölf Banken des Federal Reserve System.

Nur zwei Segmente der amerikanischen Gesellschaft - der Bankensektor und das Großkapital - sind in den Vorständen in nennenswertem Umfang vertreten, und selbst diese sind oft durch ineinander greifende Direktorien miteinander verschmolzen... Kleinbauern sind nicht vertreten. Kleine Unternehmen sind kaum sichtbar. In den Bezirksvorständen sind keine Frauen vertreten, in den Zweigstellen nur sechs. Systemweit - einschließlich der Bezirks- und Zweigstellenvorstände - sind nur dreizehn Mitglieder aus Minderheitengruppen vertreten.

Die Studie wirft eine wichtige Frage in Bezug auf die von der Federal Reserve oft behauptete „Unabhängigkeit" auf. Man könnte fragen, unabhängig von was? Sicherlich nicht vom Bankwesen oder vom Großkapital, wenn man nach den massiven

Verflechtungen urteilt, die in dieser Analyse der Bezirksvorstände aufgedeckt werden.

Die in diesem Bericht erwähnte Dominanz des Großkapitals und der Banken im Federal Reserve System ist zum Teil auf den ursprünglichen Federal Reserve Act zurückzuführen, der den Geschäftsbanken das Recht einräumte, zwei Drittel der Direktoren jeder Distriktbank zu wählen. Der Gouverneursrat in Washington trägt jedoch eine Mitverantwortung für dieses Ungleichgewicht. Sie ernennen die sogenannten „öffentlichen" Mitglieder der Vorstände der einzelnen Distriktbanken, deren Ernennungen weitgehend die gleichen engen Interessen der von den Banken gewählten Mitglieder widerspiegeln... Solange wir keine grundlegenden Reformen durchführen, wird das Federal-Reserve-System bei der Erfüllung seiner öffentlichen Aufgaben als Wirtschaftsstabilisierungs- und Bankenaufsichtsbehörde behindert. Das Mandat des Systems ist für das Wohlergehen der Nation zu wesentlich, um einen so großen Teil der Maschinerie unter der Kontrolle engstirniger Privatinteressen zu belassen.

Die Konzentration der wirtschaftlichen und finanziellen Macht in den Vereinigten Staaten ist zu weit gegangen." In einem Abschnitt des Textes mit der Überschrift „Das Clubsystem" stellte der Ausschuss fest:

„Dieser 'Club'-Ansatz führt dazu, dass die Federal Reserve immer wieder auf die gleichen Pools zurückgreift - dieselben Unternehmen, dieselben Universitäten, dieselben Bank-Holdinggesellschaften - um Vorstandsposten zu besetzen." Die Studie des Kongresses kommt zu folgendem Schluss:

„Viele der Unternehmen auf diesen Tabellen haben, wie bereits erwähnt, mehrere Verriegelungen mit dem Federal Reserve System. First Bank Systems; Southeast Banking Corporation; Federated Department Stores; Westinghouse Electric Corporation; Proctor and Gamble; Alcoa; Honeywell, Inc.; Kennecott Copper; Owens-Corning Fiberglass; alle haben zwei oder mehr Verbindungen von Direktoren zu Bezirks- oder Zweigbanken.

Zusammenfassend lässt sich sagen, dass die Direktoren der Federal Reserve offenbar Vertreter einer kleinen elitären Gruppe sind, die einen Großteil des Wirtschaftslebens dieser Nation beherrscht."

ENDE DES BERICHTS DES KONGRESSES.

ADDENDUM

Mit Stand vom Dienstag, 26. Juli 1983, 11:05 Uhr, umfasst die Liste der Mitgliedsbanken, die Aktien der *Federal Reserve Bank of New York* halten, siebenundzwanzig Banken in New York City. Nachfolgend ist die Anzahl der Aktien aufgeführt, die von zehn dieser Banken gehalten werden, was 66% der insgesamt ausstehenden Aktien, nämlich 7.005.700, entspricht:

	Aktien	Prozentsatz
Bankers Trust Gesellschaft	438,831	(6%)
Bank von New York	141,482	(2%)
Chase Manhattan Bank	1,011,862	(14%)
Chemische Bank	544,962	(8%)
Citibank	1,090,813	(15%)
European American Bank & Trust	127,800	(2%)
J. Henry Schroder Bank & Trust	37,493	(5%)
Hersteller Hannover	509,852	(7%)
Morgan Guaranty Trust	655,443	(9%)
National Bank of North America	105,600	(2%)

Die enorme Anzahl von Aktien, die heute im Vergleich zu den ursprünglichen Käufen im Jahr 1914 gehalten werden, ist auf

Abschnitt 5 des ursprünglichen Federal Reserve Acts zurückzuführen, der vorsah, dass eine Mitgliedsbank Aktien der Federal Reserve Bank des Distrikts in Höhe von 6% ihres Kapitals und ihres Überschusses kaufen und halten muss.

Derzeit halten fünf der oben genannten Banken 53% der gesamten Aktien der *Federal Reserve Bank of New York*. Eine Untersuchung der Hauptaktionäre der New Yorker Banken zeigt deutlich, dass einige wenige Familien, die durch Blutsbande oder Geschäftsinteressen miteinander verbunden sind, immer noch die New Yorker Banken kontrollieren, die ihrerseits die Aktien der Federal Reserve Bank of New York kontrollieren.

Es ist bemerkenswert, dass drei der Banken, die Aktien der Federal Reserve Bank of New York in Höhe von 270.893 Aktien halten, *Tochtergesellschaften ausländischer Banken sind.*

- Die J. Henry Schroder Bank and Trust wird von Standard and Poors als Tochtergesellschaft der Schroders Ltd. in London geführt.
- Die National Bank of North America ist eine Tochtergesellschaft der National Westminster Bank, einer der „Big Five" in London.
- Die European American Bank ist eine Tochtergesellschaft der European American Bank, Bahamas, LTD.

Interessant ist, dass zu den Direktoren der European American Bank & Trust folgende Personen gehören:

- Milton F. Rosenthal, Präsident und Chief Operating Officer des internationalen Goldunternehmens Engelhard Minerals and Chemical;
- Hamilton F. Potter, Partner bei Sullivan and Cromwell (Anwälte von J. Henry Schroder Bank & Trust);
- Edward H. Tuck, Partner von Shearman and Sterling (Anwälte der Citibank);

> F.H. Ulrich und Hans Liebkutsch, Geschäftsführer der riesigen Midland Bank of London, einer der „Big Five" ; und

> Roger Alloo, Paul-Emmanuel Janssen und Maurice Laure von der Societe Generale de Banque (Brüssel, Belgien).

Diese Informationen, die der neuesten Ausgabe der vom *Board of Governors, Federal Reserve System,* zur Verfügung gestellten Tabelle entnommen sind, werden als aktueller Beweis dafür angeführt, dass die kontrollierenden Anteile an der Federal Reserve Bank of New York, die den Zinssatz und den Umfang der Operationen für das *gesamte Federal Reserve System* festlegt, stark von Banken beeinflusst werden, die direkt von *„The London Connection",* d. h. der von Rothschild kontrollierten Bank of England, kontrolliert werden.

ANHANG I

- E.C. Knuth verweist in The Empire of the City, priv. printed, 1946, S. 27, auf „die Bank of England, den vollwertigen Partner der amerikanischen Regierung bei der Führung der finanziellen Angelegenheiten der ganzen Welt" und zitiert die Encyclopaedia Americana, Ausgabe 1943.
- Barron zitiert Lord Swaythling (8. April 1923): „Lord Swaythling sagte: 'Börse kann nur von London aus betrieben werden. Das ist das Zentrum von Exchange." (They Told Barron, von Clarence W. Barron, Gründer von Baron's Weekly, Harpers, New York, 1930, S. 27.)
- Unter „Austausch" versteht man in der internationalen Finanzwelt die Transaktionen mit Geld oder Wertpapieren, oder einfach den „Austausch" der Werte dieser Wertpapiere. Dieser „Austausch" muss dort stattfinden, wo die Werte festgelegt werden können, und dieser Ort ist die „City" in London.
- London wurde aufgrund der „Consols" der Bank of England, Anleihen, die nie eingelöst werden konnten, aber eine stabile Rendite abwarfen, zum wichtigsten Umschlagplatz. Henry Clews schreibt in The Wall Street View, Silver Burdett Co. 1900, S. 255,
- Der „Consolidated Act" von 1757 konsolidierte die Schulden der englischen Nation zu 3%, die auf einem Konto bei der Bank of England gehalten wurden und das große Bollwerk ihrer Einlagen darstellen. „
- Indem er nach der Schlacht von Waterloo in einer vorgetäuschten Panik ostentativ „Consols" an der Londoner Börse „absetzte", kaufte Nathan Meyer Rothschild dann heimlich die in der Panik von anderen Inhabern verkauften Consols zu einem niedrigen Kurs

auf, wurde zum größten Inhaber von Consols und gewann so 1815 die Kontrolle über die Bank of England.

12% Ausschüttungen

Obwohl eine Labor-Regierung die Bank of England 1946 verstaatlichte, weist die Große Sowjetische Enzyklopädie darauf hin (Bd. I, S. 490c), dass die Bank of England weiterhin 12% Dividende pro Jahr zahlt, genau wie vor der Verstaatlichung.

Der „Gouverneur" wird von der Regierung ernannt, ähnlich wie in den Vereinigten Staaten, wo die Gouverneure des Federal Reserve System vom Präsidenten ernannt werden. Wie jedoch in der Encyclopaedia Americana v. 13, S. 272, dargelegt wird,

„In der Praxis haben die Gouverneure der Bank of England nicht gezögert, die Regierung öffentlich zu kritisieren und unter Druck zu setzen."

Bankrate

Der von der Bank of England festgelegte Zinssatz wird als „Banksatz" bezeichnet und ist ein Kontrollfaktor für die Zinssätze in der ganzen Welt, auch wenn die Zinssätze in anderen Ländern höher oder niedriger als dieser „Banksatz" sein können. Die Bank of England verwaltet die Staatsverschuldung und wird in politischen Angelegenheiten als Schiedsrichterin eingesetzt. Sie diente als Vermittler mit den iranischen Revolutionären bei den Verhandlungen über die Rückgabe der amerikanischen Geiseln - ein aktuelles Beispiel.

Es sollte uns nicht überraschen, dass der derzeitige Gouverneur der Bank von England, Sir Gordon Richardson, eine prominente internationale Finanzpersönlichkeit ist, die an anderer Stelle auf diesen Seiten aufgrund seiner Verbindung mit der J. Henry Schroder Wagg in London von 1962 bis 1972, als er Gouverneur der Bank von England wurde, erwähnt wird. Er war auch Direktor der J. Henry Schroder Co. in New York und der Schroder Banking Corp. in New York. Außerdem ist er Direktor von Rolls Royce und der Lloyd's Bank. Obwohl er in London wohnt, unterhält er ein Haus in New York und ist im aktuellen Manhattan-Verzeichnis einfach als „G. Richardson, 45 Sutton Place S." aufgeführt, obwohl ein früherer Eintrag ihn am 4 Sutton

Place zeigte. Sutton Place wurde von Bessie Marbury, auf die wir bereits wegen ihrer Verbindungen zur Familie Morgan und den Roosevelts hingewiesen haben, als mondäne Adresse für die internationale Gesellschaft entwickelt.

Zu den derzeitigen Direktoren der Bank of England (1982) gehören Leopold de Rothschild von N.M. Rothschild & Sons, Sir Robert Clark, Vorsitzender der Hill Samuel Bank, der einflussreichsten Bank nach den Rothschilds, John Clay von der Hambros Bank und David Scholey von der Warburg Bank und Mitvorsitzender der S.C. Warburg Co.

Anthony Sampson schreibt in „The Changing Anatomy of Britain", Random House, New York, 1982, S. 279,

„Die kosmopolitischeren Banken mit ausländischen Experten und Direktoren, wie die Warburgs, Montagus, Rothschilds und Kleinworts, hatten auch eine riesige neue Gewinnquelle im Markt für Eurodollars entdeckt, der in den späten fünfziger Jahren begann und sich in den sechziger Jahren vervielfachte... Die britischen Bankiers kontrollierten selbst relativ kleine Fonds, aber sie wussten, wie man aus dem Geld anderer Leute Geld macht." Der Eurodollar-Markt, eine neue Entwicklung im Bereich der „Geldschöpfung", wird von den oben genannten Unternehmen monopolisiert.

EURODOLLAR-IMPERIUM

„Heute kontrolliert das Britische Empire zusammen mit Verbündeten auf der Insel Manhattan (Großbritanniens wichtigstem Grundstück) den gesamten 1,5-Billionen-Dollar-Eurodollar-Finanzmarkt, weitere 300 bis 500 Milliarden Dollar auf den Kaimaninseln und den Bahamas sowie 50 bis 100 Milliarden Dollar auf dem „asiatischen Dollar-Markt" in Hongkong und Singapur... Betrachten Sie den 1,5 Billionen Dollar schweren Eurodollar-Markt als einen „verbotenen" Markt in US-Dollar, über den diese Nation keine Kontrolle hat. Hier liegen die Kontrolle und die Gewinne überwiegend in den Händen der Londoner Banken, die die Bedingungen für die Kreditvergabe und den Zinssatz für diese Masse an amerikanischen Dollars im Verhältnis zum Londoner

Interbanken-Kreditzins (LIBOR) festlegen... US-Banken wie die Citibank (New York City), in deren Vorstand der mächtige britische Finanzier Lord Aldington sitzt, arbeiten auf diesem Markt offen mit. Gleichzeitig strömen britische Banken, darunter die bekannte Zentralbank für den weltweiten Drogenhandel, die Hongkong and Shanghai Bank, nach Amerika, um die US-Banken zu verschlingen.

Im Jahr 1978 übernahm die Hongshang (Hrsg. - Hongkong and Shanghai Bank) die New Yorker Marine Midland Bank, die 11th größte Geschäftsbank des Staates... Die Briten kontrollieren auch die Schaffung des amerikanischen Dollars. Während der Vorsitzende des Federal Reserve Board, Paul Volcker, die Kreditvergabe an die heimische Wirtschaft strafft, schaffen britisch kontrollierte Banken auf den Kaimaninseln (wie die European American Bank - Anm. d. Red.), einer britischen Besitzung 200 Meilen vor Florida, sowie auf den Bermudas und einem Dutzend anderer „freier Bank" -Computerterminals Hunderte von Milliarden amerikanischer Dollar. Wie wird das gemacht? Es gibt keine Mindestreservesätze oder andere Beschränkungen für die Schaffung von auf Dollar lautenden Krediten im „freien Unternehmertum" des britischen Bankwesens. Ein gutgläubiger Kredit in Höhe von 1 Million Dollar aus den Vereinigten Staaten kann auf seinem Weg durch das britische System ohne Mindestreservesätze in auf Dollar lautende Kredite in Höhe von 20 bis 100 Millionen Dollar verwandelt werden."[132]

Nicht nur die finanzielle Macht, sondern auch die juristische Macht ist in Großbritannien geblieben. Die Washington Post kommentierte am 18. Juni 1983, dass nach der amerikanischen Revolution alle alten Gesetze in den neuen Vereinigten Staaten in Kraft blieben: Einige dieser Gesetze des „englischen Gewohnheitsrechts" stammten aus dem Jahr 1278, lange bevor Amerika entdeckt wurde.

---

[132] Harpers Magazine, Feb. 1980.

Diese enorme finanzielle Macht „der Stadt" zeigt sich in vielen Bereichen. Dean Acheson erklärt in „Present at the Creation", 1969, W.W. Norton, New York, S. 779,

„Wir wohnten in der Residenz der Botschaft, der alten J.P. Morgan-Villa, 14 Prince's Gate, gegenüber dem Hyde Park."

Wie viele Amerikaner wissen, dass die Residenz der US-Botschaft in London das Haus von J.P. Morgan ist, oder dass Dean Acheson, ein ehemaliger Morgan-Mitarbeiter, sich auf S. 505 als Außenminister bezeichnete,

„Meine eigene Haltung war lange Zeit pro-britisch und dafür bekannt. „

Niemand kommentierte die offene Voreingenommenheit eines amerikanischen Außenministers zugunsten Englands.

Das von der Federal Reserve „geschaffene" Geld wird nicht nur für finanzielle Angelegenheiten verwendet, sondern auch, um die Kontrolle der Bankiers über jeden Aspekt des politischen, wirtschaftlichen und sozialen Lebens aufrechtzuerhalten. Es wird verwendet, um die enormen Ausgaben politischer Kandidaten zu finanzieren, die aufgeblähten Budgets der Universitäten, die riesigen Ausgaben, die erforderlich sind, um Zeitungen oder Zeitschriften zu gründen, und eine große Anzahl von Stiftungen, „Denkfabriken" und andere Instrumente der Gedankenkontrolle.

PSYCHOLOGISCHE KRIEGSFÜHRUNG

Nur wenige Amerikaner wissen, dass fast jede Entwicklung der Psychologie in den Vereinigten Staaten in den letzten fünfundsechzig Jahren vom Bureau of Psychological Warfare der britischen Armee geleitet wurde. Vor kurzem lernte der Autor einen neuen Namen kennen: *das Tavistock Institute of London*, auch bekannt als *Tavistock Institute of Human Relations*. „Menschliche Beziehungen" umfasst jeden Aspekt des menschlichen Verhaltens, und es ist das bescheidene Ziel des Tavistock-Instituts, die Kontrolle über jeden Aspekt des menschlichen Verhaltens der amerikanischen Bürger zu erlangen und auszuüben.

Aufgrund des intensiven Artilleriebeschusses im Ersten Weltkrieg wurden viele Soldaten durch einen Granatenschock dauerhaft geschädigt. Im Jahr 1921 übergaben die Marquees of Tavistock, 11th Duke of Bedford, ein Gebäude an eine Gruppe, die Rehabilitationsprogramme für britische Soldaten mit Granatenschock durchführen wollte. Die Gruppe gab sich den Namen „Tavistock Institute" nach ihrem Wohltäter. Der Generalstab der britischen Armee beschloss, dass es von entscheidender Bedeutung sei, die Belastungsgrenze des Soldaten unter Kampfbedingungen zu ermitteln. Das Tavistock-Institut wurde von Sir John Rawlings Reese, dem Leiter des British Army Psychological Warfare Bureau, übernommen.

Unter völliger Geheimhaltung wurde ein Kader von hochqualifizierten Spezialisten für psychologische Kriegsführung aufgebaut. In fünfzig Jahren taucht der Name „Tavistock-Institut" nur zweimal im Index der New York Times auf, und doch hat diese Gruppe nach Angaben von LaRouche und anderen Autoritäten während des Zweiten Weltkriegs das gesamte Personal des Office of Strategic Services (OSS), der Strategic Bombing Survey, des Supreme Headquarters of the Allied Expeditionary Forces und anderer wichtiger amerikanischer Militärgruppen organisiert und ausgebildet. Während des Zweiten Weltkriegs arbeitete das Tavistock-Institut mit der medizinisch-wissenschaftlichen Abteilung der Rockefeller Foundation zusammen, um esoterische Experimente mit bewusstseinsverändernden Drogen durchzuführen.

Die gegenwärtige Drogenkultur der Vereinigten Staaten geht in ihrer Gesamtheit auf dieses Institut zurück, das die Ausbildungsprogramme der Central Intelligence Agency überwachte. Die „LSD-Gegenkultur" entstand, als die Sandoz A.G., ein Schweizer Pharmaunternehmen im Besitz von S.G. Warburg & Co., eine neue Droge aus Lysergsäure, genannt LSD, entwickelte.

James Paul Warburg (Sohn von Paul Warburg, der 1910 den Federal Reserve Act verfasst hatte), finanzierte eine Tochtergesellschaft des Tavistock-Instituts in den Vereinigten Staaten, das Institute for Policy Studies, dessen Direktor, Marcus

Raskin, in den Nationalen Sicherheitsrat berufen wurde. James Paul Warburg richtete ein CIA-Programm ein, um mit LSD an CIA-Agenten zu experimentieren, von denen einige später Selbstmord begingen. Dieses Programm, MK-Ultra, das von Dr. Gottlieb überwacht wurde, führte zu umfangreichen Klagen der Familien der Opfer gegen die Regierung der Vereinigten Staaten.

Das Institute for Policy Studies gründete eine Tochtergesellschaft auf dem Campus, die Students for Democratic Society (SDS), die sich mit Drogen und Revolution beschäftigte. Anstatt den SDS selbst zu finanzieren, nutzte Warburg CIA-Gelder, etwa zwanzig Millionen Dollar, um die Campus-Unruhen der 1960er Jahre zu fördern.

Das englische Tavistock-Institut hat seine Aktivitäten nicht auf linke Gruppen beschränkt, sondern auch die Programme von angeblich „konservativen" amerikanischen Denkfabriken wie dem Herbert-Hoover-Institut an der Stanford-Universität, der Heritage Foundation, dem Wharton, dem Hudson, dem Massachusetts Institute of Technology und dem Rand geleitet. Die Programme für „Sensitivitätstraining" und „sexuelle Begegnungen" der radikalsten kalifornischen Gruppen wie des Esalen-Instituts und seiner zahlreichen Nachahmer wurden alle von Psychologen des Tavistock-Instituts entwickelt und durchgeführt.

Einer der seltenen Artikel über das Tavistock-Institut erscheint in der Business Week vom 26. Oktober 1963 mit einem Foto des Institutsgebäudes im teuersten medizinischen Büroviertel Londons. In dem Artikel wird die „freudsche Voreingenommenheit" des Instituts erwähnt und darauf hingewiesen, dass es von britischen Spitzenunternehmen, darunter Unilever, British Petroleum und Baldwin Steel, reichlich finanziert wird. Laut Business Week wurden die psychologischen Testprogramme und die Trainingsprogramme für Gruppenbeziehungen des Instituts in den Vereinigten Staaten von der Universität von Michigan und der Universität von Kalifornien eingeführt, die Brutstätten des Radikalismus und des Drogennetzes sind.

Es waren die Marquees of Tavistock, 12th Duke of Bedford, die Rudolf Hess nach England flog, um mit ihnen über die Beendigung des Zweiten Weltkriegs zu sprechen. Tavistock soll 1942 40 Millionen Dollar wert gewesen sein. Im Jahr 1945 beging seine Frau Selbstmord, indem sie eine Überdosis Tabletten einnahm.

BIOGRAPHIEN

NELSON ALDRICH (1841-1915)

Senator aus Rhode Island; Leiter der National Monetary Commission; seine Tochter Abby Aldrich heiratete John D. Rockefeller, Jr.; er wurde der Großvater seines Namensvetters. Nelson Aldrich Rockefeller, sowie die heutigen David Rockefeller und Laurence Rockefeller.

WILLIAM JENNINGS BRYAN (1860-1925)

Außenminister von Woodrow Wilson, dreimal unterlegener Präsidentschaftskandidat der Demokratischen Partei (1896, 1900 und 1908) und Vorsitzender der Demokratischen Partei.

ALFRED OWEN CROZIER (1863-1939)

Als prominenter Anwalt in Grand Rapids, Cincinnati und New York schrieb Crozier acht Bücher über Rechts- und Währungsprobleme, wobei er sich vor allem gegen die Verdrängung des konstitutionellen Geldes durch die von Privatunternehmen zu deren Profit gedruckte Firmenwährung aussprach.

CLARENCE DILLON (1882-1979)

Geboren in San Antonio, Texas, als Sohn von Samuel Dillon und Bertha Lapowitz. Harvard, 1905. Heirat mit Anne Douglass aus Milwaukee. Sein Sohn C. Douglas Dillon (späterer Finanzminister, 1961-65) wurde 1909 in Genf, Schweiz, geboren, als sie im Ausland waren. Dillon lernte William A. Read, den Gründer des Wall-Street-Anleihemaklers William A. Read and Company, durch Vermittlung seines Harvard-Klassenkameraden William A. Phillips im Jahr 1912 kennen und trat im selben Jahr in Reads Büro in Chicago ein. Im Jahr 1914 zog er nach New York. Read starb 1916, und Dillon erwarb eine Mehrheitsbeteiligung an der Firma. Während des Ersten Weltkriegs bat Bernard Baruch, Vorsitzender des War Industries Board (bekannt als der Zar der amerikanischen Industrie), Dillon, stellvertretender Vorsitzender des War Industries Board zu werden. Im Jahr 1920 wurde der Name William A. Read & Company in Dillon, Read & Company geändert. Dillon war Direktor der American Foreign Securities Corporation, die er 1915 gegründet hatte, um den Kauf von Munition durch die französische Regierung in den Vereinigten Staaten zu finanzieren. Seine rechte Hand bei Dillon Read, James Forrestal, wurde Marineminister, später Verteidigungsminister, und starb unter mysteriösen Umständen in einem Bundeskrankenhaus. 1957 führte das Fortune Magazine Dillon als einen der reichsten Männer der Vereinigten Staaten auf, dessen Vermögen damals auf 150 bis 200 Millionen Dollar geschätzt wurde.

ALAN GREENSPAN (1926-)

Er wurde 1987 von Präsident Reagan als Nachfolger von **Paul Volcker** zum Vorsitzenden des Board of Governors des Federal Reserve System ernannt. Greenspan hatte 1974 die Nachfolge von Herbert Stein als Vorsitzender des Council of Economic Advisors des Präsidenten angetreten. Er war der Protegé des ehemaligen Vorsitzenden des Board of Governors, **Arthur Burns** aus Österreich (Bernstein). Burns war ein Monetarist, der die Wiener Schule der Wirtschaftswissenschaften der Rothschilds vertrat, die ihren Einfluss in England durch die Royal Colonial Society manifestierte, die eine Fassade für die Rothschilds und andere englische Bankiers war, die ihre Gewinne aus dem weltweiten Drogenhandel in der *Hongkong Shanghai Bank* lagerten. Der Wirtschaftswissenschaftler der Royal Colonial Society war Alfred Marshall, der Erfinder der monetaristischen Theorie, der als Leiter der Oxford-Gruppe zum Förderer von Wesley Clair Mitchell wurde, der für die Rockefellers in den Vereinigten Staaten das National Bureau of Economic Research gründete.

Mitchell wiederum wurde zum Förderer von Arthur Burns und Milton Friedman, deren Theorien heute die Machttechniken von Greenspan im Federal Reserve Board sind. Greenspan ist auch der Protegé von Ayn Rand, einer Verrückten, die ihre sexuellen Affären mit gutturalen Befehlen zum Egoismus unterbrochen hat. Rand war auch der Förderer des CIA-Propagandisten William Buckeley und der National Review. Greenspan war Direktor großer Wall-Street-Firmen wie *J.P. Morgan Co.*, Morgan Guaranty Trust (die amerikanische Bank für die Sowjets nach der bolschewistischen Revolution von 1917), Brookings Institution, Bowery Savings Bank, dem Dreyfus Fund, General Foods und Time, Inc. Die beeindruckendste Leistung Greenspans war seine Tätigkeit als Vorsitzender der Nationalen Kommission für soziale Sicherheit von 1981-1983. Er jonglierte mit Zahlen, um die Öffentlichkeit davon zu überzeugen, dass die Sozialversicherung bankrott sei, obwohl sie in Wirklichkeit einen enormen Überschuss hatte.

Diese Zahlen wurden dann verwendet, um den amerikanischen Arbeitnehmern eine enorme Erhöhung der Quellensteuer auf die Sozialversicherung aufzuerlegen, die sich auf David Ricardos wirtschaftliches Diktum vom eisernen Gesetz der Löhne berief, wonach den Arbeitnehmern nur ein Existenzminimum gezahlt werden kann und alle darüber hinausgehenden Mittel durch Steuererhöhungen gewaltsam erpresst werden müssen. Als Partner von J.P. Morgan Co. seit 1977 <u>vertrat</u> Greenspan die <u>ununterbrochene Linie der Kontrolle des Federal Reserve Systems</u> durch die Firmen, die bei dem geheimen Treffen auf *Jekyll Island im Jahr 1910* vertreten waren, bei dem Henry P. Davison, die rechte Hand von J.P. Morgan, eine Schlüsselfigur bei der Ausarbeitung des Federal Reserve Act war.

Wenige Tage nach seinem Amtsantritt als Vorsitzender des Federal Reserve Board erhöhte Greenspan am 4. September 1987 sofort den Zinssatz, die erste derartige Anhebung in drei Jahren allgemeinen Wohlstands, und <u>löste damit den Börsencrash vom Oktober 1987</u>, dem *Schwarzen Montag,* <u>aus</u>, als der Dow-Jones-Durchschnitt um 508 Punkte abstürzte. Unter Greenspans Leitung hat das Federal Reserve Board die Vereinigten Staaten immer tiefer in die Rezession getrieben, ohne dass die selbstgefälligen Mitglieder des Kongresses ein Wort der Kritik geäußert hätten.

OBERST EDWARD MANDELL HAUS (1858-1938)

Sohn eines Rothschild-Agenten in Texas. Es gelang ihm, fünf aufeinanderfolgende Gouverneure von Texas zu wählen; 1912 wurde er Woodrow Wilsons Berater. Arbeitete mit **Paul Warburg** zusammen, um die Verabschiedung des Federal Reserve Act durch den Kongress im Jahr 1913 zu erreichen.

ROBERT MARION LAFOLLETTE (1855-1925)

Mitglied des Senats von Wisconsin 1905-25. Führte die Agrarreformer an, die sich gegen die Bankiers des Ostens und deren Pläne für den Federal Reserve Act wandten. Kandidierte 1924 auf einem progressiv-sozialistischen Ticket für das Präsidentenamt.

CHARLES AUGUSTUS LINDBERGH, SR. (1860-1924)

Kongressabgeordneter aus Minnesota (1907-1917), der den Kampf gegen die Verabschiedung des Federal Reserve Act im Jahr 1913 anführte. Er amtierte bis 1917, als er zurücktrat, um für das Amt des Gouverneurs von Minnesota zu kandidieren. Er führte einen guten Wahlkampf trotz der Angriffe der New York Times. Seine Kampagne wurde beeinträchtigt, als Bundesbeamte seine Bücher, darunter *Why Is Your Country At War?* und die Papiere und Inhalte seines Büros in Little Falls, Minnesota, verbrannten.

LOUIS T. McFADDEN (1876-1936)

Kongressabgeordneter und Vorsitzender des Banken- und Währungsausschusses des Repräsentantenhauses, 1927-33; stellte sich in den 1920er und 1930er Jahren mutig gegen die Manipulatoren des Federal Reserve Systems. Er brachte Gesetzesentwürfe ein, um die Gouverneure des Federal Reserve Board of Governors und verbündete Beamte anzuklagen. Nach drei Attentaten kam er unter mysteriösen Umständen ums Leben.

JOHN PIERPONT MORGAN (1837-1913)

Galt um die Jahrhundertwende als der führende amerikanische Finanzier. Laut Who's Who von 1912 kontrollierte er „über 50.000 Meilen an Eisenbahnstrecken in den Vereinigten Staaten". „Er organisierte die United States Steel Corporation. Wurde durch seinen Vater, **Junius S. Morgan**, der Londoner Partner von George Peabody & Company, der späteren *Junius S. Morgan Company*, einem Rothschild-Agenten, geworden war, zum Vertreter des *Hauses Rothschild*. **John Pierpont Morgan, Jr.** folgte seinem Vater an der Spitze des Morgan-Imperiums.

DAVID MULLINS (1946-)

David Mullins wurde am 21. Mai 1990 zum Gouverneur des Federal Reserve Board ernannt; seine Amtszeit läuft bis zum 31. Januar 1996. Kürzlich wurde er zum stellvertretenden Vorsitzenden des Federal Reserve Board ernannt und diente von 1988 bis 1990 als stellvertretender Finanzminister für inländische Finanzen. Er erhielt die höchste Auszeichnung des Ministeriums, den Alexander Hamilton Award, für seine Verdienste um Programme wie synthetische Kraftstoffe, Bundesfinanzen, Farm Credit Assistance Board und als Autor des Präsidentenplans zur Rettung der Spar- und Kreditinstitute. Er ist ein entfernter Cousin des Autors, der von John Mullins abstammt, dem ersten aufgezeichneten Siedler im Westen Virginias, dem Helden der Schlacht am King's Mountain und dem Empfänger eines 200 Morgen großen Grundstücks für seinen Dienst in der Amerikanischen Revolution.

WRIGHT PATMAN (1893-1976)

Kongressabgeordneter und Vorsitzender des Banken- und Währungsausschusses des Repräsentantenhauses 1963-74.

Führte den Kampf im Kongress gegen die Manipulatoren des Federal Reserve Systems von 1937 bis zu seinem Tod 1976.

ABGEORDNETER ARSENE PUJO

Saß von 1903 bis 1913 im Kongress. Demokrat aus Louisiana. Vorsitzender des Banken- und Währungsausschusses des Repräsentantenhauses. Vorsitzender des Unterausschusses „Pujo-Anhörungen", 1912.

SIR GORDON RICHARDSON (1915-)

Leiter der *Bank of England* seit 1973. Vorsitzender J. Henry Schroder Wagg, London, 1962-72; Direktor der J. Henry Schroder Banking Corporation, New York; Schroder Banking Corporation, New York; Lloyd's Bank, London; Rolls Royce.

JACOB SCHIFF (1847-1920)

Geboren im Haus Rothschild in Frankfurt, Deutschland. Emigriert in die Vereinigten Staaten, heiratet Therese Loeb, Tochter von Solomon Loeb, dem Gründer von *Kuhn, Loeb und Co.* Schiff wurde Seniorpartner von Kuhn, Loeb und Co. und erlangte als Vertreter der Rothschild-Interessen die Kontrolle über den größten Teil der Eisenbahnmeilen in den Vereinigten Staaten.

BARON KURT VON SCHRODER (1889-)

Persönlicher Bankier von **Adolf Hitler**, schoss Geldmittel für Hitlers Machtübernahme in Deutschland 1933 vor; deutscher Vertreter der Londoner und New Yorker Niederlassungen der J. Henry Schroder Banking Corporation; leitender SS-Gruppenführer; Direktor aller deutschen Tochtergesellschaften der I.T.T.; Himmlers Freundeskreis; Berater des Verwaltungsrats der *Deutschen Reichsbank* (Deutsche Zentralbank).

ANTHONY MORTON SOLOMON (1919-)

Ausbildung in Harvard, Ökonom im Office of Price Administration, 1941-42; Finanzmission im Iran, 1942-46; Agentur für internationale Entwicklung in Südamerika, 1965-69; Präsident der International Investment Corporation für Jugoslawien, 1969-72; Berater des Vorsitzenden des Ways and Means Committee, Repräsentantenhaus, 1972-73; Unterstaatssekretär für Währungsangelegenheiten, US-Finanzministerium, 1977-80; Präsident der Federal Reserve Bank of New York, 1980-

SAMUEL UNTERMYER (1858-1940)

Partner der Anwaltskanzlei *Guggenheimer und Untermyer* in New York, die 1912 die „Pujo Hearings" des House Banking and Currency Committee durchführte. Rechtsbeistand von **Rogers** und **Rockefeller** in vielen großen Prozessen gegen F. Augustus Heinze, Thomas W. Lawson und andere. Verdiente ein einmaliges Honorar von 775.000 Dollar für die Abwicklung der Fusion der Utah Copper Company. In der New York Times vom 26. Mai 1924 wird berichtet, dass er bei einem Treffen in der Carnegie Hall auf die sofortige Anerkennung von Sowjetrussland drängte. Untermyers Ansehen und Macht wird durch die Tatsache verdeutlicht, dass dieser Nachruf auf der Titelseite der *New York Times* sechs Spalten umfasste. Sein Eintrag im Who's Who war der längste seit dreizehn Jahren.

FRANK VANDERLIP (1864-1937)

Stellvertretender Finanzminister 1897-1901; erlangte Ansehen für die Finanzierung des Spanisch-Amerikanischen Krieges, indem er während seiner Amtszeit Anleihen im Wert von 200.000.000 $ auflegte, die als „*Krieg der National City Bank*" bekannt sind. Einer der ursprünglichen Jekyll Island-Gruppe, die im November 1910 den **Federal Reserve Act** *verfasste*. Diese wichtige Tatsache wird in dem umfangreichen Nachruf in der New York Times vom 30. Juni 1937 nicht erwähnt.

GEORGE SYLVESTER VIERECK (1884-1962)

Autor der maßgeblichen Studie *The Strangest Friendship in History, Woodrow Wilson and Col. House*, Liveright, 1932. Ein führender Dichter der frühen 1900er Jahre, rezensiert auf der Titelseite der *New York Times Book Review* und bekannt als führender deutsch-amerikanischer Bürger der Vereinigten Staaten.

PAUL VOLCKER (1927-)

Vorsitzender des Federal Reserve Board of Governors seit 1979, ernannt von **Präsident Carter**, wiederernannt von **Präsident Reagan** für eine weitere vierjährige Amtszeit ab 6. August 1983. Ausbildung in Princeton, Harvard und an der London School of Economics; Mitarbeiter der Federal Reserve

Bank of New York, 1952-57; Chase Manhattan Bank, 1957-61; Finanzministerium, 1961-74; Präsident der Federal Reserve Bank of New York, 1975-79.

PAUL WARBURG (1868-1932)

Wird von sachkundigen Behörden als der eigentliche Urheber unseres Zentralbankplans, *des Federal Reserve System, angesehen*. Auswanderung aus Deutschland in die Vereinigten Staaten 1904; *Partner bei Kuhn Loeb and Company Bankers*, New York; Einbürgerung 1911. Mitglied des ursprünglichen Federal Reserve Board of Governors, 1914-1918; Präsident des Federal Advisory Council, 1918-1928. Bruder von Max Warburg, der während des Ersten Weltkriegs Leiter des deutschen Geheimdienstes war und Deutschland auf der Friedenskonferenz 1918-1919 vertrat, während Paul Vorsitzender des Federal Reserve System war.

SIR WILLIAM WISEMAN (1885-1962)

Partner von *Kuhn, Loeb and Company*; Leiter des britischen Geheimdienstes während des Ersten Weltkriegs. Arbeitete eng mit **Oberst House zusammen** und beherrschte die Vereinigten Staaten und England.

BIBLIOGRAPHIE

Zeitungen:
- New York Times 1858-1983
- Washington Post 1933-1983

Periodika:
- Barron's Weekly 1921-1983
- Wirtschaftswoche 1929-1983
- Forbes Zeitschrift 1917-1983
- Fortuna 1930-1983
- Harper's 1850-1983
- National Review 1955-1983
- Newsweek 1933-1983
- Die Nation 1865-1983
- Die Neue Republik 1914-1983
- Zeit 1923-1983

Bücher:
- Aktuelle Biografie 1940-1983 H.W. Wilson Co., N.Y.
- Dictionary of National Biography, Scribners, N.Y. 1934-1965
- Verzeichnis der Direktoren, London 1896-1983
- Verzeichnis der Direktoren der Stadt New York 1898-1918
- The Concise Dictionary of National Biography, 1903-1979, Oxford University Press
- Kongressakten 1910-1983

- Internationaler Index für Zeitschriften 1920-1965, H.W. Wilson Co., N.Y.
- Poole's Index to Periodical Literature 1802-1906, Wm. T Poole, Chicago Readers Guide to Periodicals 1900-1983
- Rand McNally's Bankers Guide 1904-1928
- Moody's Banken und Finanzen 1928-1968
- Who's Who in America 1890-1983, A.N. Marquis Co.
- Who's Who, Großbritannien 1921-1983
- Who Was Who In America 1607-1906, A.N. Marquis Co.
- Who's Who in the World 1972-1983, A.N. Marquis Co.
- Who's Who in Finance and Industry 1936-1969, A.N. Marquis Co.
- Standard and Poor's Register of Directors 1928-1983
- Anhörungen des Senatsausschusses zum Federal Reserve Act, 1913
- Anhörungen des Repräsentantenhausausschusses zum Federal Reserve Act, 1913
- Anhörungen des Repräsentantenhausausschusses zum Money Trust (Pujo-Ausschuss) 1913
- Untersuchungen des Repräsentantenhauses zum Federal Reserve System, 1928
- Untersuchung des Senats über die Eignung von Eugene Meyer als Gouverneur des Federal Reserve Board, 1930
- Anhörungen des Senats zur Ernennung von Thomas B. McCabe zum Gouverneur des Federal Reserve System, 1948
- Anhörungen des Repräsentantenhausausschusses zur Ausweitung der Staatsverschuldung, 1945

- Direktoren der Federal Reserve: Eine Untersuchung des Einflusses von Unternehmen und Banken.
- Personalbericht, Ausschuss für Bankwesen, Währung und Wohnungsbau, Repräsentantenhaus, 94. Kongress, 2. Sitzung, August 1976.
- Das Federal Reserve System, Ziele und Funktionen, Board of Governors, 1963
- Eine Geschichte der Geldverbrechen, Alexander Del Mar, die Del Mar Gesellschaft, 1899
- Fiat Money Inflation in France, Andrew Dickson White, Foundation for Economic Education, N.Y. 1959
- Der Krieg um Gold, Antony C. Sutton, 76 Press, Kalifornien, 1977
- Wall Street and the Rise of Hitler, Antony C. Sutton, 76 Press, Kalifornien, 1976
- Gesammelte Reden von Louis T. McFadden, Congressional Record
- Die Wahrheit über Rockefeller, E.M. Josephson, Chedney Press, N.Y. 1964
- Der seltsame Tod von Franklin D. Roosevelt, E.M. Josephson, Chedney Press, N.Y. 1948
- Hinter dem Thron, Paul Emden, Hoddard Stoughton, London, 1934
- The Money Power of Europe, Paul Emden, Hoddard Stoughton, London
- Die Raubritter, Mathew Josephson, Harcourt Brace, N.Y. 1934
- Die Rothschilds, Frederic Morton, Curtis Publishing Co. 1961
- Die prächtigen Rothschilds, Cecil Roth, Robert Hale Co., 1939

- Pawns In The Game, William Guy Carr, (Privatdruck), 1956
- Den Schleier wegreißen, Francois Coty, Paris, 1940
- Writers on English Monetary History, 1626-1730, London, 1896
- The Federal Reserve System After Fifty Years, Ausschuss für Bankwesen und Währung, Jan. und Feb. 1964
- Die Banker-Verschwörung, Arthur Kitson, 1933
- Gesetze der Vereinigten Staaten in Bezug auf Währung, Finanzen und Bankwesen von 1789 bis 1891, Charles F. Dunbar, Ginn & Co, Boston, 1893
- Geldpolitik des Überflusses statt der Knappheit, Ausschuss für das Bank- und Währungswesen, 1937-1938
- Die seltsamste Freundschaft der Geschichte, Woodrow Wilson und Col. House, George Sylvester Viereck, Liveright, N.Y. 1932
- Federal Reserve Policy Making, G.L. Bach, Knapf, N.Y. 1950
- Rulers of America, A Study of Finance Capital, Anna Rockester, International Publishers, N.Y. 1936
- Banking in the United States Before the Civil War, National Monetary Commission, 1911
- Nationales Bankensystem, Nationale Währungskommission, 1911
- Das Federal Reserve System, Paul Warburg, Macmillan, N.Y. 1930
- Roosevelt, Wilson und das Federal Reserve Law, Col. Elisha Garrison, Christopher Publishing House, Boston, 1931

- Männer, die Amerika regieren, Arthur D. Howden Smith, Bobbs Merrill, N.Y., 1935
- Die Finanzriesen von Amerika, George E. Redmond, Stratford, Boston, 1922
- The Great Soviet Encyclopaedia, Macmillan, London, 1973
- Encyclopaedia Britannica, 1979
- Encyclopaedia Americana, 1982
- Dope, Inc., Goldman, Steinberg et at, New Benjamin Franklin House Publishing Company, N.Y. 1978
- Banking and Currency and the Money Trust, Charles A. Lindbergh, Sr. 1913
- Die seltsame Karriere von Mr. Hoover unter zwei Flaggen, John Hamill, William Faro, N.Y. 1931
- Das Federal Reserve System, H. Parker Willis, Ronald Co., 1923
- A.B.C. of the Federal Reserve System, E.W. Kemmerer, Princeton Univ., 1919
- Adventures in Constructive Finance, Carter Glass, Doubleday, N.Y. 1927
- Die Reform des Bankwesens in den Vereinigten Staaten, Paul Warburg, Columbia Univ., 1914
- U.S. Money vs. Corporation Currency, Alfred Crozier, Cleveland, 1912
- Philip Dru - Verwalter, E.M. House, B.W. Huebsch, N.Y. 1912
- The Intimate Papers of Col. House, herausgegeben von Charles Seymour, 4 Bde. 1926-1928, Houghton Mifflin Co.
- Die große Verschwörung des Hauses Morgan, H.W. Loucks, 1916

- Capital City, McRae und Cairncross, Eyre Methuen, London, 1963
- Aggression, Otto Lehmann-Russbeldt, Hutchinson, London, 1934
- Das Reich der Hochfinanz, Victor Perlo, International Pub, 1957
- Lebenserinnerungen von Max Warburg, Berlin, 1936
- Briefe und Freundschaften von Sir Cecil Spring-Rice Tragödie und Hoffnung, Carroll Quigley, Macmillan, N.Y.
- Die Politik des Geldes, Brian Johnson, McGraw Hill, N.Y. 1970
- Eine Fibel über Geld, House Banking and Currency Committee, 1964
- Pierpont Morgan and Friends, The Anatomy of A Myth, George Wheeler, Prentice Hall, N.J., 1973
- Pierpont Morgan, Herbert Satterleee, Macmillan, N.Y., 1940
- Morgan der Prächtige, John K. Winkler, Vanguard, N.Y., 1930
- Wilson, Arthur Link (5 Bde.) Princeton University Press, Princeton, N.J.
- Historical Beginning... The Federal Reserve, Roger T Johnson, Federal Reserve Bank of Boston, 1977 (7 Auflagen, 1977-1982, insgesamt 92.000 Exemplare) [Es ist bemerkenswert, dass in dieser 64-seitigen Broschüre Jekyll Island, Paul Warburgs Urheberschaft oder die Quelle der Fördergelder, die zur Verabschiedung des Federal Reserve Act am 23. Dezember 1913 führten, nicht erwähnt werden].
- Die Zentralbank und unser manipulierter Dollar, Martin A. Larson, Devin Adair Co., Old Greenwich, Conn. 1975

➢ Chain Banking, Stockholder and Loan Links of 200 Largest Member Banks, House Banking and Currency Committee, Jan. 3, 1963

➢ Internationales Bankwesen, Personalbericht, Ausschuss für Banken, Währung und Wohnungswesen, Mai 1976

➢ Audit of the Federal Reserve System, Hearings Before the House Banking and Currency Committee, 1975.

FRAGEN UND ANTWORTEN

Während er in vielen Ländern Vorträge hält und als Gast in Radio- und Fernsehsendungen auftritt, werden dem Autor häufig Fragen über das Federal Reserve System gestellt. Die am häufigsten gestellten Fragen und die dazugehörigen Antworten sind im Folgenden aufgeführt:

F: Was ist das Federal Reserve System?

A: Das *Federal Reserve System* ist nicht föderal; es hat keine Reserven; und es ist kein System, sondern ein kriminelles Syndikat. Es ist das Produkt krimineller syndikalistischer Aktivitäten eines internationalen Konsortiums dynastischer Familien, die das bilden, was der Autor als *„Die Weltordnung"* bezeichnet (siehe „DIE WELTORDNUNG" und „DER FLUCH VON CANAAN", beide von **Eustace Mullins**).[133] Das Federal Reserve System ist eine Zentralbank, die in den Vereinigten Staaten tätig ist. Obwohl der Student in den Lehrbüchern keiner Universität eine solche Definition einer Zentralbank finden wird, hat der Autor eine Zentralbank wie folgt definiert:

- ➢ Sie ist die dominierende Finanzmacht des Landes, in dem sie beheimatet ist.

- ➢ Sie befindet sich vollständig in Privatbesitz, obwohl sie den Anschein einer staatlichen Einrichtung erwecken will.

- ➢ Sie hat das Recht, Geld zu drucken und auszugeben, was traditionell das Vorrecht der Monarchen ist.

- ➢ Sie soll die Finanzierung von Kriegen ermöglichen.

---

[133] Veröffentlicht von Omnia Veritas Ltd - www.omnia-veritas.com

> Sie fungiert als Geldmonopol, das die totale Macht über das gesamte Geld und den Kredit des Volkes hat.

F: Wussten die Kongressabgeordneten bei der Verabschiedung des Federal Reserve Act am 23. Dezember 1913, dass sie eine Zentralbank gründen würden?

A: Die Mitglieder des 63.rd Kongresses hatten keine Ahnung von einer Zentralbank oder von deren monopolistischen Tätigkeiten. Viele derjenigen, die für das Gesetz stimmten, wurden getäuscht, andere wurden bestochen, wieder andere wurden eingeschüchtert. Im Vorwort zum Federal Reserve Act heißt es,

„Ein Gesetz zur Einrichtung von Bundesreservebanken, zur Bereitstellung einer elastischen Währung, zur Bereitstellung von Mitteln zur Rediskontierung von Handelspapieren, zur Einrichtung einer wirksameren Aufsicht über das Bankwesen in den Vereinigten Staaten und für andere Zwecke."

Die nicht näher bezeichneten „*anderen Zwecke*" bestanden darin, internationalen Verschwörern ein ***Monopol auf das gesamte Geld und den Kredit*** der Bevölkerung der Vereinigten Staaten zu verschaffen, den Ersten Weltkrieg über diese neue Zentralbank zu finanzieren, die amerikanischen Arbeiter der Gnade der Einzugsstelle des Federal Reserve Systems, der ***Steuerbehörde,*** auszuliefern und den Monopolisten die Möglichkeit zu geben, das Vermögen ihrer Konkurrenten zu beschlagnahmen und sie aus dem Geschäft zu drängen.

F: Ist das Federal Reserve System eine Regierungsbehörde?

A: Selbst der derzeitige Vorsitzende des Bankenausschusses des Repräsentantenhauses behauptet, dass die *Federal Reserve eine Regierungsbehörde ist* und sich nicht in Privatbesitz befindet. Tatsache ist, dass **die Regierung nie eine einzige Aktie der Federal Reserve Bank besessen hat.** Diese Scharade rührt von der Tatsache her, dass der Präsident der Vereinigten Staaten die Gouverneure des Federal Reserve Board ernennt, die dann vom Senat bestätigt werden. Der heimliche Verfasser des

Gesetzes, der Bankier **Paul Warburg**, ein Vertreter der Rothschild-Bank, erfand den Namen „*Federal*" aus dem Nichts für das Gesetz, das er verfasste, um zwei seiner Lieblingsziele zu erreichen: eine „*elastische Währung*" (Gummischeck) und die Erleichterung des Handels mit Akzepten, internationalen Handelskrediten. **Warburg** war Gründer und Präsident der *International Acceptance Corporation und* machte durch den Handel mit diesen Handelspapieren Milliardengewinne. Sec. 7 des Federal Reserve Act sieht vor

„Bundesreservebanken, einschließlich ihres Kapitals und ihrer Überschüsse sowie der daraus erzielten Einkünfte, sind von Bundes-, Landes- und Gemeindesteuern befreit, mit Ausnahme von Steuern auf Immobilien. „

Staatliche Gebäude zahlen keine Grundsteuer.

F: Sind unsere Dollarscheine, die die Bezeichnung „Federal Reserve notes" tragen, staatliches Geld?

A: *Federal Reserve Notes* sind eigentlich Schuldscheine, also *Zahlungsversprechen*, und nicht das, was wir traditionell als Geld bezeichnen. Es handelt sich um verzinsliche Schuldscheine, die gegen verzinsliche Staatsanleihen ausgegeben werden, also um Papier, das mit nichts anderem als Papier unterlegt ist, was als Fiat-Geld bekannt ist, weil es nur das Fiat des Emittenten hat, um diese Schuldscheine zu garantieren. Der Federal Reserve Act ermächtigt die Ausgabe dieser Banknoten,

„für die Zwecke der Gewährung von Vorschüssen an die Federal Reserve Banks... Die genannten Noten sind Verpflichtungen der Vereinigten Staaten. Sie sind auf Verlangen beim Finanzministerium der Vereinigten Staaten im District of Columbia in Gold einzulösen. „

Touristen, die das *Bureau of Printing and Engraving* auf der Mall in Washington, D.C. besuchen, sehen, wie in dieser Regierungsbehörde im Auftrag des Federal Reserve **System** Geldscheine der Federal Reserve zum Nennwert von 0,00260 pro Stück in Einheiten von 1.000 gedruckt werden, und zwar zum gleichen Preis unabhängig vom Nennwert. Diese *für eine Privatbank gedruckten Banknoten* werden dann zu

Verbindlichkeiten und Verpflichtungen der Regierung der Vereinigten Staaten und werden zu unseren derzeitigen 4 Billionen Dollar Schulden hinzugefügt. Die Regierung hatte keine Schulden, als der Federal Reserve Act im Jahr 1913 verabschiedet wurde.

F: Wer ist Eigentümer der Aktien der Federal Reserve Banks?

A: Die dynastischen Familien der herrschenden *Weltordnung*, Internationalisten, die keiner Rasse, Religion oder Nation gegenüber loyal sind. Es sind Familien wie die Rothschilds, die **Warburgs**, die **Schiffs**, die Rockefellers, die **Harrimans**, die **Morgans** und andere, die als *Elite* oder „die großen Reichen" bekannt sind.

F: Kann ich diese Aktie kaufen?

A: **Nein**. Der Federal Reserve Act schreibt vor, dass die Aktien der Federal Reserve Banks an keiner Börse gekauft oder verkauft werden dürfen. Sie werden durch Vererbung als Vermögen der „großen Reichen" weitergegeben. Fast die Hälfte der Besitzer von Aktien der Federal Reserve Bank *sind keine Amerikaner*.

F: Ist der Internal Revenue Service eine Regierungsbehörde?

A: Obwohl die **IRS** als Teil des *Finanzministeriums* aufgeführt wird, ist sie eigentlich eine private Inkassostelle des Federal Reserve Systems. Ursprünglich war es die *Schwarze Hand im mittelalterlichen Italien*, die für die herrschenden *italienischen Mafia-Familien die* Schulden mit Gewalt und Erpressung eintrieb. Alle von der **IRS** eingezogenen Einkommenssteuern müssen gemäß Abschnitt 15 des Federal Reserve Act bei der nächstgelegenen **Federal Reserve Bank** hinterlegt werden,

„Die im allgemeinen Fonds des Schatzamtes gehaltenen Gelder können bei Bundesreservebanken... deponiert werden, die auf Verlangen des Finanzministers als Finanzagenten der Vereinigten Staaten handeln." **F: Kontrolliert das Federal**

Reserve Board den täglichen Preis und die Menge des Geldes?

A: Der *Gouverneursrat der US-Notenbank (Federal Reserve Board of Governors)*, der als Offenmarktausschuss (Federal Open Market Committee) unter Ausschluss der Öffentlichkeit mit den Präsidenten der *Federal Reserve Banks* tagt, steuert die gesamte Wirtschaftstätigkeit in den Vereinigten Staaten, indem er Anordnungen zum Kauf von Staatsanleihen auf dem offenen Markt erteilt, wodurch *Geld aus dem Nichts geschaffen wird* und ein Inflationsdruck entsteht, oder indem er umgekehrt Staatsanleihen auf dem offenen Markt verkauft und Schulden tilgt, wodurch ein Deflationsdruck entsteht und der Aktienmarkt fällt.

F: **Kann der Kongress das Federal Reserve System abschaffen?**

A: Die letzte Bestimmung des Federal Reserve Act von 1913, Sec. 30, besagt,

„Das Recht, dieses Gesetz zu ergänzen, zu ändern oder aufzuheben, bleibt ausdrücklich vorbehalten. "

Diese Formulierung bedeutet, dass der *Kongress jederzeit die* Möglichkeit hat, das Federal Reserve System abzuschaffen, die Aktien zurückzukaufen und in das Finanzministerium einzugliedern oder das System nach eigenem Gutdünken umzugestalten. Er hat dies nie getan.

F: **Gibt es außer Ihnen viele Kritiker der Federal Reserve?**

A: Als ich 1948 mit meinen Recherchen begann, war *die Fed* erst vierunddreißig Jahre alt. In der Presse wurde sie nie erwähnt. Heute wird *die Fed* in den Nachrichten und auf den Finanzseiten offen diskutiert. Im Kongress gibt es Gesetzesentwürfe, die eine Prüfung *der Fed* durch den Rechnungshof der Regierung vorsehen. Aufgrund *meiner Enthüllungen* ist sie keine heilige Kuh mehr, obwohl die drei großen Präsidentschaftskandidaten von 1992, **Bush**, **Clinton** und **Perot**, während der Debatten einstimmig erklärten, dass sie die Fed nicht anfassen würden.

F: Haben Sie aufgrund Ihrer Enthüllungen über die US-Notenbank persönliche Konsequenzen gezogen?

A: Ich wurde aus dem Personal der *Library of Congress* entlassen, nachdem ich dieses Exposé 1952 veröffentlicht hatte, und war damit die einzige Person, die jemals aus politischen Gründen aus dem Personal entlassen wurde. Als ich klagte, weigerte sich das Gericht, den Fall anzuhören. Die gesamte deutsche Ausgabe dieses Buches wurde 1955 verbrannt, das einzige Buch, das in Europa seit dem Zweiten Weltkrieg verbrannt wurde. Ich war ständigen Schikanen durch staatliche Stellen ausgesetzt, wie ich in meinen Büchern „A WRIT FOR MARTYRS" und „MY LIFE IN CHRIST" beschrieben habe. Auch meine Familie wurde schikaniert. Als ich kürzlich in der Wembley Arena in London sprach, denunzierte mich die Presse als „finsteren Verrückten".

F: Unterstützt die Presse immer die Fed?

A: In den letzten Monaten gab es einige ermutigende Abwanderungen. In einer Titelgeschichte im *Wall Street Journal* vom 8. Februar 1993 hieß es,

„Die derzeitige Struktur der Fed ist in einer Demokratie nur schwer zu rechtfertigen. Sie ist eine seltsam **undemokratische Institution.** Ihre Organisation ist so veraltet, dass es nur eine Zentralbank westlich der Rocky Mountains gibt und zwei in Missouri... Eine Zentralbank mit einem Monopol auf die Ausgabe der Währung in einer demokratischen Gesellschaft ist ein sehr schwieriger Balanceakt."

Andere Titel

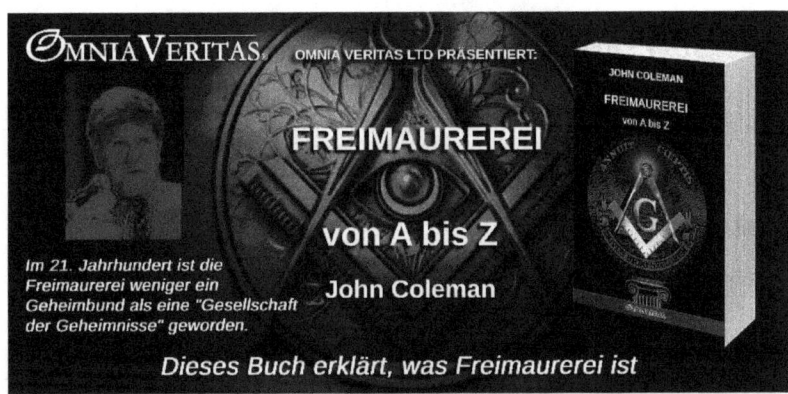

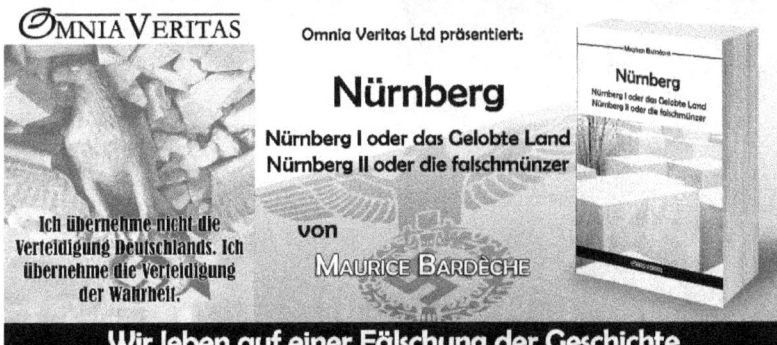

www.ingramcontent.com/pod-product-compliance
Lightning Source LLC
Chambersburg PA
CBHW050127170426
43197CB00011B/1740